憲法と国際規律

齊藤正彰

憲法と国際規律

信山社

はしがき

　「日本国が締結した条約及び確立された国際法規は，これを誠実に遵守することを必要とする」という日本国憲法 98 条 2 項は，何を定めているのであろうか。このような問題意識を掲げた，拙著『国法体系における憲法と条約』(信山社・2002 年) に次ぐ，本書は 2 冊目の単著である。

　前著は，「日本国が締結した条約……を誠実に遵守すること」について，条約を一律に捉えて論じるのではなく，それぞれの条約の性質に応じて憲法の対応を考えていくべきではないか，という思考のもとにまとめたものであった。そこでの考察の主軸をなしていたのは，ドイツ連邦共和国において論じられていた，「国法秩序の国際法調和性」ないし「国際的開放性」を基調として具体化された「国際的協力についての憲法的決定」および「国際法調和性の原則」についての検討であった。そして，とりわけ国際人権条約に関しては，「国際法調和性の原則」に基づいて展開されてきた内容を，日本国憲法においては 98 条 2 項が引き受けることができると考えたのである。もちろん，日本国憲法について考えるならば，殊更に「国際法調和性の原則」という観念を打ち出さなくとも，「日本国が締結した条約……は，これを誠実に遵守することを必要とする」という憲法的決定を規定する 98 条 2 項の存在をもって論じることができるであろう。

　本書においても，基本的な考え方に変わりはないが，実際の状況と考察すべき課題は伝統的な「憲法と条約」という議論枠組に収まりきらない面を有するものと考え，そうした種々の「国際規律」の性質に応じた憲法の対応の可能性を探るものとして，本書の主題を定めた。

　この 10 年の間に，幸いなことに，執筆や学会報告の機会を多々与えていただいた。それによって，おそらく自ら検討に着手することはなかったであろうと思われる問題についても，考察を及ぼすことができた。そうした貴重かつ機宜を得た思索の機会を設けてくださった皆様に，感謝申し上げなければならない。

はしがき

　ただ，本書は，そうした拙稿を基にしながらも，それらをそのまま収録したものではない。場合によっては，加筆・補正の域を超えて，既発表の拙稿を大幅に組み替え，さらに本書のために書き下ろした内容を加えて，再構成することを試みた。すでに公表する機会を得た拙稿には，束ねて散逸を防がなければならないほどの意義はないと思うので，少しでもこの間の研究動向や研究成果を盛り込みたいとも考えた。しかし，その企ては，諸般の制約により十分には遂行できなかったし，わずかにでも成功している部分があるか否かも分からない。怠惰と不勉強を露呈しただけかもしれないけれども，前著同様，御批判・御叱正を仰ぐ方途と心得て本書を公刊することを御寛恕いただきたい。

　本書は内容的に3つの部に分かれているが，それは，もとより論理的な体系に基づく叙述ではない。ただ，個々に課題をいただいて執筆した論稿からひとつの問題意識を有する書冊を構成できたことについては，あらためて学界の諸先生の御高配と学恩を思わざるをえない。

　これまでの私の研究は，指導教官の中村睦男先生が「条約の国内法的効力」法教146号（1992年）34頁以下［佐藤幸治ほか『ファンダメンタル憲法』（有斐閣・1994年）323頁以下所収］において示された課題に，少しずつ答を探す作業であったようにも思われる。もちろん，まだまだ及第点には至らないと思われるけれども，今後の研鑽を誓って2通目の答案を提出することとしたい。

　北海道大学での公法研究会・立法過程研究会等で御指導をいただいている岡田信弘先生，笹田栄司先生，常本照樹先生，佐々木雅寿先生をはじめとする多くの先生方，学会や各種の研究会等の折に御懇篤に御教示くださった諸先生にも，謹んで感謝申し上げたい。

　門下の諸先輩の御厚情にも深謝しなければならないが，とりわけ，私が学部学生の頃から親しく御指導くださり，当時の困難な情勢の中で私を北星学園大学の同僚に加えるために尽力され，以後常に私を雑務から護り，絶えず学問的刺激を与えてくださっている岩本一郎教授への謝意は，言葉には尽くしがたい。

現在の勤務先である北星学園大学においては，大原昌明経済学部長をはじめ，学問を愛する諸先生にあたたかく接していただいている。こうして再び，北星学園大学後援会の学術出版補助をいただいたことにも，感謝しなければならない。

　さらに，本書の出版をお引き受けくださり，刊行に至るまで種々の御配慮と多大な御尽力をいただいた，袖山貴氏，今井守氏をはじめとする信山社の皆様に厚く御礼を申し上げる。

　なお，本書の内容には，科学研究費補助金（若手研究(B)・平成14～22年度）による研究成果が含まれている。

　2012年春

齊藤正彰

〈目　次〉

◆ 第Ⅰ部　国籍法制と国際関係の規律

　第1章　憲法における国籍の意味……………………………………3
　　Ⅰ　日本国憲法10条の意味………(4)
　　　1　憲法10条と国籍　(4)
　　　2　国籍法定主義の射程　(5)
　　　3　憲法上の「国民」と国籍法制　(11)
　　Ⅱ　立憲主義と国籍の機能………(12)
　　　1　人権享有主体性と国籍　(12)
　　　2　国家構成員性と国籍　(18)
　　　3　立憲主義と国籍法制　(21)

　補論1　戦争犠牲・戦争損害と国籍………25
　補論2　亡命者・政治難民の保護と領域高権………29

◆ 第Ⅱ部　人権保護の国際規律と憲法

　第2章　国法体系における条約の受容……………………………39
　　Ⅰ　国法秩序と国際法秩序………(39)
　　　1　憲法学説のありよう　(39)
　　　2　国法秩序と国際法秩序の関係　(41)
　　　3　二元論と日本国憲法の解釈　(42)
　　　4　国際法優位の一元論と憲法理論　(44)
　　　5　等位理論と国法秩序　(45)
　　　6　法秩序の妥当根拠論と一元論　(45)
　　Ⅱ　憲法60条2項の準用………(46)
　　　1　「国会の議決」の意味　(46)

ix

2　「条約国法形式説」 (47)
         3　「条約承認法律形式説」 (48)

　補論3　ポツダム宣言受諾と国内法の効力………51

◆**第3章　国法体系における条約と法律**……………………57
　Ⅰ　国法秩序における地位………(57)
         1　条約の公布 (57)
         2　法律に対する条約の優位 (58)
         3　法律の条約適合性審査の問題点 (61)
　Ⅱ　「法律」の意味と条約………(63)
         1　罪刑法定主義と条約 (63)
         2　条約による規律と法律主義 (64)
         3　憲法規定における「法律」と条約 (66)

◆**第4章　国内裁判所と国際人権条約の実施**………………69
　Ⅰ　問題の所在………(69)
         1　裁判例の状況 (69)
         2　学説の対応可能性 (71)
　Ⅱ　国法秩序における条約の地位とその帰結………(74)
         1　「法律に対する条約の優位」についての憲法規定の存在
              ：フランス (74)
         2　法律と同位の条約の実効性確保：ドイツ (76)
　Ⅲ　国際人権条約の実効性確保のための選択肢………(78)
         1　法律の条約適合性審査 (78)
         2　憲法解釈への援用 (79)
         3　憲法98条2項と最高裁判所への上訴 (82)
         4　憲法優位説への内容充填 (85)

第5章　条約機関の意見・見解と裁判所……………………87
  I　B規約委員会の一般的意見・見解の顧慮………(87)
   1　裁判例の状況　(87)
   2　国内裁判所における条約機関の意見・見解の意味　(88)
  II　条約機関の意見・見解と最高裁判所のスタンス………(92)
   1　東京都管理職選考受験訴訟判決　(92)
   2　国籍法違憲訴訟判決　(93)
   3　国際人権条約と最高裁判所への上訴　(97)

第6章　国際人権条約と憲法学のスタンス……………99
  I　国際人権条約の受け入れ構造と憲法解釈………(99)
   1　問題の所在　(99)
   2　客観法発生説　(100)
   3　国内法化説　(101)
   4　国際人権条約上の権利と国家の義務　(104)
   5　人格的自律権への吸収説　(105)
   6　小　括　(107)
  II　条約の直接適用………(108)
   1　直接適用可能性の意味　(108)
   2　二風谷ダム訴訟判決の理解　(108)
   3　憲法の「直接適用」　(109)
   4　条約の「直接適用」の典型　(110)
  III　「国際標準」としての国際人権条約と憲法解釈………(111)
   1　「国際裁判官の正統性」　(111)
   2　国籍法違憲判決と最高裁判所のスタンス　(111)
  IV　欧州人権条約とドイツ連邦憲法裁判所………(113)
   1　国法秩序の段階構造における地位　(113)
   2　国際法調和性の原則　(115)
   3　欧州人権条約機構への主権の移譲？　(118)

xi

Ⅴ　多層的立憲主義の可能性……… (119)
　　　1　国家権力の統制の多層化　(119)
　　　2　ドイツ連邦憲法裁判所と欧州人権条約の憲法化　(121)
　　　3　国内憲法のスタンス　(122)

　補論 4　国際人権法と憲法の「共生」論……… 125

　◆ **第 7 章　生命についての権利の位置づけ** …………………… 131
　　Ⅰ　生命についての権利の展開……… (132)
　　　1　憲　法　(132)
　　　2　国際人権法　(133)
　　　3　憲法と国際人権規約　(134)
　　Ⅱ　生命についての権利の諸相……… (135)
　　　1　生命に関する防御権　(135)
　　　2　生命に関する請求ないし環境　(138)
　　　3　生命に関する「新しい人権」　(139)
　　Ⅲ　包括的人権規定と生命についての権利……… (140)
　　　1　包括的人権規定の理解　(140)
　　　2　生命についての権利の析出　(141)
　　　3　生命についての権利の位置　(145)
　　Ⅳ　生命についての権利の可能性……… (147)
　　　1　日本国憲法の構想　(147)
　　　2　胎児と生命についての権利　(148)
　　　3　日本国憲法と生命についての権利　(149)

◆ **第Ⅲ部　国際規律と国家の主権**

　◆ **第 8 章　部分憲法としての EU の可能性** …………………… 153
　　Ⅰ　主権の移譲……… (154)
　　　1　高権移譲についての憲法の規定　(154)

2　高権移譲の統制 (159)
　Ⅱ　EU 法の優位性 .... (160)
　　1　EU 法と違憲審査 (160)
　　2　基本条約 (161)
　　3　規　則 (161)
　　4　指　令 (166)
　　5　先決裁定手続 (167)
　　6　枠 組 決 定 (168)
　Ⅲ　多層的システムと部分憲法 .... (169)
　　1　「新たな高権主体」と「憲法」概念の使用 (169)
　　2　「国家結合」のための憲法 (170)

第 9 章　国際規律の形成と政府の取り組み 175
　Ⅰ　「危険の国際化」 .... (175)
　　1　国際的な危険の諸相 (175)
　　2　国際化した危険 (176)
　Ⅱ　「国際化した危険」への国際的な取り組み .... (176)
　　1　国際的取り組みの構成 (176)
　　2　国際的取り組みのための多数国間条約 (177)
　　3　多数国間条約体制の展開と限界 (179)
　Ⅲ　「政府の取り組み」とその憲法的統制 .... (185)
　　1　「法律に対する条約の優位」と国内実施法の整備 (185)
　　2　法律主義と条約による規律 (187)
　　3　条約締結の事後承認の許容性 (187)
　　4　多数国間条約と国会の「条約修正権」 (189)
　Ⅳ　国際規律の形成と国会 .... (189)

◆ 第10章　国際刑事裁判所と日本国憲法 ……………………………… 193
　Ⅰ　ICC 規程と国法体系 ……… (193)
　Ⅱ　国家の刑罰権 ……… (195)
　　1　自国民不引渡し　(195)
　　2　公的地位の特権　(196)
　Ⅲ　司法権の独立 ……… (197)
　Ⅳ　国家管轄権と主権の移譲 ……… (198)
　　1　主権移譲の意味　(198)
　　2　主権の移譲と日本国憲法　(200)
　Ⅴ　国際規律と人権 ……… (202)

◆ 第11章　集団的自衛権と日本国憲法 ……………………………… 207
　Ⅰ　集団的自衛権の意味 ……… (207)
　Ⅱ　日本国憲法と集団的自衛権 ……… (208)
　　1　日本国憲法の解釈　(208)
　　2　政府解釈と集団的自衛権　(209)
　　3　「制限的な集団的自衛権」論　(211)
　Ⅲ　自衛権行使の憲法上の限界 ……… (211)
　　1　保有兵器の制限　(212)
　　2　日米安保条約に基づく共同対処　(212)
　　3　武力行使との一体化　(213)
　　4　マイナー自衛権と武器の使用　(213)

　事 項 索 引（巻末）
　判例等索引（巻末）

〈本書の基礎となった拙稿〉

「国内裁判所による国際人権法の実現とその限界 —— 憲法学の視点から ——」
　国際人権13号（2002年）14-19頁　→第4章
「EC法の優位と憲法の対応 —— フランスとドイツ ——」
　中村睦男ほか編『欧州統合とフランス憲法の変容』（有斐閣・2003年）120-139頁
　→第8章
〈書評〉「江島晶子『人権保障の新局面 —— ヨーロッパ人権条約とイギリス憲法の共生』（日本評論社，二〇〇二年）」
　憲法理論研究会編『憲法と自治』（敬文堂・2003年）253-256頁　→補論4
「生命についての権利」
　高見勝利ほか編『日本国憲法解釈の再検討』（有斐閣・2004年）75-91頁　→第7章
「ポツダム宣言受諾と国内法の効力 —— 横浜事件第3次再審請求事件」
　ジュリスト1269号・平成15年度重要判例解説（2004年）6-7頁　→補論3
「憲法と国際法（特に，人権の国際的保障）」
　衆議院憲法調査会・第4回最高法規としての憲法のあり方に関する調査小委員会・参考人意見陳述原稿（2004年4月22日）　→第5章
「人権の国際的保障」
　小山剛＝駒村圭吾編『論点探究憲法』（弘文堂・2005年）52-61頁
　→第2章・第3章・第4章・第5章
「戦争犠牲・戦争損害と日本国憲法 —— アジア太平洋戦争韓国人犠牲者補償請求事件」
　法学教室306号別冊付録・判例セレクト2005（2006年）7頁　→補論1
「国法体系における条約と法律の関係」
　芹田健太郎ほか編『講座国際人権法1　国際人権法と憲法』（信山社・2006年）103-123頁　→第2章・第3章
「グローバル化と憲法における国籍の意味」
　岩波講座『憲法5　グローバル化と憲法』（岩波書店・2007年）177-198頁　→第1章
「危険の国際化と政府の取り組み」
　公法研究69号（2007年）92-102頁　→第9章
「国際刑事裁判所と日本国憲法」
　ジュリスト1343号（2007年）73-79頁　→第10章
「亡命者・政治難民の保護 —— 尹秀吉事件」
　別冊ジュリスト186号・憲法判例百選I〔第5版〕（2007年）22-23頁　→補論2
「集団的自衛権」
　ジュリスト増刊：新・法律学の争点シリーズ3『憲法の争点』（2008年）62-63頁
　→第11章
「中村睦男先生と憲法と条約」
　中村睦男先生古稀記念『北斗に強き黙示あり』（2009年・非売品）
　→第3章・第4章・第6章
「国民国家を超える「憲法」は可能か —— 1990年代以降のヨーロッパ統合の問いかけ —— ドイツ連邦共和国」
　比較法研究71号（2010年）52-67頁　→第8章
「国際人権法と最高裁のスタンス」
　法学セミナー674号（2011年）5-7頁　→第5章
「国法体系における国際人権条約の実施 —— 国際人権法と憲法学のスタンス ——」
　国際人権22号（2011年）16-21頁　→第6章

憲法と国際規律

第 I 部
国籍法制と国際関係の規律

◆ 第1章
憲法における国籍の意味

Ⅰ 日本国憲法 10 条の意味
Ⅱ 立憲主義と国籍の機能

　グローバル化といわれる中で国籍はどのような意味を有し，立憲主義とどのような関係にあるのか。憲法学においても，国籍についての研究が少なからず示されてきた。そこには，「国籍制度について考察することは，本来憲法ないし憲法学の根幹に関わる基本的な作業」[1]であるという認識が存在している。また，憲法学において国籍法制の研究に注力する背景には，「憲法の基礎概念ともいうべき「国籍」の検討を行わないことには，外国人の権利に関する憲法解釈も皮相なものにならざるを得ない」[2]という思考もある。

　ここで，次の指摘が看過できない。第1に，国民の範囲を定める規定は，「憲法全体の基礎をなすものとして，その一番はじめにおかれるべき」[3]ではないか。第2に，基本的人権の享有主体性について，天皇・皇族，法人，外国人という国民とは質的に異なった取扱いを受ける主体が，それぞれ対比の場面が異なっているにもかかわらず，「国民」ととにかく違うものとして集められて享有主体論で論じられてきたのではないか[4]。

---

(1) 柳井健一『イギリス近代国籍法史研究 憲法学・国民国家・帝国』（日本評論社・2004 年）9 頁。
(2) 高佐知美『アメリカにおける市民権――歴史に揺らぐ「国籍」概念』（勁草書房・2003 年）4 頁。
(3) 法学協会編『註解日本国憲法 上巻』（有斐閣・1953 年）311 頁。
(4) 根森健「「外国人の人権」論はいま――揺らぐ「国民」概念と人権論のゆくえ」法教 183 号（1995 年）44 頁。

◆ 第Ⅰ部 ◆　国籍法制と国際関係の規律

◆ Ⅰ ◆　日本国憲法 10 条の意味

1　憲法 10 条と国籍

　憲法 10 条は，権利章典たる第 3 章の冒頭にあって，「日本国民たる要件は，法律でこれを定める」と規定する。これは，大日本帝国憲法 18 条に倣った規定ぶりである。10 条は，衆議院における修正で追加されたものである。当初は，法律事項として列挙する必要があった明治憲法とは異なり，日本国憲法においては，「日本国民たる要件」は当然に法律事項であって，10 条のような規定は必要ないと考えられていたのである[5]。

　「日本国民たる要件」とは，「日本国を構成する人たるの資格を有する要件」のことをいうとされ，「国家を構成する人たるの資格を国籍という」から，結局，「日本国籍を有する要件」ということになるとされる[6]。そこで，一般に，憲法 10 条は国籍法定主義の規定とされる。

　日本の憲法学では，国籍は，国家の構成員たる「資格」「地位」「身分」等と定義されることが多い。国際法学では，国家との「法的紐帯」あるいは「法的な絆」といった定義が一般的であるようにみえる。国籍概念について，日本の憲法学では法的地位を，国際法学では法的関係を重視していると解される。他方，国際私法学では双方に言及する説も多い。

---

[5]　なお，大石眞『憲法講義Ⅰ』〔第 2 版〕（有斐閣・2009 年）76 頁。ただし，大久保史郎『人権主体としての個と集団』（日本評論社・2003 年）14-17 頁。「憲法一〇条の制定によって，「日本国民たる要件」を国籍法によって立法政策的に決める憲法上の根拠を確保した」（同書 14 頁）のであるとすると，しかしそれにもかかわらず，政府は，「国内法による立法措置もな」く，「一片の民事局長通達によって」，旧植民地出身者の日本国籍を喪失させた（同書 15 頁）ことになる。

[6]　樋口陽一ほか『憲法Ⅰ〔前文・第 1 条～第 20 条〕』（青林書院・1994 年）199 頁〔佐藤幸治〕。

2　国籍法定主義の射程

(1) 法律主義と立法裁量

憲法 10 条は,「法律でこれを定める」と規定するのみである。そこで, 国籍に関する事項は広い立法裁量に委ねられているともいえる。たとえば, 血統主義をとるか生地主義をとるかについても, 立法政策の問題とする見解[7]があり, そのような裁判例（東京高判昭 57・6・23 行集 33 巻 6 号 1367 頁）もある。国籍決定基準の基本事項である血統主義か生地主義かの選択でさえ立法政策の問題であるならば, 国籍法制についての立法裁量は相当広汎なものとも解される。

そうであるとすると, 本邦外から本邦に上陸した日本国籍を有しない在留者の人権に関する, いわゆる「安念教授のパラドックス」[8]に匹敵する「難問」[9]がもたらされるかもしれない。日本国籍を有さずに本邦に在留する者については, 在留資格制度の下で, 立法者が人権を自由に制限できる[10]ときに, 憲法は, 出生時から在留資格制度の下に置かれて人権を制限される者の決定を, 広い立法裁量に委ねていることになる[11]。

(2) 立法裁量の統制

そこで,「憲法の下位にある法律が国民の範囲を自由に定めうると考えることはできない」[12]として, 憲法 10 条は,「法律によりさえすれば, どのように定めてもよいということを意味するものではない」[13]と主張される。国籍が国際法的にも国内法的にも「重要な意味をもつ」ことから,「憲法上の

- [7] 山内敏弘『人権・主権・平和——生命権からの憲法的省察』（日本評論社・2003 年）240 頁。
- [8] 長谷部恭男『憲法の理性』（東京大学出版会・2006 年）116-120 頁参照。
- [9] 樋口ほか・前掲書（註 6）189 頁〔佐藤〕, 佐藤幸治『日本国憲法論』（成文堂・2011 年）149 頁註 72。
- [10] 安念潤司「「外国人の人権」再考」芦部信喜先生古稀祝賀『現代立憲主義の展開 上』（有斐閣・1993 年）177 頁。
- [11] ただし, 活動の自由の「セグメント化」については, 同様には論じられない場合がある。
- [12] 高橋和之『立憲主義と日本国憲法』〔第 2 版〕（有斐閣・2010 年）80 頁。なお, 松井茂記『日本国憲法』〔第 3 版〕（有斐閣・2007 年）138 頁。
- [13] 佐藤幸治『憲法』〔第 3 版〕（青林書院・1995 年）87 頁。

◆第Ⅰ部◆　国籍法制と国際関係の規律

規律が働いているとみるべき」とされるのである[14]。

　従来,学説によって好意的に引用されてきた下級審判決(東京地判昭56・3・30行集32巻3号469頁)は,「国籍の得喪すなわち国民たる資格の決定の問題は,国家構成の基本に関するものとして,本来国の最上位法たる憲法をもって規定すべき事項であ」り,憲法10条は「国籍の得喪についていかなる基準も法律で自由に定めることができるとしているものではなく,国籍の得喪に関する事項が憲法事項であるとの前提に立つうえで,その内容の具体化を法律に委任したもの」としている。10条はとくに明示していないが,憲法条文または「憲法理論から導かれる限界」が存する[15]とされるのである。血統主義の選択は,憲法的決定であって,単なる立法政策の問題ではないとする見解[16]もある。

　しかし,「具体的にいかなる条項,いかなる基本原理が,国籍法を制定するに際しての制約となるのか」について,憲法学は十分な考察を行っていなかった[17]。憲法上の限界として,憲法22条を別とすれば,憲法24条が想起される。現行国籍法は,24条の「精神」に鑑みて夫婦および親子国籍独立主義を採用しており,「日本人親との血縁関係が認められる認知の場合についても日本国籍の取得を認めない」としている[18]。しかし,「「子が親の日本国籍を取得する」権利は一定の範囲において是認さるべきもので,それは憲法典に明示されていると否とを問わず,前提にされている」[19]ともされ

---

(14)　佐藤・前掲書(註9)106-107頁。
(15)　江橋崇「外国人の参政権」芦部古稀・前掲書(註10)195頁。なお,同「国民国家の基本概念」岩波講座『現代の法1 現代国家と法』(岩波書店・1997年)22-24頁。
(16)　沢木敬郎「国籍法二条合憲判決と国籍法改正」ジュリ741号(1981年)103頁,奥田安弘『家族と国籍 国際化の進むなかで』〔補訂版〕(有斐閣・2003年)14頁。なお,山元一「判批」平成20年度重判〔ジュリ1376号〕15頁は,後述する国籍法違憲判決において最高裁判所が血統主義原理に「準憲法的規範としての法的身分を付与している」とする。
(17)　佐藤潤一『日本国憲法における「国民」概念の限界と「市民」概念の可能性——「外国人法制」の憲法的統制に向けて』(専修大学出版局・2004年)43頁。
(18)　佐野寛「国籍法における本人の意思」国際105巻4号(2007年)31頁。
(19)　樋口ほか・前掲書(註6)208頁〔佐藤〕。

◇第1章　憲法における国籍の意味

る。本人の意思を優先して身分行為に基づく国籍の当然取得を認めないとしても，嫡出子は本人の意思を問題とされることなく当然に国籍を取得するのであり，どのように個人としての尊重を実現するのが憲法適合的であるかは困難な問題である。

(3) 国籍の憲法的内実

「国籍の得喪に関する事項が憲法事項であるとの前提」に立つとして，日本国憲法は，「その内容の具体化を法律に委任」するに際して内容的な要求を含んでいるであろうか。憲法1条の規定を手がかりに，「「われら」意識と天皇を象徴とする共同体への帰属という要件」を導く見解[20]がある。また，国籍法制は，「日本国憲法が，統合のシンボルとして掲げる普遍的価値」の中に含まれている「理念へのコミットメントを当然に内包している」とも主張される[21]。

しかし，国籍の内実に関して憲法上の要求が存在すると解しても，そのことは必ずしも国籍法制についての立法裁量の統制につながらない可能性がある。それらが国籍法制についての複雑微妙な考慮要素をもたらすことになれば，それを勘案する国会の裁量は拡大するであろう。国籍法制を「憲法事項」とした前述の東京地判昭56・3・30行集32巻3号469頁も，「いかなる要件を具えた者に当該国家の国籍の保有を認めるかは，……，その性質上立法府に与えられている裁量の範囲が広汎なもの」としている。

国籍法制についての憲法上の要求を具体的に確定することが困難であるとしても，実際に制定された法制度については，法の下の平等による統制が可能と考えられるかもしれない。しかし，最判平14・11・22訟月50巻4号1325頁は，国籍法2条1号の適用において認知の遡及効が否定されることが違憲であるとして争われた事案において，憲法10条についての広汎な立法裁量の容認を，憲法14条に基づく審査にも及ぼしたものと解される。

---

(20) 高橋正俊「日本国民の観念」佐藤幸治先生還暦記念『現代立憲主義と司法権』（青林書院・1998年）534頁。
(21) 柳井・前掲書（註1）21頁。

7

◆第Ⅰ部◆　国籍法制と国際関係の規律

(4) 司法的救済と合憲補充解釈

　実務上，国籍法2条ないし3条（平成20年法律88号による改正前）の解釈として，日本国籍を有する者と有しない者との間の非嫡出子は，父が日本国籍者である場合には，胎児認知を受けるか，父母の婚姻によって準正子とならなければ日本国籍を取得できないとされてきた。親の一方が日本国籍者であれば子も日本国籍を取得するという意味での父母両系血統主義は，貫徹されていなかったといえる。

　他方，前掲の最判平14・11・22訟月50巻4号1325頁が，国籍法は「子の出生時に日本人の父又は母と法律上の親子関係があることをもって我が国と密接な関係があるとして国籍を付与しようとするもの」とする点が注目された[22]。「国際化が進み，価値観が多様化して家族の生活の態様も一様ではな」いとした同判決の梶谷＝滝井補足意見を手がかりとしながら，東京地判平17・4・13判時1890号27頁は，当該事案の家族生活の実態に着目し，国籍法3条が国籍取得の要件とする日本国民との間の共同生活には内縁関係も含まれうるとしたうえで，同条1項の「「嫡出子」という文言のうち，「嫡出」の部分は一部無効となる」とした。これに対して，東京地判平18・3・29判時1932号51頁は，国民感情に合致する父母両系血統主義を採用した国籍法の趣旨を拡充・徹底しているのが国籍法3条1項であると解し，法律婚の尊重は国籍法の指導原理とはいえないから「準正要件を定める部分のみを違憲無効と解すべき」とした。しかし，いずれの解釈も，控訴審において否定された[23]。

　国籍法の違憲審査は，当該規定を違憲無効とすることでは十分ではない場合がある。そこで，国籍法の規定が過小包摂である場合，裁判所が憲法上保護されるべき者を法律上の保護を受けうる資格者の中に読み込むという合憲補充解釈[24]が必要とされるが，日本の裁判所は必ずしも積極的ではないと

---

(22) なお，長尾秀彦「憲法と国籍」憲法論叢7号（2000年）52-54頁。
(23) 前者について，東京高判平18・2・28家月58巻6号47頁。後者について，東京高判平19・2・27判例集未登載（LEX/DB28141365）。
(24) 佐々木雅寿「カナダ憲法上の救済方法──最高法規規定を根拠とする救済方法

されてきた[25]。この点でも、国籍法制についての立法裁量の裁判所による統制の限界を考える必要がある。

(5) **国際人権法と国籍取得権**

主要な国際人権文書には、国籍取得に関する規定がある。日本はそれらの条約を締結しており、憲法10条の国際人権条約適合的な解釈が求められうる[26]。ただし、国際人権法が規定する「国籍取得権」の意味と、国際人権法が「国籍取得権」を保障することの意味に留意が必要である。

第1に、国際人権文書で規定されているのは「国籍をもつ権利」ないし「国籍に対する平等な権利」であり、国籍そのものを人権と考えること[27]には批判がある[28]。しかも、B規約（市民的及び政治的権利に関する国際規約）24条3項や児童の権利条約（児童の権利に関する条約）7条が規定するのは、子どもが出生時に国籍を取得する場合の問題にとどまる。

第2に、国際人権条約については、その規定がいかに憲法が保障する権利と類似していても、「条約規範は国家間合意によって妥当するので、……、人権を認めるも認めないも国家の意思に依存する」とすれば[29]、「人権主体としての個人は擬制的にすら締結主体としては登場しない」[30]こととなる。国際法が個人にも法主体性を認めるようになり、国際人権条約が国内で直接適用されうるということだけでは、憲法上の人権と国際人権法との論理の相違についての憲法学の困惑[31]を克服できない。しかも、「国籍をもつ権利」

を中心として（二）」法雑44巻3号（1998年）42頁以下。なお、常本照樹「判批」高橋和之ほか編『憲法判例百選Ⅰ』〔第5版〕（有斐閣・2007年）75頁参照。

(25) なお、後述する最高裁判所の国籍法違憲判決が「法律の一部を違憲無効として、法律が規定した利益付与の範囲を拡大する」判断を行ったことについて、佐々木雅寿「日本における法の下の平等」北法59巻5号（2009年）188頁以下参照。

(26) 江橋崇「国籍再考」ジュリ1101号（1996年）10頁参照。

(27) 山本敬三「国籍と人権」畑博行＝水上千之編『国際人権法概論』〔第4版〕（有信堂高文社・2006年）119頁。

(28) 門田孝「憲法における「国籍」の意義」憲法問題9号（1998年）121頁。

(29) 寺谷広司「国際人権の基礎――国際人権はいかにして可能か」ジュリ1244号（2003年）52頁。

(30) 横田耕一「「国際人権」と日本国憲法――国際人権法学と憲法学の架橋」国際人権5号（1994年）7頁。

◆第Ⅰ部◆　　国籍法制と国際関係の規律

と憲法22条が保障するような「国籍を離脱する自由」とは本質的に異なり，「国籍をもつ権利」は「国際的に認められた国籍立法の理想」[32]を「権利」と表現したものであるとするならば，それを憲法10条の解釈に充塡しても，立法裁量についての統制が特段に強化されるわけではないかもしれない。

(6) 条約による規律

1952年4月19日の法務府民事局長通達「平和条約の発効に伴う朝鮮人台湾人等に関する国籍及び戸籍事務の処理について」（民事甲438号）は，旧植民地出身者の日本国籍を内地在住者も含めて一律に喪失させたが，この通達は，サンフランシスコ平和条約（日本国との平和条約）の合理的解釈を確認したものであり，国籍法定主義に反しないとされる[33]。憲法10条は，国籍について，条約による規律を認めているとされるのである。

しかし，条約が法律に優位することをその論拠とする場合，法律に対する条約の優位の根拠について憲法学は十分な説明をなしえていないことが問題となる。また，「国籍に関する原則が一般的に」条約によって規律されることは「国籍というものの性質に由来する当然の事理」[34]といえるとしても，「日本国民たる要件」を条約による「直接の」規律に委ねてよいかどうかは一個の問題でありうる。条約の作成・締結過程を考えれば，立法府による統制は緩やかなものになる可能性がある。「日本国民の要件も国籍の変更も，条約によって明示的に定められても，あくまでもそれをうけてあらためて国会が制定する法律によって定めなければならない」[35]とすることを，ただちに「いいすぎ」[36]といえるかについては疑問が残る[37]。

---

(31) 高橋和之「国際人権の論理と国内人権の論理」ジュリ1244号（2003年）73頁以下。なお，本書第6章参照。
(32) 法学協会編・前掲書（註3）315頁。
(33) 批判として，大沼保昭『在日韓国・朝鮮人の国籍と人権』（東信堂・2004年）。
(34) 樋口ほか・前掲書（註6）201頁［佐藤］。
(35) 畠村繁「朝鮮の人と朝鮮に関係のあった人に対する第二次大戦後の国籍の処理」神戸30巻2号（1980年）257頁。
(36) 岩沢雄司『条約の国内適用可能性——いわゆる"SELF-EXECUTING"な条約に関する一考察』（有斐閣・1985年）36頁。
(37) 「領土の変更をもたらすような条約」は憲法にも優先するとされることがあるが，

(7) 最高裁判所の国籍法違憲判決

最大判平20・6・4民集62巻6号1367頁の多数意見は，憲法10条が国籍の得喪に関する要件をどのように定めるかについて「立法府の裁量判断にゆだねる趣旨のもの」としつつ，基本的人権の保障等の上で重要な意味を有する国籍に関する区別であることと，自らの意思や努力によっては変えることのできない父母の身分行為に係る事柄による区別であることから，区別の合理性について「慎重に検討することが必要」としたことが注目された[38]。

ただし，本判決は，一般的には国籍法制についての広い立法裁量を前提としつつ，限定された特定の状況における国籍取得要件についての区別の合理性に関して，慎重な審査を行ったものと解される[39]。

3 憲法上の「国民」と国籍法制

「国民の具体的範囲は時勢の必要に応じて変りうるもので，その限り立法政策に委ねられているとみるべき」[40]であるが，立法者が「自由に定めるというよりは，論理上法律制定以前に想定されている国民をいわば確認する規定を置くという趣旨に解される」[41]。それは，「理論的にいって，憲法典がその存立の基盤とする国家の同一性の基本にかかわる部分」[42]とされる。そのように，国籍法制が国民の範囲を独自に決定するのではなく，憲法上想定

そのことと，当該条約の国内的実施について法律をもって規定する必要があるかとは別問題である。なお，本書第3章Ⅱ参照。

(38) 本判決が国際人権条約を援用した点については，本書第5章Ⅱ2参照。

(39) 最判平14・11・22訟月50巻4号1325頁の梶谷=滝井補足意見は，国籍取得要件について広い立法裁量を認めながら，国籍法3条の準正要件について「憲法14条1項に反する疑いが極めて濃い」としていた。なお，市川正人「判批」判時2021号(2009年) 166頁および168頁註11参照。

(40) 樋口ほか・前掲書（註6）208-209頁［佐藤］。「考え方として立法裁量的に恩恵として国籍を与えるというのではなくて，まず権利として持つ，それが一定の政策，立法目的によって制限される，その制限がどこまで許されるか，という形で議論していくべきではないか」（高橋和之ほか「〔鼎談〕国籍法違憲判決をめぐって」ジュリ1366号（2008年）49頁［高橋発言］）。

(41) 高橋・前掲書（註12）80頁。

(42) 樋口ほか・前掲書（註6）209頁［佐藤］。

される「国民」を確認するしくみとして国籍法制が設定されるのであるとすれば，国民の範囲の適切な確認方法として生地主義をとるか血統主義をとるかの判断は立法府に委ねられているともいうることになる[43]。

　国籍法制の意義の第一は，憲法上想定される「国民」に含まれる（しかも生誕，死亡，離脱，選択等によって日々変化する）人々を確認することである。しかし，実際の国籍法制がそうした「国民」を常に適切に包含しているという保障はない。しかも，そのような国籍法制そのものの憲法的統制は，前述のように，必ずしも厳格なものとはなりがたいと解される。

　そこで，問題は，このような国籍法制を前提として，法によって権力を制限するという立憲主義との関係で，国法体系において国籍にどのような機能が認められるべきか，である。【参照：補論１　戦争犠牲・戦争損害と国籍】

◆ II ◆ 立憲主義と国籍の機能

1　人権享有主体性と国籍

(1)　領域高権と人権

　日本国憲法においては，第３章の標題および条項に「国民」の語が存在し，第３章の冒頭に10条が置かれているにもかかわらず，判例・通説たる権利性質説によって，人権規定における「国民」の意味は相対化されている。

　「人権が人の生来の権利であり，その意味で前国家的な権利である以上，その主体性が後国家的な国籍の有無に依存すると考えることはできない」[44]。日本の領域内にいる者には，国籍のいかんにかかわらず，日本の領域高権が及ぶ。「人権が問題となるのは，権力との関係においてなのであるから」[45]，その意味で日本国籍を有しない者にも人権の保障が及ぶと考えられる。

---

[43]　高橋・前掲書（註12）80-81頁，高橋ほか・前掲鼎談（註40）49-50頁［高橋発言］。
[44]　高橋・前掲書（註12）82頁。
[45]　高橋・前掲書（註12）82頁。

◇第1章　憲法における国籍の意味

(2)　グローバル化と国籍概念

　ところで，「国籍は，個人と国家の間の種々の権利や義務を生じさせるような法律効果を発生させる。このような法的効果は，たとえ直接国籍と結び付いたものとみないとしても，国籍を要件ないし基準としてそれに結び付いたものであるから，これを国籍のもつ機能とみることができる」[46]とされる。

　そこで，国籍法制は，憲法第3章で定める「権利・義務の主体の範囲を定めるために必要」[47]といわれることがある。「国籍の得喪は基本的人権保障の前提となるような重要な問題である（単にある人権が「制約」できるかという問題にとどまるものではない）」[48]とも主張される。さらに，国籍は「それが現実に果たす機能によって，人権概念のなかに取り込まれる」[49]といわれることもある。

　このように人権享有主体性を国籍に結びつけるような理解に立つ場合，「人々の国境を越えた移動，移住が増加してくると，……，国籍によって人々をある国家に帰属させることがその人の人権の保護に役立たないという事態が出現する」[50]とされる。そうした見地から国籍概念の見直しも提案されるが，それには疑問の余地がある。

（i）　国籍概念の再把握　　国籍を具体的機能の束と捉える「国籍の機能的把握」を提唱する見解は，国籍の，「国民たる地位を示す包括的地位概念」としての根本的機能と，「個別権利義務関係の確定に実際にかかわるという具体的機能」とを区別し，「個別具体的な法関係における権利享有資格の決定基準」として，「国籍と並ぶ他の基準をも用いること」の必要性を説く[51]。「国籍の機能的把握」については，その基礎にある機能的国籍の理解や，機

---

[46]　木棚照一『逐条註解国籍法』（日本加除出版・2003年）12頁。
[47]　佐藤功『憲法（上）』〔新版〕（有斐閣・1983年）163頁。
[48]　藤井俊夫「判批」判評273号［判時1013号］（1981年）21頁。
[49]　奥田安弘「国際人権法における国籍取得権」高見勝利編『人権論の新展開』（北海道大学図書刊行会・1999年）100頁。
[50]　江橋・前掲論文（註26）8頁。
[51]　大沼保昭「「外国人の人権」論再構成の試み」法学協会編『法学協会百周年記念論文集第2巻』（有斐閣・1983年）374-380頁，同「国籍とその機能的把握」法教55号（1985年）133-137頁。

能的国籍論の拠りどころの一つである国際司法裁判所判決の読み方にも，議論がある。さらに，そもそも「国内法レベルでは，国により，時代により，国籍を要件とする分野はさまざま」なのであって，「国籍にいかなる機能を付与するかは，それぞれの法分野の趣旨および目的に沿って考えられるべき」であり，機能的国籍として挙げられる例は，「国籍以外の基準を用いているか，または国籍の機能を制限しているにすぎない」として，その概念の有用性に疑問が呈せられる[52]。

(ii) **国籍概念からの逸出** 国籍保持者に準じた，国籍を有さずに定住ないし永住する者等の類型的把握の提案もなされる。国籍の有無の他に一定期間の居住等を要件とする類型を設定するのは，本来の国籍国と現在の居住国の乖離への対応とされる。定住を要件とすることは，地方自治体における権利を認めるのに適合的であろう。しかし，必ずしも，国境を跨いで活動・生活拠点を有する人の移動が増大するという状況にまで対応するものではない。なお，前出のような人権享有主体性を国籍に結びつける思考をとる場合，国籍保持者に比して資格を限定された「市民」を設定することに疑問が生じる[53]。したがって，ここでは，結局のところ，国籍を憲法第3章の権利・義務の主体としての資格と解することは困難となろう。

さらに，各国による国籍法制を超える超国家的な市民権が期待されたり，いわゆる EU 市民権が注目されることがある。たしかに，居住する構成国での地方参政権の承認等のために憲法を改正した国もあり，「「国民」概念が部分的に EU 市民権概念により修正を迫られ」たとも評される[54]。しかし，EU 市民権は構成国の国内法によって定められる国籍を前提とするのであって，「各人の構成国への所属性に媒介された資格（被媒介的資格）であることが，その本質的特徴」[55]であるとされる。

---

(52) 奥田・前掲論文（註49）100-107頁。
(53) 柏崎千佳子「国籍のあり方——文化的多様性の承認に向けて」近藤敦編『外国人の法的地位と人権擁護』（明石書店・2002年）198頁。
(54) 中村民雄「前例のない政体 EU ——国家主権・民主主義の再構成の試み」ジュリ1299号（2005年）23頁。
(55) 広渡清吾「EU 市民権とドイツ国籍法」比較67号（2005年）134頁。

(iii) **国籍とアイデンティティ**　日本国籍を有しない定住者の人権として議論される問題は，グローバル化による「人々の国境を越えた移動，移住が増加してくる」ことによるよりも，近代日本の歴史に起因するものであることに注意が喚起される。そうした歴史的事情に照らせば，「在日韓国・朝鮮人の民族的アイデンティティの維持に配慮し，かつ国籍を条件とせずに参政権を付与すべきであるという主張を理解することは困難ではない」としても，「民族的アイデンティティの問題を参政権という憲法の根本原理に関わる問題の解決に直結させるのは，いささか直截的に過ぎる」といえよう。問題は「国籍イコール民族という神話にある」のである[56]。

たしかに，国籍の有無という二分法は，「近代国家が「人」に国民というアイデンティティを付与することを目指して作り出したもの」であり，個人にとっても国家にとっても，「国民的アイデンティティ」は，「壁を作る」とされる[57]。しかし，「個人主義的観点からする国籍の意義を重視」して考えるときに，「個人のアイデンティティに対する権利」が当然に国籍概念の法的考察の対象となるものではないであろう[58]。

(3) 人権享有主体性と国籍要件

「国籍は，人権をもつ者ともたない者を区別するためではなく，国家権力の及ぶ範囲を人的側面から捉えるために考案された制度」[59]であり，国法体系において国籍は権利・義務の源泉ではない[60]。「国籍の問題は，本来，人権宣言プロパーの問題ではない」のであって，「人権宣言の前提とされる問

---

(56) 常本照樹「民族的マイノリティの権利とアイデンティティ」岩波講座『現代の法14　自己決定権と法』（岩波書店・1998年）196頁。なお，瀧川裕英「国民と民族の切断——外国人の参政権問題を巡って」法雑49巻1号（2002年）19-20頁。
(57) 広渡清吾「国際化の中の日本社会——人の国際移動と外国人問題」棚瀬孝雄編著『市民社会と法——変容する日本と韓国の社会』（ミネルヴァ書房・2007年）59頁．柏崎千佳子「国籍のあり方——文化的多様性の承認に向けて」近藤敦編『外国人の法的地位と人権擁護』（明石書店・2002年）196, 199頁。
(58) 門田・前掲論文（註28）122-125頁。
(59) 高橋・前掲書（註12）82頁。
(60) *Albrecht Randelzhofer*, 1983, Art.16 Abs.I, Rn.9 , in: T.Maunz/G.Dürig/R.Herzog/R.Scholz, Grundgesetz. Kommentar, 7.Aufl. (C.H. Beck, 1983), Lfg.22.

題であるにすぎない」[61]。

　前出の最大判平20・6・4民集62巻6号1367頁は，「日本国籍は，我が国の構成員としての資格であるとともに，我が国において基本的人権の保障，公的資格の付与，公的給付等を受ける上で意味を持つ重要な法的地位でもある」とした[62]。しかし，本判決が，国籍を，日本国の構成員としての「資格」とするのに対して，基本的人権の保障等を受けるための「資格」とはせず，「国籍の取得が……基本的人権の保障等を受ける上で重大な意味を持つもの」とするにとどめていることに留意する必要がある。国籍は，「重大な意味を持つ」としても，基本的人権の保障等を受けるための法的地位，ではないのである[63]。

　そうであるとすると，「個人の権利・人権の保障を論じる際に，当該個人の「国籍」を基準とすることがどこまで妥当であるか」が問題となる[64]。国籍法制は，人権保障の観点から国民の範囲を確認しているのではなく，「その時々の政策的な観点から」国籍付与の範囲を定めている場合が多いのである[65]。

　そこで，日本国籍を有しない者については，「人権主体性があるかどうかという議論を抽象的にするよりは，人権主体性を前提にして」，具体的事例において，国籍を理由とする人権制約の合理性を検討する方が「生産的」である[66][67]。日本国籍を有しない者も日本国憲法が保障する人権を享有しう

---

[61] 宮沢俊義『憲法Ⅱ』〔新版〕（有斐閣・1974年）263頁。
[62] すでに，最判平14・11・22訟月50巻4号1325頁の梶谷＝滝井補足意見においても同旨の指摘がなされていた。
[63] 国籍の重要性を強調する立場とされる同判決の田原補足意見も，国籍が人権享有の「資格」であるのかについては必ずしも分明ではない。
[64] 安藤仁介「国際社会と日本——日本国憲法と国際協調主義」佐藤幸治ほか編『憲法五十年の展望Ⅰ』（有斐閣・1998年）329頁。
[65] 舘田晶子「フランスにおける国籍制度と国民概念——その歴史的考察（一）」北法55巻4号（2004年）112頁。
[66] 高橋・前掲書（註12）88頁。
[67] 問題は，人権の性質に従って区分されるそれぞれの人権について，同じく国籍を有しない者といっても区分される類型に応じて，いかなる人権の制約が許容されるかということを具体的に検討することである。法律によって設定・運営されてい

◇第1章　憲法における国籍の意味

るかという問題については，最高裁判所は，すでにマクリーン判決（最大判昭53・10・4民集32巻7号1223頁）以前に応答していた。マクリーン判決は，人権享有主体性を承認したうえで，権利の性質によって国籍を理由とする制限がありうることを示し，権利性質説を完成させたものと解される。しかし，国籍を権利・義務の源泉と考えるならば，「権利の性質上日本国民のみをその対象としている」という点が人権享有主体性の問題と捉えられることになりがちである。それは，具体的な場面での国籍要件の存否を，人権享有主体性の問題と考えることにもつながる。

　マクリーン判決が示した権利性質説の枠組が後の最高裁判例において明示的に言及された例は限られている[68]。人権享有主体性がしばしば問題とされる生存権についても，塩見訴訟判決（最判平元・3・2訟月35巻9号1754頁）においては，立法裁量論に関して「外国人に対して特別の判断基準が定立されたとは考えられない」[69]。また，旧植民地出身者の軍人・軍属等に関する戦後補償訴訟においても，最高裁判所は，原告が日本国内に在留している事案であっても在外の事案であっても同様に[70]，マクリーン判決を引用せずに，国籍要件の合憲性について判断している。各種社会保障制度においては，日本国籍を有しない者の扱いについて，「立法政策的に決定することが許されるものも少なくない」[71]とすれば，そのような問題を基本的人権の

───────

る国籍法制を利用して人権を制約することについて，換言すれば，国籍要件を付加することについて，その合理性を審査すれば足りるはずである。「外国人の人権という問題は，体系上は人権享有主体性の問題としてではなく，外国人であることを理由とする差別の合理性の問題として平等権を論ずるところで扱うべきではないかという疑問も生じる」（高橋・前掲書（註12）83頁）のであり，「人権享有主体性は有るか無いかの問題であるのに対し，……享有主体性が有ることを前提に外国人であることを理由にどこまでの制限が可能かという問題……としてアプローチした方が実際的ではないか」（同書84頁）とされるのである。

(68)　佐藤・前掲書（註13）417頁，同・前掲書（註9）142頁参照。
(69)　倉田聡「外国人の社会保障」ジュリ1101号（1996年）47頁。
(70)　なお，内野正幸「在外日本国民の選挙権」法時78巻2号（2006年）81頁，沼田寛「判解」ひろば45巻9号（1992年）73頁。
(71)　佐藤・前掲書（註13）422頁註3。「そもそも社会権は外国人にも及ぶかといったカテゴリカルな問題のたて方は，必ずしも適切なものではない」（同頁）との指摘は，少なくとも定住外国人には社会権が「妥当すると解する立場」を本筋としても，

17

総論において「人権享有主体性」として論ずることは大仰であろう。

あえて機能的国籍に関する議論に引きつけていえば，各種の法律関係・場面ごとの問題を機能的国籍＝人権享有主体性の問題と捉え，国籍要件による人権制約をなお人権享有主体性の問題として論じる意義が主張されるかもしれない。さまざまな分野で国籍が重要な機能を有しており，「その基準の適正化を図るために，各法分野の目的や趣旨に応じて国籍概念を拡大したり，縮小したりするための道具概念としての機能的国籍の有用性」[72]はただちには否定できないとされる。マクリーン判決の「基本的人権の保障は，権利の性質上日本国民のみをその対象としていると解されるものを除き」という判示を改めて引用した例として，参政権に関する最判平 7・2・28 民集 49 巻 2 号 639 頁がある[73]。これに対して，指紋押捺に関する最判平 7・12・15 刑集 49 巻 10 号 842 頁は，「自由の保障は我が国に在留する外国人にも等しく及ぶ」という判示に関してのみマクリーン判決を引用し，「右の自由も，国家権力の行使に対して無制限に保護されるものではなく，公共の福祉のため必要がある場合には相当の制限を受ける」としており，「「フツウ」の基本権規制立法の審査図式で論じようとする姿勢が感じられないわけでもない」[74]といえるかもしれない。

2　国家構成員性と国籍

(1)　社会契約説と国籍

主権国家は，「その領域およびメンバーへの排他的支配の相互承認」のもとに併存しており，「メンバーへの排他的支配を公証する法制度が国籍制度」であると考えられる[75]。

「具体的事情に即して考える必要」があり，社会保障の中には「立法政策的に決定すべきものもありうる」（佐藤・前掲書（註 9）147-148 頁）とすれば，同様ではないかと解される。
(72)　木棚・前掲書（註 46）12 頁。
(73)　なお，最大判平 17・1・26 民集 59 巻 1 号 128 頁の泉反対意見も，マクリーン判決のこの部分を引用している。
(74)　根森健「判批」高橋ほか編・前掲書（註 24）11 頁。

◇第 1 章　憲法における国籍の意味

　近代国民国家の国籍は,「その理念において個人の主体的契機に基づくものでなければならなかった」が,「国籍は出生による取得を原則とするものであり,……主体的契機は必然的に擬制されざるを得なかった」。ただ, そうした社会契約的国家観ないし国籍理念の虚構性は, 大多数の人が国籍国で生まれ, 一生を送り, その過程で国籍国への自然な帰属感をもつことで, 強く意識されることはなかった[76]。しかし, 国籍と居住に乖離が生ずると, 国民主権にいう「国民」が当然に「国籍保持者」を指すとの理解にも疑問が示されることとなる[77]。

　他方, 国籍法抵触条約[78]（国籍法の抵触についてのある種の問題に関する条約）1 条は,「何人が自国民であるかを自国の法令によって決定することは, 各国の権限に属する」と規定している。この国籍法上の原則は,「個人を出発点とする憲法の理念と実は根本的に矛盾する」[79]という問題が存する。

(2)　**離脱の自由**

　出生による国籍取得の場面では社会契約への参加の意思表示をなしえないとしても,「個人主義的国家観の論理的帰結」として, 国籍離脱の自由が保障されているといわれる[80]。

　しかし, 離脱の自由が担保されていることに根拠が求められるとき, 離脱の実行は, どれほど現実的な選択肢であろうか。しかも, 国籍離脱は, 別な国家に参加する場合にしか認められない。さらに,「社会契約論者は国家の基本原理を問題とする場合, 個人の「退出の自由」を安易には承認しない」との指摘もある[81]。

---

(75)　広渡・前掲論文（註 57）56 頁。
(76)　大沼・前掲論文（註 51）374 頁。
(77)　浦部法穂『憲法学教室』〔全訂第 2 版〕（日本評論社・2006 年）484 頁。
(78)　日本国は 1930 年に同条約に署名しているが, 未批准である。
(79)　門田・前掲論文（註 28）126 頁。
(80)　小嶋和司『憲法概観』（有斐閣・1968 年）87 頁, 佐藤・前掲書（註 9）109, 298 頁。
(81)　愛敬浩二「社会契約は立憲主義にとってなお生ける理念か」岩波講座『憲法 1 立憲主義の哲学的問題地平』（岩波書店・2007 年）38 頁。

◆第Ⅰ部◆　国籍法制と国際関係の規律

(3) 国籍喪失制度

　現行の国籍法制は，社会契約への参加（帰化の問題は措くとして）および離脱の場面だけではなく，国家構成員としての地位の保持に関しても，立憲主義との親和性に疑問を抱かせる[82]。

　現行国籍法制は，本人の意思の尊重よりも重国籍の解消に比重を置いた国籍喪失制度を設けている[83]。父母両系血統主義の導入に対応して新設された国籍選択制度は，立法時に批判を受けて慎重な運用がなされているとされるものの，期限を定めて国籍の選択を強制するしくみである。国籍留保制度も重国籍防止機能を重視しており，「国籍を喪失する子自身の意思が問題とされないだけではなく，親の不作為によって子が国籍を喪失してしまう」こと，国籍留保届の届出期間が短いことが問題とされる[84]。

　たしかに，現行国籍法制は，日本国憲法の趣旨を汲んで制定・改正されている。しかし，国籍法は，日本国憲法の施行に合わせて制定されたのではない。サンフランシスコ平和条約の成立時期との関係も考慮し，「さしあたり実務の上ではとくにいちじるしい不都合も生じないという事情」[85]で，国籍法の改正は見送られていたのである。

　このような国籍法制が，立憲主義に沿って国家の構成員を決定するものであるとは考えにくい。国籍は，伝統的な国家構成員の指標であるが，立憲主義の下では，国家構成員を見分けるための「大雑把な物差し」[86]として利用しうるにすぎないのではないであろうか[87]。

---

(82)　なお，近藤敦「憲法と国籍制度」ドイツ憲法判例研究会編『未来志向の憲法論』（信山社・2001年）122-124頁。
(83)　佐野・前掲論文（註18）40頁。
(84)　佐野・前掲論文（註18）42頁。
(85)　平賀健太『国籍法 上巻』（帝国判例法規出版社・1950年）139頁。
(86)　長谷部・前掲書（註8）122頁。
(87)　他国が付与した国籍は別として，日本国籍を付与される可能性が存する人々に関しては，「物差し」の精度を疑う余地があろう。

3　立憲主義と国籍法制

(1)　国籍と戸籍

　国籍法制が「メンバーへの排他的支配を公証する法制度」であると考えるとき，それが日本において果たしてきた役割を確認する必要があろう。

　旧憲法下では，国籍法（明治32年法律66号）は台湾には施行されたが，「朝鮮・関東州あるいは南洋諸島には施行せられていない」[88]。「朝鮮人は韓国併合条約および併合の際の御詔書に照らして日本国籍を取得した」[89]とされる。「日本の国籍」は外国人に対する概念であり[90]，「日本臣民」は基本的に戸籍法の適用の有無によって内地人と外地人に分けられていた[91]。国籍が対外的に「国家権力の及ぶ範囲を人的側面から」示す役割を果たし，対内的な統治の場面では戸籍による管理が行われてきた[92]。戸籍は，身分関係による人民の把握方法として，日本では古くから用いられている[93]。

(2)　グローバル化のベクトル

　「いわゆるグローバル化はむしろ国家の統治能力の質の向上を求めている」とされ，当分は，「国家はその構成員を正当に扱う責任を負うという体制が続く」とされる[94]。

　2003年の刑法改正によって，国民以外の者の国外犯についての刑法3条の2が追加された。国外で国民に対して罪を犯した者についての処罰規定の整備は，在外の国籍保持者に生じる危険についての国家の対応である。

　1998年の公職選挙法改正によって，在外の国籍保持者にも投票の機会が

---

(88)　宮沢俊義「国籍法雑題」法協57巻5号（1939年）56頁。
(89)　清宮四郎『外地法序説』（有斐閣・1944年）40頁。
(90)　宮沢・前掲論文（註88）53頁。
(91)　清宮・前掲書（註89）45頁。
(92)　駒村圭吾「特別永住者の法的地位と「帰属なき身分」のゆくえ」法教319号（2007年）67頁。
(93)　「氏・家族・国籍を三位一体としたわが国独特の戸籍制度」（石田玲子「国籍選択制の問題点——国籍選択の権利と「氏」・戸籍の国際化」ジュリ788号（1983年）43頁）の孕む問題が指摘され，戸籍実務は「明確に戦前の「家」制度に立脚している」（石黒一憲『国際私法』〔第2版〕（新世社・2007年）113頁）との批判さえある。
(94)　佐藤幸治「人権の観念と主体」公法61号（1999年）28，30-31頁。

◆第Ⅰ部◆　国籍法制と国際関係の規律

提供されるようになった。国籍を基準に選挙権行使の可否を判断することの不合理性[95]や，在外選挙の実施についての種々の困難性も指摘される[96]が，選挙権の重要性に鑑みれば，「制約があるからといって在外国民一般について一律に選挙権の行使を制限することは許されない」[97]ともいわれる。

　旧憲法下では，衆議院議員選挙法は外地に施行されていなかったので，内地人も外地に居住すれば衆議院議員の選挙権・被選挙権をもたない反面，外地人も内地に居住すれば選挙権・被選挙権を獲得する，というように，属人的規律と属地的規律が錯綜していた[98]。最大判平17・9・14民集59巻7号2087頁は，選挙権の行使自体の属地的な制限を許さなかったものと解される。

　こうした在外の国籍保持者の保護や権利保障は，日本国憲法におけるグローバル化の問題の一つであると考えることができるかもしれない。そして，それは，日本国籍を有しない在留者に関する問題よりも，憲法上の問題性の度合いが強い可能性がある[99]。

(3)　在外国民の人権

　そこで，「日本国外居住者はどのような場合に日本国憲法上の権利（人権）を保障されるか」[100]が問われる。問題は，領域高権に対抗する人権ではなく，国籍保持者にいわば属人的に認められてきた権利の保障についての属地的な限定の可否である。生存権の保障は第一次的には国籍国の責務であると主張するならば，海外で困窮する日本国籍者に対して，日本国はどのような責務を負うであろうか。

　「国民」の権利とされてきた生存権ないし生活保護制度について，在外国民も憲法によって生存権を保障されていることに変わりはなく，国内と同一制度を同様に実施することが困難としても，制度の公正な運営が事実上不能

---

(95)　江橋・前掲「外国人の参政権」（註15）196頁。
(96)　内野・前掲論文（註70）81頁。
(97)　野坂泰司『憲法基本判例を読み直す』（有斐閣・2011年）270頁。
(98)　清宮・前掲書（註89）46頁。
(99)　戸波江二「在外日本国民の選挙権」法教162号（1994年）42頁。
(100)　内野・前掲論文（註70）81頁。

22

◇第 1 章　憲法における国籍の意味

ないし著しく困難であると認められる場合でない限り，国には権利行使を現実的に可能にするために所要の措置を執るべき責務があるといえるであろうか。

「海外移住の自由は，それを行使することによって……日本での社会保障給付を国内在住の時期に比べて十分に受けられなくなる不利益を課せられないことの保障を含む」か否かについて，在外国民は自分の意思で十分な人権保障を犠牲にしてまで海外に居住する道を選んだとして[101]，憲法 22 条の問題に吸収にすることが可能であろうか。

国籍国としての責務は，国民の移動・居住がグローバル化しても，帰国援護にとどまるのであろうか。これまでにも行われてきた在外邦人に対する援助は，専ら政策的なものであって，憲法 25 条の「精神」に基づいて考える余地もないのであろうか。

逆に，生存権保障は国籍国ではなく居住国の責務であるという主張は，在外国民について日本国が責務を免除されるという趣旨を含むであろうか。

◆ おわりに

国籍は，日々新しい構成員（となるべき者）が生まれる国家というしくみにおいて，「国家権力の及ぶ範囲」（その意味での「国家を構成する人」）を示す指標であり，国籍法制はこのような指標の付与を迅速かつ継続的に行うための制度であると考えられる。「国籍を国民国家にとってのゆるがせにできない原理的問題として位置づけるのではなく，その運営のための機能的手段の問題として性格づける発想の転換が必要である」[102]。憲法 10 条が規定する「日本国民たる要件」は，憲法 1 条の「主権の存する日本国民」の規定に当然に係るものではなく，その制定過程に鑑みて，基本的に「旧憲法第一八条と同一の趣旨」[103]において理解されるべきではないであろうか。そのような 10 条を出発点として考えられることは，まずは立憲主義の採否に関わ

---

(101)　内野・前掲論文（註 70）80-81 頁。
(102)　広渡清吾『比較法社会論研究』（日本評論社・2009 年）87 頁。
(103)　法学協会編・前掲書（註 3）311 頁。

◆第Ⅰ部◆　　国籍法制と国際関係の規律

りなく共通する国籍の機能についてである。

　国籍の概念には，国家の対人高権を基礎づける，個人と国家の法的紐帯の要素と，そうした関係から導出される法的地位の要素とがある[104]。ただし，その法的関係は，かつての忠誠義務とは距離を置くものである。しかし，さらに社会契約説的見地からグローバル化への対応をも視野に入れて，法的関係に実質的意義を注入することには疑問がある[105]。国籍保持者と国家の間のすべての具体的な法的関係を国籍に包含させることは，「国籍の機能的把握」論と同様，漠然とした人権享有主体性論につながると解される。

　国家の領域内にある限り，国籍の有無にかかわらず国家の領域高権の下にあり，国家の公権力行使に対しては基本的人権を主張しうる。国籍が「主権国家に服する立場にありながら，かかる国家の作為を請求することもできる，という二重性」を示すものであるとすれば[106]，国家との法的紐帯としての国籍が憲法上で独自の意味を有するのは，領域高権に服していない状態で（領域高権の行使に対する請求権ではなくして）国家の作為を請求できる場合かもしれない。それが可能ならば，グローバル化の中の立憲主義の下での国籍の特段の意義といえるかもしれない。【参照：補論2　亡命者・政治難民の保護と領域高権】

---

(104)　*Randelzhofer*, (Anm.60) Rn.8. ただし，国籍概念の理解として「法的紐」と「法的地位」という理解の峻別の重要性を説く見解として，石川健治「国籍法違憲大法廷判決をめぐって(2)」法教344号（2009年）。それをめぐる議論として，大沼保昭編『21世紀の国際法――多極化する世界の法と力』（日本評論社・2011年）240-253頁。

(105)　*Kay Hailbronner / Günter Renner*, Staatsangehörigkeitsrecht, 4., neubearbeitete Aufl. (München, C.H. Beck, 2005) Rn.5.

(106)　石川健治「多民族社会化と個人の人権」田村武夫ほか編『憲法の二十一世紀的展開』（明石書店・1997年）77-78頁。

◆ 補論 1
戦争犠牲・戦争損害と国籍

　第 1 章で検討した，国法体系において国籍にどのような意味が認められるべきかという問題について，いわゆるアジア太平洋戦争韓国人犠牲者補償請求事件についての最判平 16・11・29 判時 1879 号 58 頁を手がかりに，考察を補うこととしたい。

1　事案の概要

　韓国在住の韓国人で，旧日本軍の軍人・軍属，軍隊慰安婦であった者とその遺族が，国に対し損失補償ないし損害賠償を求め，また，未払給与債権・未払郵便貯金債権があり，これらが日韓請求権協定（財産及び請求権に関する問題の解決並びに経済協力に関する日本国と大韓民国との間の協定）2 条の実施に伴う大韓民国等の財産権に対する措置に関する法律（以下，措置法という）によって消滅したならば補償請求権を有するとして提訴した。東京地判平 13・3・26[1] は請求を棄却，東京高判平 15・7・22 判時 1843 号 32 頁は，安全配慮義務違反および不法行為に基づく損害賠償請求権を認める余地があるとしたものの，措置法によって請求権が消滅したとした。そこで，原審が補償請求を認めなかったことは憲法 29 条 3 項，14 条の解釈を誤ったものであり，措置法は憲法 17 条，29 条 2 項・3 項に違反するとして上告した。

2　判　旨

　上告棄却。
（i）「軍人軍属関係の上告人らが被った損失は，第二次世界大戦及びその敗戦によって生じた戦争犠牲ないし戦争損害に属するものであって，これに対する補償は，憲法の全く予想しないところというべきであり，このような戦争犠牲ないし戦争損害に対しては，単に政策的見地からの配慮をするかどう

---

[1]　判例集未登載。概要について，山手治之「判批」京園 45=46 号（2005 年）53 頁参照。

かが考えられるにすぎない」。
(ii)「いわゆる軍隊慰安婦関係の上告人らが被った損失は，憲法の施行前の行為によって生じたものであるから，憲法29条3項が適用されないことは明らかである」。
(iii)「財産及び請求権に関する問題の解決並びに経済協力に関する日本国と大韓民国との間の協定（……）の締結後，旧日本軍の軍人軍属又はその遺族であったが日本国との平和条約により日本国籍を喪失した大韓民国に在住する韓国人に対して何らかの措置を講ずることなく戦傷病者戦没者遺族等援護法附則2項，恩給法9条1項3号の各規定を存置したことが憲法14条1項に違反するということができない」。
(iv)「第二次世界大戦の敗戦に伴う国家間の財産処理といった事項は，本来憲法の予定しないところであり，そのための処理に関して損害が生じたとしても，その損害に対する補償は，戦争損害と同様に憲法の予想しないものというべきである」ので，措置法が憲法に違反するということはできない。

3　検討

韓国人の旧軍人・軍属等の戦後補償訴訟においてはすでに最高裁判所の判断（後述②〜⑤）が示されており，本判決は「先例を引用するばかりの無味乾燥なものとなった」[2]。

判旨(i)・(iv)について，戦争犠牲ないし戦争損害を「国民のひとしく受忍しなければならなかったところ」とする①最大判昭43・11・27民集22巻12号2808頁は，旧植民地出身の元軍人・軍属に関する裁判でもしばしば引用される。①は，在外資産喪失について，(a)日本政府は外交保護権を放棄したにすぎず（収用していない），実質は収用に等しいとしても，(b)戦争損害の補償は憲法の予想外である，として29条3項の適用を否定する。個人請求権の消滅を否定する(a)の論理は近年の政府の見解[3]と衝突するが，原判決は，

---

(2) 愛敬浩二「判批」平成16年度重判〔ジュリ1291号〕9頁以下。なお，本判決についての評釈として，他に，青柳幸一「判批」民商132巻4=5号（2005年）181頁，酒井啓亘「判批」平成15年度重判〔ジュリ1269号〕272頁等。

◇補論 1　戦争犠牲・戦争損害と国籍

日韓請求権協定および措置法の解釈により，結果的に政府の主張と同様に個人請求権を消滅させた。本判決は，②最判平 13・11・22 訟月 49 巻 8 号 2173 頁に倣い，①の趣旨を拡張して措置法を合憲とした。また，戦後の条約締結という法律行為による財産的損害について示された(b)の論理を，生命・身体の損害に及ぼすことにも批判がある。他方，戦闘行為による生命・身体の損害は，まさに戦争損害といいうる。判例は被爆という「特殊の戦争被害」について不法入国者にも国家補償を認める（最判昭 53・3・30 民集 32 巻 2 号 435 頁）が，②および③最判平 14・7・18 判時 1799 号 96 頁は，生命・身体に「被った犠牲ないし損害が深刻かつ甚大なものであったことを考慮しても，他の戦争損害と区別して，……補償を認めることはできない」とする。なお，判旨(ii)では，①に依拠していない。

判旨(iii)で引用される④最判平 13・4・5 訟月 49 巻 5 号 1500 頁が，援護法附則 2 項による区別の合理的根拠（外交交渉による補償問題解決の可能性）が請求権協定の締結で消滅した後に，「ほとんど法の下の平等に反する」状態（④深澤補足意見）について，「複雑かつ高度に政策的な考慮と判断」の必要性を理由に立法裁量の範囲内とすることには批判が多い。判例は，軍人・軍属当時の損失には国民としての受忍（①）を求めながら，自らの意思によらない事後の国籍喪失を理由に援護法・恩給法の適用から除外しても立法裁量の範囲内とする（恩給法の国籍条項について③および⑤最判平 13・11・16 判時 1770 号 86 頁）。これに対し，連合国から戦犯とされた旧植民地出身者が国籍を喪失しても刑を執行される（最大判昭 27・7・30 民集 6 巻 7 号 699 頁）ことは，総体として戦争損害とみることになろうか。

第 1 章でみたように，国籍法制の意義の第一は，憲法上の「国民」に含まれる（しかも生誕，死亡，離脱，選択等によって日々変化する）人々を確認することである。しかし，実際の国籍法制が憲法上の国民を常に適切に包含しているという保障はない。そこで，問題は，このような国籍法制を前提として，戦争犠牲ないし戦争損害に対する補償あるいは救済において国籍にどのよう

---

(3) 山手治之「日本の戦後処理条約における賠償・請求権放棄条項(一)——戦後補償問題との関連において」京園 35 号（2001 年）1 頁以下参照。

◆第Ⅰ部◆　国籍法制と国際関係の規律

な機能が認められるべきか（国籍を区別の指標として用いることが許されるか），であると考えられる。旧軍人・軍属に犠牲ないし損害をもたらしたのは大日本帝国であるとしても，旧植民地出身者の国籍喪失を確定させたのは現行憲法施行後の日本国によるものである。補償・救済の対象範囲の画定は立法府に委ねられるとしても，そこで指標として用いられる国籍に変動が生じていることとの平仄について，国会は十分な説明をなす必要があるはずである（実際には，国籍の変動は，法律によらずに行われている）。

　冷戦状況を背景としてなされた戦後処理であるが，判旨はなお尽くされていない憾みがあろう[4]。

---

(4)　戦争損害をめぐる一連の最高裁判例を，根拠が薄弱で一貫性を欠いていると厳しく批判するものとして，永田秀樹「「戦争損害論」と日本国憲法——最高裁判例の批判的検討」阿部照哉先生喜寿記念論文集『現代社会における国家と法』（成文堂・2007 年）161 頁以下。

◆ 補論 2
亡命者・政治難民の保護と領域高権

　第 1 章で検討した，国法体系において国籍にどのような意味が認められるべきかという問題に関連して，本邦の国籍を有しない者に対する領域高権の行使について，退去強制令書発付処分取消請求に係るいわゆる尹秀吉事件の最判昭 51・1・26 訟月 22 巻 2 号 578 頁を手がかりに，考察を補うこととしたい。

1　事案の概要

　X（原告・被控訴人・上告人）は，1930（昭和 5）年に韓国で生まれ，政府留学生に採用されたが朝鮮戦争のために派遣されず，留学の念願を果たすため 1951（昭和 26）年 4 月に漁船で日本に密入国し，翌年 9 月に東京大学理学部物理学科に研究生として入学したが，1954（昭和 29）年に独学を志して研究生を辞した。当時，韓国は，南北朝鮮の平和統一運動をめぐって緊張した政治状況にあった。X は，運動に共鳴して 1960（昭和 35）年に在日本大韓民国居留民団（当時）の栃木県本部事務局長に就任し，国家再建非常措置法，特殊犯罪処罰特別法，反共法，集会臨時措置法等を制定して反共的軍事体制を固めていた朴正煕政権により敵性団体とされた韓国社会大衆党の党員 A を県本部団長選挙で支援し当選させ，敵性団体とされる日本社会党と親善を結び，南北平和統一運動の指導者 B の死刑判決に対して助命運動を計画・主宰したが，1961（昭和 36）年 10 月，反政府運動の色彩が濃厚であるとして，民団中央総本部によって辞任に追い込まれた。その後，X は，密入国の容疑で東京入国管理事務所に収容され，入国審査官より旧外国人登録令 16 条 1 項 1 号に該当すると認定された。X は認定に対して口頭審理を請求したが，特別審理官から認定に誤りはないと判定され，法務大臣に対する異議申立てにも棄却の裁決がなされ，1962（昭和 37）年 6 月 29 日に主任審査官から送還先を韓国とした退去強制令書発付処分（以下「本件処分」という）を受けた。

29

◆第Ⅰ部◆　　国籍法制と国際関係の規律

　Xは，①政治犯の引渡しは国際慣習法ひいては憲法98条2項に違反し，逃亡犯罪人引渡法2条にも違反する，②政治難民の本国への追放は国際慣習法ひいては憲法98条2項に違反する，③特別在留許可は法務大臣の裁量に委ねられているとはいえ，裁量権の逸脱または濫用は許されず，十分な理由のない政治難民の追放は国際法上の権利の濫用であるとして，本件処分の取消しを求めた。

　第1審（東京地判昭44・1・25行集20巻1号28頁）は，純粋の政治犯罪につき，本国における処罰が客観的に確実である場合に限り，政治犯不引渡しの原則は確定した国際慣習法であり，これに違反する本件処分は違法であるとした。控訴審（東京高判昭47・4・19訟月18巻6号930頁）は，政治犯不引渡しの原則も政治難民の追放・送還禁止の原則も国際慣習法とはいえず，法務大臣の裁量権の逸脱・濫用もなく，本件処分は違法とはいえないとした。

　Xより上告。上告理由の第1点として，原判決には，第1に国際慣習法の解釈・適用を誤った違法があり，第2に逃亡犯罪人引渡法が昭和39年法律86号による改正で引渡条約の有無を問わず政治犯不引渡しを規定したことの解釈・適用を誤った違法がある，第2点として，Xの処罰の客観的確実性および韓国の厳しい政治状勢を見誤った原判決には理由不備の違法がある，とした。

2　判　旨

　上告棄却。
「上告理由第一点の第一について
　いわゆる政治犯罪人不引渡の原則は未だ確立した一般的な国際慣習法であると認められないとした原審の認定判断は，原判決挙示の証拠関係に照らし正当として是認することができる。原判決に所論の違法はなく，論旨は，採用することができない。
　同第二について
　逃亡犯罪人引渡法（昭和二八年法津第六八号，昭和三九年法津第八六号による改正前）は一般に条約の有無を問わず政治犯罪人の不引渡を規定したもので

◇補論 2　亡命者・政治難民の保護と領域高権

はないとした原審の判断は，正当として是認することができる。所論は，本件行政処分がなされた後に改正された法律の規定を前提として，原判決を非難するものであって，失当である。原判決に所論の違法はなく，論旨は，採用することができない。

同第二点について

Ｘが韓国に送還された場合，その政治活動につき処罰されることが客観的に確実でないとした原審の認定判断は，原判決挙示の証拠関係に照らし正当として是認することができる。原判決に所論の違法はなく，論旨は，ひっきよう，原審の専権に属する証拠の取捨判断，事実の認定を非難するものにすぎず，採用することができない。」

3　検　討

(1)　領域高権と庇護

国家は，領域高権の帰結として，外国人の入国の許可ないし出国の強制について，広範な裁量を有する。問題は，退去強制に対する制約が存するかである。

亡命者・政治難民に対して，国家は，領域高権に基づく庇護権（領域内庇護）を有する。国際法上，庇護を与えるか否かは国家の裁量であり，外国人の側に庇護を求める権利があるわけではないとされる。しかし，憲法で個人の「庇護を受ける権利」を保障する法制の存在も知られている[1]。日本国憲法が亡命権ないし庇護を受ける権利を保障しているかについて，従前は，消極的に解するのが通説とされた[2]が，前文 2 段，98 条 2 項，あるいは基本的人権保障の趣旨等から積極的に解する説[3]もみられた。現在は，「「全世界の国民」が「ひとしく恐怖……から免かれ」る「権利」をもつと定める

---

(1)　すでに，宮沢俊義『憲法Ⅱ』（有斐閣・1959 年）107 頁。
(2)　芦部信喜編『憲法Ⅱ　人権(1)』（有斐閣・1978 年）18 頁［芦部］。
(3)　和田英夫『現代日本の憲法状況』（法学書院・1974 年）232-238 頁，萩野芳夫「亡命権」奥平康弘＝杉原泰雄『憲法学 1』（有斐閣・1976 年）24-26 頁，小林直樹『憲法講義（上）』〔新版〕（東京大学出版会・1980 年）290 頁等。

◆第Ⅰ部◆　国籍法制と国際関係の規律

憲法前文は，出入国管理と難民認定にあたっての法務大臣の裁量を制約する可能性を，示唆する」[4]とされ，「難民条約への加入を契機として出入国管理令が改正され，「出入国管理及び難民認定法」が成立し，そこに一時庇護（temporary refuge）の制度が定められた（一八条の二）。その結果，不完全ながら一種の亡命権を認めることになった」[5]とされている。

　本件は，憲法上の亡命権の存否が争われたものではない。ただし，積極説がその論拠を実質的には国際法に有していたとみられることに鑑みれば，消極説の論旨とも併せて，「政治的亡命を，外国人の権利として認めるのではないにしても，国際法上確立された慣習法上の例として，積極的に認めることが，憲法の趣旨に沿う」[6]との指摘に留意すべきであろう。

(2)　慣習国際法

　憲法98条2項の「確立された国際法規」とは，「日本国が締結した」ものではないが日本国について法的拘束力を有する国際法規範であり，主として慣習国際法（国際慣習法）である。1審判決は，国際慣習法違反として処分を取り消した初の判決として注目されるが，原判決も本判決も，処分が国際慣習法によって具体的に拘束されることは認めており，前提となる国際慣習法の存在を否定したものである。

(3)　政治犯不引渡し

　逃亡犯罪人が政治犯の場合は引き渡さないことが国際通誼ないし国際慣行であるとして，それが国際慣習法として法的拘束力を有するか，それとも，逃亡犯罪人引渡条約に定めがある限りで国家を義務づけるのかは見解が分かれる。「政治犯」の概念の多義性・不確定性も問題とされる[7]が，「不引渡

---

(4)　樋口陽一『憲法』〔改訂版〕（創文社・1998年）181頁。
(5)　芦部信喜『憲法学Ⅱ　人権総論』（有斐閣・1994年）143頁，佐藤幸治『憲法』〔第3版〕（青林書院・1995年）419頁，同『日本国憲法論』（成文堂・2011年）144頁註57，野中俊彦ほか『憲法Ⅰ』〔第4版〕（有斐閣・2006年）221頁〔中村睦男〕も同旨。
(6)　清水睦『憲法』〔改訂新版〕（南雲堂深山社・1979年）119頁。
(7)　東寿太郎「判批」昭和44年度重判〔ジュリ456号〕193-194頁。なお，張振海事件の東京高決平2・4・20高刑集43巻1号27頁。

◇補論2　亡命者・政治難民の保護と領域高権

し」が国家の義務か権能かについても，1審での鑑定意見は分かれ，「国際法学界そのものも真二つに割れたかの感を呈している」[8]とされた。不引渡しを規定する国内法や条約・決議の存在が国際慣習法成立の論拠となるかについて，「肯定説はそれらを法的確信の一般的表現と受けとり，否定説はそれらの蓄積がやがて法的確信へと高められるものと捉える」[9]。

しかし，逃亡犯罪人引渡しは，本国または第三国で罪を犯して逃亡してきた者について本国から引渡請求があった場合の問題であり，密入国が発覚して退去強制される（あるいは入国後の行為によって本国での処罰可能性が生じた自招難民的な）本件にも政治犯不引渡しの原則が準用されるかが問題となる。1審判決は，政治犯罪が本国において行われたか否かを問わず，引渡請求がなくとも本国で処罰される客観的確実性がある場合には適用されるとした。これに対し，原判決は，柳文卿事件の東京高判昭46・3・30行集22巻3号361頁に倣い，本件処分は「密入国者を送還する手続で政治犯罪人不引渡しの原則とはその性質を異にする別個の処分」であるとした。

この点に関しては，「その在留が合法と認められる者についてのみ，「引渡」「不引渡」は問題となりうる」[10]とされる一方，日本では本件のような事案が政治犯不引渡しの「概念をもって争われる通例のタイプであり，当該問題の検討で無視できない比重を占める」[11]ことも指摘された。1審判決は本件処分を偽装引渡しとみるものと解され，学説上も公式の引渡請求がなくとも同原則の適用があるとする見解があるが，その場合も，「単に政治犯罪の裁判または処罰をうけるおそれがあるとか，主観的に本人が恐怖や嫌悪をもっているというだけでは，この不引渡しの原則の適用下には入らない」[12]とされる。

---

(8)　波多野里望「判批」昭和47年度重判〔ジュリ535号〕201頁。
(9)　広部和也「判批」昭和51年度重判〔ジュリ642号〕251頁。なお，村瀬信也『国際立法——国際法の法源論』（東信堂・2002年）144-145頁。
(10)　波多野・前掲論文（註8）202頁。
(11)　筒井若水「「政治亡命」事件の提起した国際法問題」ジュリ609号（1976年）110頁。
(12)　田畑茂二郎=太寿堂鼎『ケースブック国際法』〔新版〕（有信堂高文社・1987年）

◆第Ⅰ部◆　国籍法制と国際関係の規律

(4)　政治難民・亡命者の追放・送還

「政治難民・亡命者とは，本国において政治的迫害を受け，身の危険を感じて逃亡した者や，迫害や危険はなくとも政治的立場や信条の違いから逃亡した者など」[13]をいい，逃亡政治犯罪人を含む，より広い概念であり（「難民」の定義については入管法2条3の2号参照），迫害を受けるおそれのある国・地域への難民の追放・送還を禁止するノン・ルフールマン（non-refoulement）の原則は，政治犯不引渡しの原則より広範に適用されうる。追放・送還禁止の原則は難民条約（難民の地位に関する条約）33条や拷問等禁止条約（拷問及び他の残虐な，非人道的な又は品位を傷つける取扱い又は刑罰に関する条約）3条等に規定され，入管法53条3項も同原則を確認する。

　1審判決は，難民の追放・送還を禁止する国際慣習法は未成立とみて，これには触れずに政治犯不引渡しの原則だけで判断した。原判決は追放・送還禁止の原則は国際慣習法ではないとし，本判決もその判断を是認する。ただし，条約加入後の今日，追放・送還禁止の原則が国際慣習法か否かは重要な問題ではない（難民条約33条を直接適用した例として，名古屋地判平15・9・25判タ1148号139頁）。

　退去強制を制約する国際慣習法が存在しないとしても，政治難民・亡命者の追放・送還が国際法上の権利の濫用として違法となることがある。原判決も，法務大臣に「人道上の要請に反し裁量権の逸脱または濫用があつた」か否かを判断している。処罰の客観的確実性がないとした原判決を是認できるとする本判決の射程については，再考の余地があるかもしれない。政治犯不引渡しの原則のもとでは，本国で政治犯として処罰される客観的確実性がある場合に，引渡請求を受けたときは引き渡さないのであるから，そのような場合には退去強制しないことが「法の一体性を保つ道」[14]とされる。しかし，それが国際慣習法と認められないとしても，処罰の客観的確実性があるが公式の引渡請求がない場合の退去強制は偽装引渡しが疑われ，本判決の立

263頁〔芹田健太郎〕。
(13)　広部・前掲論文（註9）252頁。
(14)　東・前掲論文（註7）194頁。

◇補論 2　亡命者・政治難民の保護と領域高権

場でも違法とされる余地があろう。

　判決後，法務省はXに特別在留許可を与えた（Xは 1963〔昭和 38〕年に大村収容所から仮放免されている）。本判決は政治犯不引渡しの原則を国際慣習法と認めないという国家意思を内外に明らかにしたことになると評される[15]一方，本件処分が違法とされた場合の「密入国者のパラダイス」を懸念する見解[16]もみられた[17]。

---

[15]　広部・前掲論文（註 9）251 頁。
[16]　波多野・前掲論文（註 8）202 頁。
[17]　すでに掲げたものの他に，参考文献として，小林武「判批」芦部信喜=高橋和之編『憲法判例百選Ⅰ』〔第 2 版〕(1988 年) 190 頁，同「判批」芦部信喜ほか編『憲法判例百選Ⅰ』〔第 4 版〕(2000 年) 20 頁，上田勝美編『ゼミナール憲法判例』〔増補版〕(法律文化社・1994 年) 26 頁 [清田雄治]，小林孝輔編著『判例教室憲法』〔新版〕(法学書院・1989 年) 42 頁 [清野幾久子]，S・H・E「判批」時法 922 号 (1976 年) 58 頁，松井芳郎編集代表『判例国際法』〔第 2 版〕(東信堂・2006 年) 233 頁 [戸田五郎]，高野雄一「判批」法セ 252 号 (1976 年) 4 頁，岩沢雄司「日本における国際難民法の解釈適用」ジュリ 1321 号 (2006 年) 16 頁，児玉晃一編『難民判例集』(現代人文社・2004 年)。

第 II 部
人権保護の国際規律と憲法

◆ 第 2 章
国法体系における条約の受容

Ⅰ　国法秩序と国際法秩序
Ⅱ　憲法 60 条 2 項の準用

　条約には，国内的効力が認められ，国法秩序において法律に優位するとされるが，国内裁判所で国際人権法違反を主張する国際人権訴訟には，種々の困難がつきまとう。国際人権法の法源とされるもののうち，本書第Ⅱ部では，国際人権条約に焦点を絞って検討する（引用文献の関係で「国際人権」の語も用いられるが，これも条約上の人権を指すものと理解する）こととし，憲法と国際法の関係について，国際人権条約の国内的実施の問題を検討するのに必要な範囲で論及する。
　まず，国法秩序と国際法秩序の関係をどう考えるか（Ⅰ），憲法 61 条が憲法 60 条 2 項を準用していることをどう解するか（Ⅱ）について考察する。

◆ Ⅰ ◆　国法秩序と国際法秩序

1　憲法学説のありよう

　国際人権条約は国際法として作成されるが，その内容の実現については，少なくとも第一次的には，国内裁判所における国内的実施が重要であるとされる。ここで，憲法学説においては，「憲法と条約の関係について，まずは法理論上，一元論と二元論の対立があることは避けて通れない」[1]とされることがある。そして，「現在の支配的な見解は，基本的に二元論にたっている」[2]とされることもある。しかし，そうした見解の論理的な帰結は，

---

(1)　君塚正臣「憲法と条約の関係・序説——国内法と国際法の理論上の二元的理解とその帰結について」関法 51 巻 2=3 号（2001 年）129 頁。
(2)　松井茂記『日本国憲法』〔第 3 版〕（有斐閣・2007 年）63 頁。ただし，この見解

◆第Ⅱ部◆　人権保護の国際規律と憲法

「少なくとも日本国憲法の解釈としては早くから否定されており，現在に至る日本の裁判所の実行と全く整合しない」[3]と批判されているものとなる可能性がある。

　国際法学上の一元論と二元論という議論は，本来，総体としての国際法秩序と国内法秩序とがいかなる関係にあるかをめぐるものである[4]。国際法学上は，「国際法と国内法の相互抵触については，法規範体系の問題ではなく，各国の裁判所その他の国家機関による実行を重視すべきだ，という考えが，学説上も有力になっている」[5]ことが指摘され，「論争の歴史的使命は終わったのかもしれない」[6]とされる点に鑑みると，条約の国内的効力あ

は「二元論の立場では，国際法秩序と国内法秩序の関係は，その国の憲法の決定するところとされる」とするが，「関係」が国際法の国内的実施のことを指すのであれば，一元論においても「一国の国内憲法の問題だということ」になろう。また，二元論「に従った場合，ある国の憲法がとりうる可能性としては，……国際法を直ちにすべて国内法秩序に編入する」という立場もあるが，「この立場では，実質的に一元論とかわらない」とされる（同頁）。そして，「日本国憲法の解釈」としては，「学説の立場は実質的に一元論だということもできる」とする（同書64頁）。その意味では，「根本的に一元と二元は二律背反である」（君塚・前掲論文（註1）131頁）とする見解とは異なるものかもしれない。

(3) 小畑郁「国際人権規約——日本国憲法体系の下での人権条約の適用」ジュリ1321号（2006年）12頁註11。

(4) 憲法学の議論においては，国際法学における一元論・二元論とは異なる見地から，条約に国内的効力が認められるか否かの問題として一元的・二元的という用語法もなされてきた。たとえば，芦部信喜『憲法学Ⅰ　憲法総論』（有斐閣・1992年）85頁（憲法学の議論は国際法学上の議論とは次元を異にすることが明確に指摘されている。同『憲法の焦点　PART3　統治機構』（有斐閣・1985年）63頁以下も参照）。なお，阪本昌成『憲法理論Ⅰ』〔補訂第3版〕（成文堂・2000年）92-94頁，岩沢雄司『条約の国内適用可能性——いわゆる"SELF-EXECUTING"な条約に関する一考察』（有斐閣・1985年）22頁註59，内野正幸「国際法と国内法（とくに憲法）の関係についての単なるメモ書き」国際人権11号（2000年）5頁も参照。

(5) 山本草二『国際法』〔新版〕（有斐閣・1994年）86頁。杉原高嶺ほか『現代国際法講義』〔第4版〕（有斐閣・2007年）29頁［杉原］，同『国際法学講義』（有斐閣・2008年）107頁も参照。

(6) 田中忠「国際法と国内法の関係をめぐる諸学説とその理論的基盤」山本草二先生還暦記念『国際法と国内法——国際公益の展開』（勁草書房・1991年）49頁。ただし，二元論，国際法優位の一元論，等位理論は，「それぞれ異なる論拠を軸として主張を展開していることに注意しなければならない」（小寺彰『パラダイム国際法——

るいはその実効性確保の問題を検討する場合，憲法学において，国際法学上の一元論と二元論のいずれを採るかを決定することは必須ではないとも考えられる[7]。つまり，「一元論か二元論かといった抽象的な話にこだわらなくてもよかろう」[8]と解される。

しかるに，二元論を支持する憲法学説が，「国際法の国内法的受容についても，二元論的見地から説明することが可能であり」[9]，憲法98条2項は「二元論の説明を前提としたうえで，本来は国際法の法形式に属する規範を包括的に国内法秩序のなかにくみ入れたものとして理解することもでき」[10]るとして，二元論を採りつつ条約の国内的効力の承認に配慮していることが注目される[11]。

2　国法秩序と国際法秩序の関係

国際関係を規律する法であるはずの条約を，国法体系において裁判規範として用いることができるか。そもそも，国法秩序と国際法秩序とは同一の次元にあるのか，両者は規律対象を異にし，まったく異なる次元にあるのかという問題については，次のように考えられるであろう。まず，両者が別次元

　　国際法の基本構成』（有斐閣・2004年）52頁）のであって，その相違は「それぞれの議論が主張された時点での問題意識の差に由来する」（同書54頁）ことが指摘される。
(7)　国際法秩序と国法秩序のいずれが根源であるかを決定する必要はないかもしれない（齊藤正彰『国法体系における憲法と条約』（信山社・2002年）11-13頁）。ただし，今日，国際法秩序と国法秩序が規律対象をまったく異にするということは困難であろう。その意味で，決定を求められるならば，一元論が選択されるであろう。なお，戸波江二『憲法』〔新版〕（ぎょうせい・1999年）508頁，長谷部恭男『憲法』〔第5版〕（新世社・2011年）422-423頁参照。
(8)　内野正幸『憲法解釈の論点』〔第4版〕（日本評論社・2005年）197頁。
(9)　内野正幸「憲法と条約 とくに日米安保条約をめぐって」法セ417号（1989年）118頁，「安易に一元論を主張するのは，大いに疑問である」（同頁）とされる。同・前掲書（註8）197頁も同旨。君塚・前掲論文（註1）132頁も，これを引用して同意している。
(10)　樋口陽一『憲法Ⅰ』（青林書院・1998年）408頁。
(11)　学説は「基本的に二元論にたっている」が「実質的に一元論だということもできる」とする松井・前掲書（註2）63-64頁も，同様と解される。

のものならば，条約が国法体系内部に入ることはありえないはずである。つまり，①条約自体が国法体系内部に入ることができると考えるのか，②条約を国内法の形式に移し換えることが必要と考えるのか，が問題である。ただし，①の場合でも，通常は，国法体系外部で成立した条約が，最初から当然に国法体系内部における効力をも具有しているとは解されない。①の場合も，条約は，国法体系内部に入る際になんらかの手続が必要である。②の考え方では，条約は国内法に形を変えるとされるが，それは，必ずしも物理的に形を変える工程が必要とされるわけではない。条約の内容を書き写した法律が制定されれば分かりやすいが，見かけのうえでは条約自体が国内的に実施されているようでありながら，考え方としては②を採ることも可能である[12]。同じような制度・運用について，①の理解と②の理解とが成り立ちうるのである。

3　二元論と日本国憲法の解釈

「国際法と国内法を次元のちがう別個の法体系と見るのが二元論，両者を同一の法体系に属すると見るのが一元論」[13]とするならば，さきの①の理解を一元論，②の理解を二元論ということもできる。前述のように，日本国憲法の解釈としては①が一般的とされるが，②に立つ憲法学説もなお存する[14]。

　②の理解では，憲法61条の手続によって条約の国内法への書き換えがなされたと解することになろう[15]。61条の手続によって国内法としての「条

---

(12)　小寺彰ほか『講義国際法』〔第2版〕（有斐閣・2010年）113頁［岩沢雄司］，岩沢・前掲書（註4）6-7，14-15頁参照。
(13)　樋口・前掲書（註10）407頁。
(14)　君塚・前掲論文（註1）129-136頁，松井・前掲書（註2）63-64頁，内野・前掲書（註8）197頁，樋口・前掲書（註10）408頁等。ただし，いずれの見解も，結局は二元論を貫徹するものではないように解される。なお，国際法と国内法はそれぞれ別個の妥当根拠に基づいているとしつつ，②を必須のものと考えない立場（田畑茂二郎『国際法Ⅰ』〔新版〕（有斐閣・1973年）150-176頁）もある。
(15)　このように解することについての批判として，阪本・前掲書（註4）95-96頁，田畑茂二郎「国際法の国内法への「変型」理論批判」恒藤博士還暦記念『法理学及

約」が制定された時点では，通常は，国際法としての条約は日本国について発効していない。しかも，日本国が批准しても，それによって当該条約が発効するとは限らない。国際法としての条約と国内法としての「条約」の成立の齟齬については，憲法7条の定めによる公布の時期を条約の国際的効力の発生後とすることによって，平仄をとることができるかもしれない。7条1号によって公布される「条約」とは，「条約」という名称の（書き換えられた）国内法の形式である[16]。しかし，この「条約」は，7条1号における列挙の順序では「政令」と同等以下であり，他方，国内法として制定されたものであるのに，憲法81条および98条1項には列挙されていない。各条の規定ぶりについて，もはや「国際法としての事情に配慮したもの」と説明することは困難であろう。成立手続の比較の観点から61条をみれば，国内法としての「条約」の地位は法律に劣る。98条2項にいう「日本国が締結した条約」は国際法としての条約を指すとすると，国内法としての「条約」の地位を98条2項が決定すると解するのも困難であろう。慣習国際法については，98条2項により一般的に（一括して）書き換えがなされたと解しうるが，逐次に成立し個別に締結される条約については，国内法への一般的な書き換えは考えにくい。

　②の理解を採りつつ，「仮に理論面では二元論が妥当だとしても，実定憲法が条約の受容の仕方を定め，これが一元的であれば，条約の国内法的効力は一元的に考えてよい」[17]とするのは不可解である。「理論面では二元論が妥当だ」とするときには，実定制度が「一元的であれば」（そのようにみえるならば），それを二元論の見地から「考えて」説明するべきであろう。憲法解釈のレベルでそのような主張をしないならば，二元論を妥当とすることは，「世界観の選択」以上の意味を有しないように解される。

　　　国際法論集』（有斐閣・1949年）371-372頁参照。
(16)　このように解することについての批判として，田畑・前掲論文（註15）348-351頁，山本草二「国際法の国内的妥当性をめぐる論理と法制度化――日本の国際法学の対応過程」国際96巻4=5号（1997年）29頁参照。
(17)　君塚・前掲論文（註1）136-137頁。

4　国際法優位の一元論と憲法理論

　国法秩序と国際法秩序とが同一の法秩序を構成するならば，いずれが上位あるいは根源であるかが問題となるとする立場がある。国内法が根源であるとすると実定国際法秩序の存在を説明できないから，国際法が根源でなければならないとされる。ただし，国際法が上位の秩序であるとしても，国法秩序における条約の地位は，当該国法秩序（究極的には憲法）に委ねられているとされる。その意味で，国際法秩序が上位の法秩序であることと，国法秩序において条約が憲法や法律に優位するか否かとは，別問題であるとされる。しかし，上位ないし根源である国際法秩序が，その構成要素であるところの条約が国法秩序においていかなる地位を与えられるかについて規律するところがないというのは，やや晦渋かもしれない[18]。

　他方，憲法学説においても，国際法秩序が国法秩序に対して上位ないし根源であるとする考え方を承認する説は少なくない。しかし，この考え方は，一つの法秩序の中には上位から下位への妥当性の委任連関があるとする思考に基づく。そのようにして国法秩序の妥当根拠が国際法秩序に基づくものだとすると，「国家主権ないし国家の立法権（いわゆる憲法制定権をも含めて）を国家法秩序の最終的根拠と見るのは，正しくない」[19]となることを，多くの憲法学説は承認しているのであろうか[20]。【参照：補論3　ポツダム宣言の受諾と国内法の効力】

---

(18)　君塚・前掲論文（註1）132頁は，この点への疑念を二元論支持の論拠の一つとする。「法の妥当根拠」と「形式的効力」との間のしばしば発生する混淆を招来することを避けようとするならば，「国内法秩序にまかされてあるといっても，国内法に対する意味の国際法によって国内法秩序にまかされてあるというのではない。国内法と国際法とのいずれでもなく，そのいずれをも超えた法秩序――世界法秩序または人類法秩序――によってまかされてある，というのである」（宮沢俊義（芦部信喜補訂）『全訂日本国憲法』（日本評論社・1978年）811頁）と説明することになるかもしれない。

(19)　宮沢・前掲書（註18）809-810頁。

(20)　君塚・前掲論文（註1）130頁は，この点への懸念を二元論支持の論拠の一つとする。

5　等位理論と国法秩序

　現在，国際法学においては，二元論と（国際法優位の）一元論との対立を止揚するものとして，等位理論または調整理論と呼ばれる考え方が有力であるとされる[21]。国内法と国際法とが同時に作動する共通分野は存在せず，国内法秩序と国際法秩序とがそのものとして衝突することはない，とされるのである。つまり，国内法秩序においては憲法が最高である。そして，国家の国内法上の義務と国際法上の義務とが衝突する場面で生じる「義務の抵触」については，「調整」によって解決されるとするのである。ただし，この見解の前提には，「現代の国際社会では諸分野にわたり相互依存関係が進んだ結果，国内法の規律事項についてもますますひろく国際法の関与と介入が及ぶようになっている」[22]という認識があることに留意すべきであろう。国内法秩序と国際法秩序は等位とはいっても，それは，国内法と国際法の抵触を法秩序間の優劣問題とは考えないというにすぎない[23]。

6　法秩序の妥当根拠論と一元論

　二元論を支持する憲法学説は，国際法優位の一元論が国法秩序の段階構造における条約の地位の決定に与るところがなく，他方で憲法制定権力の思考と衝突することに疑念を抱くものと解される。しかし，国法秩序と国際法秩序を規律対象が異なる別次元のものとみることは，日本国憲法の解釈としては採りがたい。前出の，「二元論的見地から説明することが可能であ」るとする見解は，等位理論に言及し，かつ，これに親和的な論述を展開している[24]。

　「二元論と一元論との間の論争は，それぞれ自己完結的な論理体系化を強めた」[25]として，等位理論は，「論理体系化をめぐる論争からの解放の必要

---

(21)　憲法学においては，すでに，芦部・前掲『憲法の焦点』（註4）66頁が，その存在に言及していた。
(22)　山本・前掲論文（註16）20頁。
(23)　長谷部・前掲書（註7）425-426頁参照。「基本的には二元論の今日的説明にとどまる」（杉原・前掲書（註5）106頁）。
(24)　内野・前掲論文（註4）6-8頁。

性」[26]を重視し,「法の淵源について理論的な説明を断念する」[27]ものであると解される。

ここで,「各国は,その国内分野で国際法に適合する状態を維持し相互の抵触の防止・解決をはかるべき義務を負うが,その履行の方法と類型の選定については広汎な裁量をみとめられている」[28]とすれば,「法の淵源について理論的な説明を断念する」という前提を共有しつつ,「日本国憲法では国際法の誠実遵守に関する規定（九八条二項）の解釈として,国際法と国内法との関係につき基本的には一元論を採り」[29]うると解することができないであろうか。

◆ Ⅱ ◆ 憲法60条2項の準用

1 「国会の議決」の意味

「「国会の議決」の形式として憲法が想定しているのは,法律と予算である。そこで,両者の役割分担をどう考えるかが,一つの問題となる」[30]。ところで,日本国憲法は,条約承認案件に関する「国会の議決」について,独自の形式を定めてはいない。憲法61条は,予算に関する60条2項を準用すると定めている。そこで,憲法が条約締結の承認手続について予算の議決手続を準用していることに,便宜以上の意味合いを見出すことができるかが問題とされうる。

日本国憲法の解釈としては,「予算の法的性質について,それが法律とは様々な点で異なること（たとえば,政府を拘束するだけで一般国民を直接拘束するものではないこと,効力が一会計年度に限られること,法文の形はとっていないことなど）から,多数の学説は法律とは別個の法形式であると解してい

---

(25) 山本・前掲論文（註16）19頁。
(26) 山本・前掲論文（註16）41頁。
(27) 小寺・前掲書（註6）52頁。
(28) 山本・前掲論文（註16）20頁。
(29) 山本・前掲論文（註16）44頁。
(30) 高橋和之『立憲主義と日本国憲法』〔第2版〕（有斐閣・2010年）328-329頁。

る」[31]。つまり、憲法60条による「国会の議決」については、予算を「法律とは別個の国法の一形式」[32]であるとする、いわゆる予算国法形式説[33]が通説的見解とされる。

2 「条約国法形式説」

そこで、このような憲法60条2項の手続を準用して承認された条約もまた、「法律とは別個の国法の一形式」と解することができないかが問われうる。

ここで、条約を「法律とは別個の国法の一形式」と考えることの意味は、国内的効力を有する条約が法律（憲法59条の定める手続による国会制定法）と同一の階層秩序を構成しないと観念することにあると解される。条約と法律とが一つの階層秩序において上下関係に立たないと考えるといっても、さきの②の理解に立ち、国法秩序と国際法秩序とは別個の次元にあると考えるのではない。条約は、国法秩序の外部から国法秩序内に入ったうえで、法律と（そして憲法とも）別個にそこに地位を占めると解するのである[34]。

従来の二元論的説明については日本国憲法の解釈として疑問が残るのに対して、条約が憲法・法律・政令等と同一の階層秩序を構成しない「法律とは別個の国法の一形式」として国内的効力を付与されると解することは、日本

---

(31) 高橋・前掲書（註30）329頁。
(32) 清宮四郎『憲法I』〔第3版〕（有斐閣・1979年）270頁。
(33) 予算法規範説、予算法形式説とも呼ばれる。
(34) 条約が「法律とは別個の国法の一形式」であるという意味を、条約が国内法としての「条約」に変型されると解することは、前述の②の理解に立つものであり、それはすでに検討したように日本国憲法の解釈としては困難である。同様に、後述する予算法律形式説を援用して「条約を法律の一種と見」る（浦田一郎『現代の平和主義と立憲主義』（日本評論社・1995年）201頁）こともできない。60条2項が準用されていることに着目して「憲法は、立法措置を要求する変型方式を排除しているといえるであろうか。検討に値すると思われる」（浦田一郎「外交と国会──「外交国会中心主義」について」杉原泰雄＝樋口陽一編『論争憲法学』（日本評論社・1994年）269頁）とする見解には、消極的に解答せざるをえない。なお、この見解は、「国内法秩序において条約を法律の一種とみた場合、簡単な手続で成立する条約を法律に優越させることができるであろうか」（同頁）とする。

国憲法の規定ぶりに適合的な説明が可能であるようにも考えられる。憲法7条の規定によって条約は公布されるが、それは「法律とは別個の国法の一形式」としてである[35]。他方、憲法81条および98条1項に条約が列挙されていないのは、条約が「法律とは別個の国法の一形式」として国法秩序の段階構造に位置しないからである。そのような条約と法律の不一致の問題については、予算と法律の不一致について憲法73条1号を援用して両者の一致を図るべきことが論じられる[36]ように、98条2項に基づいて条約と法律を一致させる義務が生ずると説明することもできるであろう。

ただ、条約を「法律とは別個の国法の一形式」とすることによって、国法秩序の段階構造に属しない国法形式が国法体系内部に種々存在することの意味については、なお検討の必要があるかもしれない。

さらに、予算は、「政府を拘束するだけで一般国民を直接拘束するものではないこと、効力が一会計年度に限られること、法文の形はとっていないことなど」によって「法律とは別個の国法の一形式」であるとされるのに対して、法律事項を含むものもある条約を衝突回避の目的で国法秩序の段階構造において法律と並ばないものとすることは、予算の場合とは理由と結論が逆転することになるのではないであろうか。

3 「条約承認法律形式説」

憲法60条2項についての予算国法形式説を応用して条約を「法律とは別個の国法の一形式」と解することが上述のような隘路を有するとしても、そのことは、ただちに予算国法形式説を批判する予算法律形式説[37]の援用を支持することにはならない。

予算法律形式説は、「予算は国法形式としても法律と区別されず、予算も

---

(35) 憲法7条1号における列挙の順序も、条約が国法秩序の段階構造に位置しないと解することによって説明できるかもしれない。
(36) 清宮・前掲書（註10）〔第3版〕271-272頁、佐藤功『憲法（下）』〔新版〕（有斐閣・1984年）1147-1148頁参照。
(37) 小嶋和司『憲法学講話』（有斐閣・1982年）127頁以下、大石眞『憲法講義Ⅰ』〔第2版〕（有斐閣・2009年）273-275頁等。予算法律説とも呼ばれる。

また法律であるとする見解」であると理解される[38]。そして、「予算という名称の法律の議決には原則として憲法五九条一項が適用され、五九条一項の「憲法に特別の定のある場合」として憲法六〇条の衆議院の先議権と衆議院の優越が適用されるとする。予算法の制定手続が一般の法律の制定手続と異なっているのは、憲法九五条の地方特別法が一般の法律と異なり住民投票を要求しているのと同様に考えられるとする」ものと紹介される[39]。予算国法形式説と予算法律形式説の「差は、憲法上、予算を「法律」の形式で議決すべきものと解すべきか否かの一点にある」とも評される[40]。

予算法律形式説の利点としては、「予算と法律の不一致」の問題が生じないこと、国会による予算修正権の限界の問題が生じないことが挙げられる。しかし、条約の性質上、予算法律形式説の思考を援用しても、法律との不一致および国会による条約修正権の問題に積極的な効果をもたらすことにはならない。

ここでも、さきの②の理解によって国法秩序と国際法秩序とは別個の次元にあると考えることは困難であるという前提に立つならば、条約承認案件についての「国会の議決」を法律形式で行うことが、条約を法律に変型することを意味すると解することはできない。①の理解によれば、国法秩序の段階構造における条約の地位は、「国会の議決」が法律の形式で行われたということによっては定まらず、別途に憲法の規律によることになる[41]。憲法は条約承認案件についての「国会の議決」を法律形式で行うと明定しているわけではなく、通説的見解もそのような解釈を採るものではない以上、あえて法律形式で承認されると解したうえで、憲法の諸規定の解釈によって法律に優位すると説明するのは、やや迂遠であろう。

結局のところ、条約承認手続は憲法60条2項を「準用」するものであり、

---

(38) 高見勝利「「予算」の性質とその形式について」法教171号（1994年）69頁。
(39) 中村睦男『憲法30講』〔新版〕（青林書院・1999年）224頁。
(40) 高見・前掲論文（註38）69頁。
(41) フランス第4共和制憲法および第5共和制憲法は、そのような理解に立つものとされる。

予算と条約の性質の違いによる相違は（法律との不一致や国会による修正の問題のように）当然に存在する。「国会の議決」の性質も，予算の場合と同様に考えなければならないわけではないであろう。

◆ 補論 3
ポツダム宣言受諾と国内法の効力

　第 2 章で検討した，国際法優位の一元論に関して，いわゆる 8 月革命説の問題が論じられることがある。8 月革命説と国際法秩序の関係の理解をめぐって，いわゆる横浜事件第 3 次再審請求事件についての横浜地決平 15・4・15 判時 1820 号 45 頁を手がかりに，考察を補うこととしたい。

1　事実の概要

　本件は，戦時中の 1942（昭和 17）年 9 月から 1945（昭和 20）年 5 月にかけて，神奈川県警察部特別高等課が言論・出版関係者等 50 余名を治安維持法違反容疑で検挙し，33 名が起訴され，同年 7 月から 9 月にかけて 32 名に有罪判決が下された（うち 2 名は上訴して免訴判決，起訴された残る 1 名は後に免訴判決），いわゆる横浜事件についての再審請求事件である。容疑は，同法 1 条（国体を変革することを目的とした結社の目的遂行のためにする行為），10 条（私有財産制度を否認することを目的とした結社の目的遂行のためにする行為）違反であったが，特別高等警察による「空中楼閣」的な構図と拷問による冤罪であったともいわれる。横浜事件に関しては，数次の再審請求がなされているが，請求には確定判決の謄本の提出が必要であるところ，その存在が不分明で，請求に困難をきたしていた。

　今次請求は，原判決が 1945（昭和 20）年 8 月 29 日，30 日，9 月 15 日にそれぞれ 1 回の期日で弁論終結・言渡しがなされた点に着目し，同年 8 月 14 日のポツダム宣言受諾により，原判決の言渡し時には罰条である治安維持法は失効していたと主張した（再審理由 1。構成要件該当性，拷問による自白の信用性，職務犯罪についても主張されている〔再審理由 2～4〕）。これに対して，検察官は，ポツダム宣言の内容は 9 月 2 日の降伏文書の調印により法的効力を生じたのであり，しかもそこでは国際的に法秩序改変の責務を負ったにすぎず，10 月 15 日の勅令「治安維持法廃止等ノ件」（昭和 20 年勅令 575 号）によって廃止されるまで治安維持法は有効であったとした。

◆第Ⅱ部◆　人権保護の国際規律と憲法

2　決定の要旨

「原判決の謄本の添付がないことについては請求人の責めに帰すべきでない特殊な事情が存する」のであるから，そのこと「のみをもって請求を棄却すべきではない」。

ポツダム宣言の受諾は，「国家間において通常の合意がなされた場合とは別異に考える必要がある」。ポツダム宣言は，「いわば緊急状況下における交戦国間の合意」であり，「受諾がなされたときより戦争終結の条件とされた条項については，当事国間において少なくとも国際法的な拘束力を生じるに至ったと考えられ，その後になされた降伏文書への調印等は，ポツダム宣言の受諾がなされた事実を確認する意味合いのものであった」。

天皇が 8 月 14 日に終戦の詔書でポツダム宣言の受諾を国内的に公示した事実をもって，「緊急状況下における非常大権の一環として」，「少なくとも勅令を発したのに準じた効力が生じたというべきであり，ポツダム宣言は国内法的にも効力を有するに至った」。「ポツダム宣言一〇項後段では，……日本国国民間に於ける民主主義的傾向の復活強化，言論，宗教及び思想の自由並びに基本的人権の尊重の確立が命令形と解しうべき文言によって求められている。上記文言は，治安維持法等の改廃を直接に要求するものとまでは言い難いが，これが国内法化されたことにより，当該条項と抵触するような行為を行うことは法的に許されない状態になった」。「そうすると，治安維持法一条，一〇条は，ポツダム宣言に抵触して適用をすることが許されない状態になった以上，もはや存続の基盤を失ったというべきであり，実質的にみて効力を失うに至ったと解すべきである」。かかる事態は旧刑訴法 363 条 2 号が免訴理由として定める「形の廃止」に当たる。

「免訴事由に関する再審理由一には理由があるから，再審理由二ないし四については判断するまでもな」い。

3　検討

(1)　本件における再審請求

本件は，第 1 次再審請求における横浜地決昭 63・3・28 が「米国軍の進駐

52

◇補論3　ポツダム宣言受諾と国内法の効力

が迫った混乱期に，いわゆる横浜事件関係の事件記録は焼却処分されたことが窺われる」と判示している[1]ような，特殊な状況に関わるものであり，本決定は，「原判決の謄本の添付がなくても再審の請求は適法なものとして認められる」とする。再審か，非常上告によるべきかについては，東京高判昭32・6・10高刑集10巻4号404頁との関係で刑訴法上の議論があるが，本決定は，「本件のような事案」では「衡平の観点」から再審を認めるべきとする。

(2)　ポツダム宣言の法的性質

ポツダム宣言の法的性質について，本決定は，「緊急状況下における交戦国間の合意」であるとする。本決定は，「文書による合意が国際法上の合意の成立要件とされていない」として，検察官が強調する9月2日の降伏文書調印の事実に拘束されずに，8月14日時点での法的効力を認める。国家間における「通常の合意」とは別異な「ポツダム宣言の特殊性」に依拠して，その国際法上の効力を肯定する本決定と，ポツダム宣言を実質的な条約とみる判例[2]や，学説[3]との径庭は，大きくはないかもしれない。

しかし，本決定は，ポツダム宣言が「一種の国際約束」として「国際法的な拘束力を生じ」，終戦の詔書によって国内的に公示されても，それだけでは国内的効力を有しないとする。「天皇が少なくとも勅令に準ずる権限を行使したと解する」ことによって，ポツダム宣言が緊急勅令に準ずる形式で国内法に「変型」されたと考えるものであろうか。しかし，すでに，たとえば，東京控判昭10・2・20新聞3834号5頁が，条約は「帝国議会の協賛を経ることなく公布により直ちに法律と同一の効力を具備するに至れるものなりと

---

[1]　竹澤哲夫「横浜事件第三次再審請求審の意義と経過」法時74巻6号（2002年）74頁。

[2]　最大判昭25・2・1刑集4巻2号73頁，また，最大判昭28・4・8刑集7巻4号775頁，最大判昭28・7・22刑集7巻7号1562頁。

[3]　国際法学会編『国際法講座第三巻』（有斐閣・1954年）243-244頁［高野雄一］，芦部信喜『憲法制定権力』（東京大学出版会・1983年）151-152頁，樋口陽一ほか『憲法Ⅳ〔第76条～第103条〕』（青林書院・2004年）349-350頁［佐藤幸治］。なお，村瀬信也ほか『現代国際法の指標』〔補訂〕（有斐閣・1996年）23頁等。

◆第Ⅱ部◆　人権保護の国際規律と憲法

解すべきことわが国憲法の精神ならびに実例に徴し一点疑のなきところなり」としていたところであり，そうであるとすれば，本決定のいう緊急勅令のフィクションは不要であろう。明治憲法下においては，公式令8条（明治40年勅令6号）が，「国際条約ヲ発表スルトキハ上諭ヲ附シテ之ヲ公布ス」と定めていた。ポツダム宣言は，終戦の詔書の中で受諾が公示されたのであるが，「勅令に準ずる」と解したとしても，そのようなものとして公布されてはいないことに変わりはない。

(3)　ポツダム宣言受諾と国法秩序

　本決定は，ポツダム宣言受諾によって「国家体制が革命的に転換され，直ちに旧憲法をはじめとした国内法秩序もポツダム宣言の内容とする諸原則にしたがって変革が生じた」とする弁護人の主張を，「ポツダム宣言の受諾は法的に見れば一種の国際約束にすぎず，また歴史的にも受諾をもって天皇を主権とする国家体制が革命的に転換されるような国内状態は生じてはいなかった」として「論理飛躍」と難ずるが，8月革命説への賛否は措くとしても，これは8月革命説的主張についての誤解であろう。主張の要諦は，ポツダム宣言受諾により治安維持法の保護法益である「国体」が失われたとするところにあると解される[4]。

　本決定は請求人らの主張を「ポツダム宣言の受諾により国内法秩序が革命的に変革し治安維持法も全面的に失効した」とするものと解するが，8月革命説が国際法優位の一元論を基礎としているとの理解[5]に立つ場合，妥当根拠論（一元論か二元論か）と形式的効力論（条約優位か憲法優位か）の混淆を避けなければならない。国法秩序においてポツダム宣言がすべての法令に優位するから治安維持法も失効するという主張なら，現行憲法成立の法理を論ずる8月革命説を持ち出す必要はない。明治憲法下において条約は少なくとも法律と同位であるから，後法たる条約に抵触する法律は「実質的にみて

---

(4)　これは，いわゆるプラカード事件についての最大判昭23・5・26刑集2巻6号529頁における庄野理一意見の，ポツダム宣言受諾により不敬罪は保護法益が消滅して実質的に廃止されたとする理解に通じるものとも考えられる。

(5)　批判として，芦部・前掲書（註3）342頁以下。

◇補論 3　ポツダム宣言受諾と国内法の効力

効力を失うに至った」と解することができるはずである。裁判所が「治安維持法一条，一〇条は，ポツダム宣言に抵触」すると解するなら，上位法または後法たる「ポツダム宣言に抵触して適用をすることが許されない状態になった」とすれば足りる。最大判昭 25・2・1 刑集 4 巻 2 号 73 頁は，ポツダム宣言受諾を条約の締結とみたうえで，刑事訴訟に関する具体的な権利は，ポツダム宣言から直ちには導かれず，憲法に規定されてはじめて現実的に保障されたとするものと解され，既存の法律とポツダム宣言との抵触が問題である本件とは事情を異にするものと考えられる。

なお，「いわゆる八月革命説」を援用し，ポツダム宣言の受諾により天皇主権が変容し国家無答責の原則も失効したとして，8 月 17 日ないし 18 日に行われた公務員の権力的行為について民法上の不法行為責任を問うた例があるが，裁判所は，除斥期間の経過により請求権は消滅したとしている（東京地判平 7・7・27 訟月 42 巻 10 号 2368 頁）。

(4)　ポツダム宣言の国内的効力

裁判所は，請求人らの法学鑑定の請求を容れて，職権で京都大学大石眞教授に鑑定を依頼し，「結論も含め当裁判所の見解に影響を与えており」，再審開始に必要な新証拠と言えるとした。ただし，「占領管理体制の基礎をなす国際約束は，実質上，被占領国の国内法秩序の重要な構成要素になる」とし，ポツダム「宣言は，そのまま国内法としての意味をもつという意味において，その受諾により直ちに我が国内法秩序に対する影響・効果が生じた」とする点について，本決定は，「事実上ポツダム宣言が国内法的影響をもったと評価することには妥当性が認められるものの，占領管理体制なるものの法的な意味内容やこれが天皇主権より上位にくる論拠について，十分に説得的な説明がなされているとは言い難い」とする。ポツダム宣言の国内的効力を肯定するための本決定の解釈が大石鑑定よりも「十分に説得的な説明」なのかには議論の余地があるが，この「占領管理体制」が，前掲・最大判昭 28・4・8 等にいう「憲法外において法的効力を有するもの」としての占領管理法令とは異なり，「連合国の降伏勧告書である」ポツダム宣言が「国内法としての意味をもち」，明治憲法の抵触部分を失効させたとする見解[6]に依拠する

55

◆第Ⅱ部◆　人権保護の国際規律と憲法

ものであるならば,「徹底した国際法優位の一元論を前提せずには成立しない」[7]との批判が,8月革命説よりも適切に妥当する面があるかもしれない[8]。

---

(6) 高橋正俊「憲法の制定とその運用」佐藤幸治ほか編『憲法五十年の展望Ⅰ』（有斐閣・1998年）76, 80頁。
(7) 佐藤幸治『日本国憲法論』（成文堂・2011年）68頁註22。
(8) すでに掲げたものの他に, 参考文献として, 小特集「横浜事件第3次再審請求」法時74巻6号（2002年）72頁以下,「〔資料〕横浜事件の再審請求事件にかかる鑑定意見書」法時74巻13号（2002年）304頁以下。なお, ポツダム宣言受諾の効果をめぐる本決定の論理を, 抗告審の東京高決平17・3・10判タ1179号137頁は採用しなかった（結論は維持して即時抗告を棄却）。その後の横浜事件の経過について, 古川純「「横浜事件」第3次・第4請求再審免訴判決について」専法106号（2009年）211頁以下, 田淵浩二「横浜事件——再審免訴に終わった無罪事件」法セ669号（2010年）18頁以下等参照。

◆ 第3章
国法体系における条約と法律

Ⅰ 国法秩序における地位
Ⅱ 「法律」の意味と条約

　憲法学の議論にいうところの「憲法と条約」あるいは「国会の条約承認権・修正権」の論点における従来の議論の枠組は，憲法と対立する内容を有する条約を念頭に置いて形成されてきたきらいがある。他方で，国際人権条約の国内的実施に際しては，条約と法律の関係が問題となる。本章では，国法体系における条約の位置づけに関して，国法秩序における条約の地位の問題（Ⅰ），憲法の規定における「法律」の意味と条約の位置づけの問題（Ⅱ）を検討する。

◆ Ⅰ ◆ 国法秩序における地位

1　条約の公布

　「日本国憲法の解釈としては，98条2項の条約遵守義務を根拠に，条約が公布（7条1号）された以上国内的効力をもち，自力執行的性格の条約の場合には直ちに国内適用が可能となる，というのが通説である」[1]とされる。このような解釈の淵源について敷衍すれば，「立法措置を必要としないとする明治憲法下の慣行を遠景として，日本国憲法が条約の締結について国会の承認を必要とし（73条3号），また，条約について天皇の公布を定めていること（7条1号）を近景として，直接には本項［憲法98条2項——筆者註］を根拠に，条約は別段の立法措置を要することなく国家機関および国民を拘束すると解すべきもの」[2]ということになるであろう[3]。

---
(1) 高橋和之「国際人権の論理と国内人権の論理」ジュリ1244号（2003年）81頁。
(2) 樋口陽一ほか『憲法Ⅳ〔第76条～第103条〕』（青林書院・2004年）346頁〔佐

◆第Ⅱ部◆　人権保護の国際規律と憲法

「七条一号の趣旨は，条約が国法の一形式として受容されるということ」[(4)]であるとしても，その射程には留意が必要であろう。憲法学は，憲法98条2項にいう「条約」と，憲法61条・73条3号にいう「条約」との間には意義の相違があり，憲法98条2項の「条約」は，73条3号の「条約」よりも広く，いわゆる国会承認条約の他に行政取極をも含む国際約束すべてを指すと解してきた。他方，憲法7条1号にいう「条約」の意義については，必ずしも十分な検討はなされていなかったように解される。しかし，官報において公布文を付して「公布」されているのは国会承認条約であって，「いわゆる行政取極の場合は，原則として，外務省告示の形式で官報に掲載される」[(5)]。

2　法律に対する条約の優位

(1) 憲法優位説の要諦と限界

「次に問題となるのは，条約は国内法の形式的効力の段階構造のなかでどこに位置するかである」[(6)]。「法律に対する条約の優位」は，憲法優位説の帰結であると考えられているかもしれない。しかし，憲法優位説が「法律に対する条約の優位」を積極的に論証しているかについては疑問が残る。憲法優位説に立つ多くの見解は，「法律に対する条約の優位」の根拠について，実質的には，憲法98条2項の存在を指摘するにとどまっていた[(7)]。

憲法優位説の要諦は，「憲法を含む国内法すべてに対して条約が優位する」という条約優位説の射程を，「憲法以外の国内法に優位する」というところ

　　藤幸治]。
(3)　なお，高野雄一『憲法と条約』（東京大学出版会・1960年）153-157頁，齊藤正彰『国法体系における憲法と条約』（信山社・2002年）246頁参照。
(4)　青柳幸一「憲法と条約〔7条1号，73条3号，98条2項〕」法教141号（1992年）46頁。
(5)　国際法事例研究会『日本の国際法事例研究(5)条約法』（慶應義塾大学出版会・2001年）45頁［芹田健太郎］。
(6)　高橋・前掲論文（註1）81頁。
(7)　ただし，初期の有力な学説は98条2項を「法律に対する条約の優位」の根拠としていない。齊藤・前掲書（註3）245頁参照。

◇第3章　国法体系における条約と法律

まで刈り込むことにあったのではないであろうか。条約優位説によって憲法の上に置かれた条約を憲法の下に引き下ろすことが憲法優位説の主眼であったのであり，換言すれば，「憲法に対する条約の優位は認められない」ことの裏返しとして，「法律に対する優位までは認められる」というのであって，条約と法律との関係についての詳細な考察の結果としてではないとも考えられるのである。憲法優位説は，条約優位説について，「国際協調主義という不明確な一般原則に大きくよりかかって条約優位を主張するのは，妥当ではない」と批判したが，この批判は，そのまま，国際協調主義ないし憲法98条2項に依拠して「法律に対する条約の優位」を承認する通説的見解に跳ね返ってくるのではないかと懸念される。

　また，憲法優位説が憲法改正手続と条約承認手続との対比から憲法優位という結論を導くとき，国会の条約承認手続は法律制定手続と比べても厳格さにおいて劣るという問題が潜んでいる[8]。憲法98条2項を援用して，法律に対する劣位を否定するならば，なぜ（憲法に対する）条約優位説が否定されるのかについての説明が困難になるおそれがある。〈憲法98条2項は条約が法律に優位することを認めたものと解することが，国際協調主義の立場からみて当然であるが，他方で，憲法が国際協調主義を採るといっても，条約が憲法に優位するという趣旨を認めることはできない〉とするのは，結論の先取りとも考えられ，疑問が生じるところである。

(2)　「法律に対する条約の優位」の基盤

　「法律に対する条約の優位」については，憲法前文はもちろんのこと，条約を国内法と同様に公布することを定める7条，平和主義についての9条，条約締結の簡易・迅速な手続による国会承認を規定する61条，「時宜によっては事後に」条約締結の国会承認を得ることをも許容する73条3号，違憲

---

[8]　高橋・前掲論文（註1）81頁参照。なお，「条約は，法律と本質的に等しいような手続を経て，国内法的効力を発生する」とし，「条約の承認については，通常の法律の場合よりも一層の衆議院の優越が認められている」ことにも留意して，「国内法的効力をもつ場合」には条約と法律は同位とする見解（松井茂記『日本国憲法』〔第3版〕（有斐閣・2007年）64-65頁）もある。

59

◆第Ⅱ部◆　人権保護の国際規律と憲法

審査の対象に条約を明示的に列挙しない 81 条，最高法規たる憲法の下位に置かれる国法形式に条約を明示的に列挙しない 98 条 1 項，そして「日本国が締結した条約……は，これを誠実に遵守することを必要とする」という 98 条 2 項等から読みとられる，憲法の基本的態度としての「国際主義」を基調として，他の憲法上の諸原理との調和を求めた結果と説明するのが，整合性のとれた解釈であると考えられる[9]。

　国法秩序において「法律に対する条約の優位」を認めることの意義として，条約について後法優越の原則の適用を排除する，ということが考えられる。条約が法律と同位とされる憲法体制においても，とりわけ国際人権条約との関係で，後法優越の原則の適用を排除するための憲法解釈上の工夫がみられる[10]。日本国憲法については，条約に対する後法優越の原則の適用排除は，憲法 98 条 2 項の解釈において一般的に確保されていることになる。国会も条約の締結を承認しているから，後法たる法律が条約と抵触しているようにみえても「合致の推定」がなされうるのであり，そうであれば，一般的に条約を優位させてよいとも考えられる。そのように考えるならば，「法律に対する条約の優位」と，「条約に対する憲法の優位」は，別個の要請と論理に基づくものということもできるかもしれない。

　ただし，「法律に対する条約の優位」を定める憲法規定が，国際協調主義といったもののみを基礎として成り立っているのか否かについては，注意を

---

[9]　齊藤・前掲書（註 3）246-247 頁。なお，高野・前掲書（註 3）203-213 頁参照。中村睦男「現代国際社会と条約の国内法的効力」佐藤幸治ほか『ファンダメンタル憲法』（有斐閣・1994 年）330 頁は，①憲法制定議会における政府見解が法律に対する条約の優位を明言していたこと，②憲法施行後の政府見解も，法律に対する条約の優位を認めるのが明治憲法下の有権的解釈であり，さらに日本国憲法には条約の遵守について明文の規定があるから，条約の効力は法律に優先するとしていることを紹介しており，通説的見解がやや抽象的に憲法の国際協調主義ないし憲法 98 条 2 項を論拠としてきたところを，従来の慣行を憲法 98 条 2 項に示された国際主義が支えているという趣旨で説明するものと解される。これは，明治憲法下の慣行が「新憲法の一基調，国際主義の立場に照らしてみても，……エンカレージされこそすれ，ディスカレージされることはない」（高野・前掲書（註 3）155 頁）という論理に通じるものと考えられる。

[10]　本書第 4 章Ⅱ 2 参照。

◇第3章　国法体系における条約と法律

要する。「法律に対する条約の優位」の国内裁判所による実現は，後述するように，立法府に掣肘することを意味しうるのである。

(3) 「**法律に対する条約の優位**」**と行政取極**

なお，憲法98条2項の「条約」が国際約束すべてを含むという通説的見解を前提に，「法律に対する条約の優位」の論拠を直接に98条2項に求めるならば，行政取極にも法律に対する優位の論拠を与えることになる。行政取極について，「とくに条約の委任に基づいて締結されるものは承認を経た条約に準ずる効力を認めてもよいのではなかろうか」とする見解[11]もあるが，「法律と命令の関係との対比からすれば，行政協定は条約よりも下位の効力しかもたないといえる」として，98条2項の「条約」に行政取極を含めることに疑問を示す見解[12]もある。また，行政取極と政令・省令との優劣関係をどう考えるかについても，必ずしも十分な検討がなされてこなかったように解される[13]。締結した国際約束について国際法上の遵守義務を負うことは憲法の規定を待つまでもなく明らかであって，98条2項はそうした当然のことを定めたものではないと解するならば，「日本国が締結した条約」は行政取極を含むすべての国際約束を意味するとみる必要もないかもしれない。

3　法律の条約適合性審査の問題点

条約が法律に優位することは，半ば自明視されてきた。しかし，かりに憲法98条2項が「法律に対する条約の優位」を定めた規定であるとしても，「国際協調主義」という方向だけから，国内裁判所による法律の条約適合性

---

(11) 芹澤齊「憲法と条約」法教173号（1995年）79頁。同様に，行政取極の分類を提唱する見解として，小寺彰ほか『講義国際法』〔第2版〕（有斐閣・2010年）125頁〔岩沢雄司〕。
(12) 青柳・前掲論文（註4）46頁。
(13) 「これまで全く研究がなく，政府各省庁もケース・バイ・ケースで適宜処理しているようであるが，近年のわが国との対外摩擦に関連して問題となる事案が多発しているようである」（成田頼明「国際化と行政法の課題」雄川一郎先生献呈論集『行政法の諸問題 下』（有斐閣・1990年）89頁）と指摘されていたところである。

◆第Ⅱ部◆　　人権保護の国際規律と憲法

審査を正当化できるかについては疑問が残る。「法律に対する条約の優位」の国内裁判所による実現は，議会の立法権に掣肘することとなり，とりわけ条約が行政権優位で締結される体制においては行政権を保護することともなる[14]。「法律に対する条約の優位」を前提として裁判所が法律を条約違反と判断した場合，国会は，通常の立法権ではその解釈に対抗できない。国会の制定した法律を条約違反と判断することは，結果としては憲法違反の判断に匹敵する効果を有しうるのにもかかわらず，そうした権限を行使する根拠や条件ないし限界が，必ずしも明確ではない[15]。98条2項から，そうした裁判所の権限を論証できるかが問題である。

　さらに，裁判所がどの程度の厳格さで法律の条約適合性審査を行うべきか，もまた一個の問題である。法律と同等の具体的な規律を含むような条約の場合は，同一の事項を管轄する法律に対して条約を優先的に適用することで足りるであろう。この場合は，法律と条例の矛盾・抵触の場合と同様に考えることが可能かもしれない。しかし，国際人権条約に憲法の人権規定と同様の機能を期待する場合には，具体的な法律の規律が国際人権条約に合致するか否かを判断するために，憲法訴訟論に準ずる道具立てが必要なのではないであろうか。

　違憲審査において最高裁判所の示した憲法解釈を覆すには，国民代表たる議会も，憲法改正に訴えなければならない。そのような最高裁判所の権限は，憲法81条に明文の根拠があるが，それでも，裁判所がどの程度の厳格さで違憲審査を行うべきかは，大きな問題である。法律の条約適合性審査については，81条に相当する規定は存在しない。かえって，現行訴訟法上は，最高裁判所は法律の条約適合性審査に関与しないこととされている。憲法学説は，裁判所の違憲審査権の正当化と限界，あるいは違憲審査基準の検討に精

---

(14)　「法律に対する条約の優位」を憲法が明文で規定するフランスについて，本書第4章Ⅱ1参照。
(15)　なお，山元一「ジェンダー関連領域における国際人権法と国内裁判」芹田健太郎ほか編『講座国際人権法3　国際人権法の国内的実施』（信山社・2011年）395-396頁参照。

力を注いできたが，法律の条約適合性審査については，そのような蓄積は著しく不足していたといわざるをえない[16]。

◆ II ◆ 「法律」の意味と条約

1 罪刑法定主義と条約

　迅速かつ厳格な国内的実施を求めて，犯罪構成要件と刑罰を具体的に定める条約が作成された場合，その条約を self-executing なものとして国内裁判所で直接適用することができるか，それとも国内実施法の制定が必要か，つまり，罪刑法定主義は，条約によって罪刑を定めることを許容するかが問題となりうるであろう[17]。

　国際法学においては，「条約が self-executing なものであるといわれるためには」，国内法上の関係についての条約の規定が明確かつ具体的であるだけではなく，「その国内的適用について，当該国家の法制上の制約がないこ

---

(16)　なお，本書第4章Ⅲ1参照。
(17)　従来の憲法学説においては，憲法31条の「法律の定める手続」にいう「法律」について，政令，条例や最高裁判所規則には論及されるが，条約が含まれるか否かについては，必ずしも明らかではないようにみえる。「罪刑法定主義という場合の"法"に条約は含まれない，ということについては問題はあまりないであろう」（内野正幸「条約・法律・行政立法——公布や罪刑法定主義にもふれつつ」高見勝利ほか編『日本国憲法解釈の再検討』（有斐閣・2004年）438頁），「特に刑罰を科する場合には法律を媒介にしなければならないだろう（罪刑法定主義）」横田耕一「日本における人権と人権保障制度」高野眞澄先生退職記念『これからの人権保障』（有信堂・2007年）25頁，「憲法は，罪刑法定主義を基本原則としているから，条約上定められた一定の行為に対する禁止制限や処罰は，法律の定めによらず国民に強制することはできないし，関税率の改訂，相手国国民に対する所得税・法人税等の特例措置等も憲法八四条の租税法律主義との関係で立法措置（……）を必要とする。また，財産権の内容を定めるについても，憲法二九条三項は法律によることを要求している」（成田・前掲論文（註13）87頁）とする見解もあるが，その根拠は説かれていない。ただし，後者の見解においては，「必ずしも国内法令の規定を改正するまでもなく，条約の内容に即した法文の拡大解釈によって対応することが可能な場合もあり」，「さらに，法律に基づく行政庁の裁量権を行使するにあたって，国際法や国際制度に淵源する規範等は十分に考慮されるべき」（同論文90頁）とされていることが注目される。

とが必要である」として，憲法31条の存在を理由に，「条約の内容いかんにかかわらず，条約の規定だけで個人に刑罰を科すことはできない」とする見解[18]がある一方，「条約規定が……ものすごく細かく，量刑までも含めて規定する……場合には……国内法がなくても，法技術の問題として，そういうものを受け入れてきた裁判所はやっぱり適用するんじゃないか」とし，刑法に関する条約も国内裁判所において直接適用可能とする見解[19]もある。

2　条約による規律と法律主義

憲法学においては，憲法が法律で定めることとしている事項を条約の規律に委ねることに関して，従来，憲法10条の国籍法定主義と憲法84条の租税法律主義の場合，憲法のいう「法律」に条約が含まれるとされてきた[20]。

その根拠としては，第1に，条約は，締結について国会の承認を得ており，また法律に優位することが挙げられているが，この理由づけは，憲法のすべての法律主義に当てはまることになる。

根拠の第2として，国籍や関税（あるいは二重課税の防止）という事柄の性質ないし特殊性が挙げられている。他方，条約の規定がいかに明確であろうとも，国会が形式的意味の「法律」をもって定めなければならないと解することによって，国会の権限を確保することができると考えられる[21]。そう

---

(18)　田畑茂二郎『国際法講義 上』〔新版〕（有信堂高文社・1982年）52頁註1。なお，薬師寺公夫ほか『国際人権法』（日本評論社・2006年）32頁［村上正直］。
(19)　山本草二ほか「〔共同討議〕新海洋法条約の締結に伴う国内法制の研究」新海洋法条約の締結に伴う国内法制の研究1号（1982年）134頁［広部和也発言］。
(20)　ただし，84条の「法律の定める条件」という文言が法律主義の例外を許容するものと解した場合には，そうした定めのない他の法律主義とは同一に論じることができないかもしれない。
(21)　「わが国では，「立法機関の権限に属する事項」を扱う条約はnon-self-executingであるといわれることがある。特定の「事項」に関する条約は，その内容のいかんにかかわらず，self-executingではないというわけである。しかし，何がそのような「事項」に当たるかは，これまであまり詳しくは検討されていない」（岩沢雄司『条約の国内適用可能性——いわゆる"SELF-EXECUTING"な条約に関する一考察』（有斐閣・1985年）84頁）。この点に関して，「憲法が特定の事項（財政や刑法など）について狭義の法律によって定めることを求めているときも，その事項を扱う国際法の国内適用可能性は排除される」（小寺ほか・前掲書（註11）116頁［岩沢］。村上

◇第 3 章　国法体系における条約と法律

であるとすれば，本来，国際的な調整が必須とはいえない罪刑の決定について，憲法が法律主義を定めていることは，「法律に対する条約の優位」との関係では，国会の権限を事項的に保護する方法とも捉えうるであろう。法律主義の見地からは，近時の多数国間条約の作成・締結過程において大幅に行政権に重点が移動しつつあることに鑑みて，条約による罪刑の直接的規律にはなお慎重であるべき理由が見出されるかもしれない。「法律に対する条約の優位」を前提とすれば，いったん条約による規律がなされると，国会は，通常の立法権ではそれに対抗することができなくなる点に，留意が必要であろう。

　罪刑法定主義の法律主義について，条約による規律の可否を十分に検討してこなかったのは，差し迫った実現可能性がなかったからであるとされるかもしれない。罪刑法定主義に関しては，実際には，法律主義が条約による規律を許容するかを検討する以前に，条約規定が明確性の原則の要求を満たさないとされることが多いかもしれない[22]。しかし，「これまで条約文に対する「修正」や不承認の実例はなく，その意味で「修正」権の有無又は不承認の場合の条約の効力いかんの問題は，いわば講学上のもの」[23]ともいわれる論点に，憲法学が，こぞって少なからぬ論及を行ってきたこととのバランスは，疑問とされうるかもしれない。

　この他にも，憲法 27 条 2 項の勤労条件法定主義と ILO 諸条約の関係，憲法 29 条 2 項と条約による財産権規制の可能性も整理が必要ではないであろ

　　正直「裁判所による人権条約の適用に関する諸問題」部落解放・人権研究所編『国際人権規約と国内判例 20 のケーススタディ』（解放出版社・2004 年）14 頁も同旨）とされるのに対し，憲法が法律事項としていることが一律に消極的基準となるのではなく，「「法律の定めるところにより」という文言は，場合によっては条例でも可能とされる場合もあり（憲法二九条二項・三一条等），条文ごとにその趣旨を考えるべきである」（渋谷秀樹「地方公共団体の条例と国際条約」立教 73 号（2007 年）232 頁との指摘もある。

(22)　浅田正彦「条約の国内実施と憲法上の制約——化学兵器禁止条約を素材として」国際 100 巻 5 号（2001 年）12-19 頁，同「人権分野における国内法制の国際化——法的形式主義とミニマリズムの克服に向けて」ジュリ 1232 号（2002 年）83 頁参照。

(23)　大石眞「憲法と条約締結承認問題」論叢 144 巻 4=5 号（1999 年）97 頁。

うか。

　この問題について，「法律の留保」の観点からの指摘がなされている。「条約の承認手続きが法律の制定手続より「軽く」なっている」ことに鑑み，「条約が国民の権利を制限する内容を含む場合と，権利を付与する内容を含む場合」とを区別し，「前者は self-executing とは考えるべきではない」とされるのである[24]。

3　憲法規定における「法律」と条約

　憲法優位説と条約優位説の対立ないし違憲審査の対象の議論において，憲法81条および98条1項に「条約」が列挙されていないことが論点となった。81条について，条約が「法律」に含まれるとする見解[25]，「規則又は処分」に含まれるとする見解，「法律，命令，規則又は処分」を例示的な列挙とする見解等が主張されてきたことは，周知の通りである。

　これに対して，憲法76条3項の「すべて裁判官は，……この憲法及び法律にのみ拘束される」という規定の「法律」は形式的意味の法律すなわち国会制定法に限られないと憲法学説が説明するとき，命令，規則，条例，さらには慣習法や判例に言及するものがみられるが，条約を挙げる註釈書・体系書は，わずかである[26]。

---

(24)　高橋和之「国際人権論の基本構造——憲法学の視点から」国際人権17号（2006年）54頁。

(25)　藤井俊夫「違憲審査の対象」樋口陽一編『講座憲法学6　権力の分立(2)』（日本評論社・1995年）104-105頁は，「条約の承認に関する規定が，予算の承認とならんで，いわば法律案の議決の特例の位置にあるものと読みとることが可能であり，また，そう解してもそれほど不自然ともいえない点からみても，この違憲審査に関しては条約は「法律」の中に含まれているものと解するのが妥当であろう」とする。このような見解に対しては，「条約が国会の承認を要することに着目して「法律」と同一視しようとするもののごとくであるが，法形式として法律と条約とは明らかに異なるものであって適当ではな」いとする批判（樋口ほか・前掲書（註2）108頁［佐藤］）がある。

(26)　国際法学においては，たとえば，広部和也「わが国裁判所における条約」大沼保昭編『国際法，国際連合と日本』（弘文堂・1987年）373頁は，「法律」とは「実質的な意味の法規範を意味する」のであるから，当然に条約も含まれるとする。阿部浩己『国際人権の地平』（現代人文社・2003年）86頁も，「ここでいう「法律」に

また、憲法73条6号の「この憲法及び法律の規定を実施するために、政令を制定すること」という規定について、憲法学においては、法律を媒介せずに憲法を直接実施するための政令は認められないといった議論がなされ、「憲法及び法律」を一体的に把握すべきことが主張されてきたが、ここでも条約の位置づけは不分明のままであるように解される。

おわりに

憲法学は、「憲法と条約」あるいは「国会の条約承認権・修正権」という論点において、特定の種類の条約を念頭に置いて形成された枠組を、条約一般についてのものとして扱ってきたと考えられる。

しかし、条約の扱う内容は多岐に渡り、その性質や発展形態は種々である。従来、憲法学による考察は、「条約を国内法として編入し実施するための方式と条件はなにか」[27]という段階に注がれてきた。しかし、条約優位説と憲法優位説の約束練習の一方で、国会の条約修正権や事後不承認といった講学上の論点で論理を磨き続けることでは、これからの期待には応えられないであろう。「条約を一律にとらえるのではなく、その義務の性質を分類することにより国内法上の扱いを区分する必要がないか」[28]といったことも検討しなければならない。国際人権条約以外の条約にも目配りしたうえでの日本国憲法解釈の再検討が肝要であろう[29]。

　　国際法が含まれることは広く認められている」とする。憲法の註釈書の中で本条の「法律」に条約が含まれることを明言している例として、佐藤功『憲法（下）』〔新版〕（有斐閣・1983年）971頁。
(27)　山本草二「条約と法律の関係」ジュリ805号（1984年）182頁。
(28)　山本・前掲論文（註27）182頁。
(29)　なお、本書第9章参照。

◆ 第4章
国内裁判所と国際人権条約の実施

Ⅰ　問題の所在
Ⅱ　国法秩序における条約の地位とその帰結
Ⅲ　国際人権条約の実効性確保のための選択肢

◆　Ⅰ　◆　問題の所在

1　裁判例の状況
(1) 国法秩序の「中2階」

「日本の憲法体系の中で条約といういわば「中2階」の存在をどう位置づけていくか，国内法，国際法双方の議論を深める必要」のあることが指摘されてきた[1]。

「中2階」という表現には，「法律に対する条約の優位」について従来その根拠が十分に論じられたことはないのではないか，との懸念が含まれているであろう。法律・条約・憲法は3階建であったのではなく，2階は憲法であって，条約は「1階と2階の間に作られた階」であったと考えられるのである。さらにいえば，「中2階」は，憲法優位説の成り立ちから，「法律より上」というよりも「憲法より下」という意味を強く有したものと解される。「条約は法律に優位する」ことから出発するならば，「中2階」は，「普通の2階より少し低い2階」として，2階に準じた扱いを期待する余地があったはずである[2]。

他方，「法律に対する条約の優位」の国内裁判所における実現とその限界

---
(1) 薬師寺公夫「座長コメント」国際人権11号（2000年）40頁。
(2) Vgl. *Christoph Grabenwarter*, Europäisches und nationales Verfassungsrecht, VVDStRL 60（2001），301f.

◆第Ⅱ部◆　人権保護の国際規律と憲法

を考えるとき，国会が制定した法律を条約に基づいて裁判所が審査することの問題点について，少し慎重に検討する必要があるのではないであろうか。

(2) 条約適合性審査の躊躇

一連の指紋押捺拒否訴訟をはじめとする1980年代の諸判決から，1990年代に入っても散見された，憲法の規定と国際人権規約の規定の内容を安易に同一視し，国際人権規約違反の主張について十分な検討を行わないタイプの裁判例については，学説から繰り返し批判がなされていた。

しかし，ここでの問題は，「法律に対する条約の優位」の国内裁判所における実現，つまり国内裁判所による法律の条約適合性審査が本当に受け容れられているか，である。

国際人権条約に対して積極的な態度をとり，あるいは条約違反を認めたとして学説から評価された裁判例[3]も，法律の条約適合性審査については必ずしも積極的ではなかったのではないかとの疑念が生じる。「法律に対する条約の優位」に言及する裁判例も見受けられるが，そうした言及は，必ずしも事案の具体的な帰結において実現されているわけではないようである。

たしかに，日本の裁判所は，国際人権条約について，当初は条約に関する理論的問題に触れることなく，直截に「条約に違反しない」という結論のみを述べていたが，徐々にself-executing性の問題等も意識されるようになり，近年では，「法律に対する条約の優位」を前提として確認したうえで判断するようになったものと評価することも可能であろう。

しかし，そのような論点に注意が払われるようになっても，そこには依然として，法律の条約適合性を審査することへの躊躇があるようにみえる。

(3) 裁判所の消極性の原因

国際人権訴訟についての日本の裁判所の態度として，①国際人権法に基づ

---

[3] たとえば，東京高判平5・2・3東高刑時報44巻1-12号11頁，大阪高判平6・10・28判時1513号71頁，徳島地判平8・3・15判時1597号115頁，高松高判平9・11・25判時1653号117頁等。なお，北村泰三=山口直也編『弁護のための国際人権法』（現代人文社・2002年）171頁以下［北村］，山内敏弘編『新現代憲法入門』〔第2版〕（法律文化社・2009年）376-379頁［大藤紀子］。

く主張を無視する傾向があること、および、②日本国憲法について詳しい検討を行い、国際人権法に基づく主張を簡単に退ける傾向があること、に加えて、③国際人権法違反を認定することを躊躇する傾向のあることが指摘される。この③は、さらに2つの型に分類される。(a)国際人権法の違反を示唆しながら、結論としては訴えを棄却し事態の改善を立法者に委ねるもの、(b)端的に国際人権法違反を否定して訴えを退けるもの、である[4]。

これについては、国際人権法という新しい分野に明るくない裁判所が、「未知の領域に踏み込むことを避け、憲法という慣れ親しんだ法に基づいて判断しようとするのはある意味では自然である」とされ、また、「裁判所が法違反を認定することに消極的なのは国際人権法に限ったことではない。それは日本の裁判所の消極主義の一つの表れに過ぎない」とされる[5]。

しかし、国際人権法違反を否定するだけではなく、立法者に事態の改善を委ねるという③(a)のような裁判例の存在に着目すると、裁判所は、ただ未知の領域を避けているというだけではなく、自らの権限行使に十分な根拠を見出せないために避けている面もあるのではないかとも考えられる。

2　学説の対応可能性

(1)　従来の議論の限界

こうした裁判例に対して、学説は「法律に対する条約の優位」を説得的に論証してきたであろうか。「法律に対する条約の優位」は、憲法優位説の帰結であると考えられているかもしれない。しかし、憲法優位説が「法律に対する条約の優位」を積極的に論証しているかについては疑問が残る[6]。

他方、国法秩序において、憲法に対する国際人権条約の優位を認めるべきとの主張がある[7]。しかし、問題は「硬い憲法優位説の遵守」ではなく、

---

(4)　岩沢雄司「日本における国際人権訴訟」小田滋先生古稀祝賀『紛争解決の国際法』（三省堂・1997年）254, 259頁。
(5)　岩沢・前掲論文（註4）265頁。なお、浅田正彦「人権分野における国内法制の国際化——法的形式主義とミニマリズムの克服に向けて」ジュリ1232号（2002年）82-83頁。
(6)　本書第3章Ⅰ2参照。

むしろ,「簡単に憲法による保障範囲と条約による保障範囲とを同一視している」[8]ことにあると考えられる。

また,国内裁判所における国際人権条約の活用を促進するために,当該国際人権条約のself-executing性(自動執行性)が強調されることもある[9]。しかし,条約の直接適用可能性,いわゆるself-executing性の問題に関しては,従来の裁判例が,国際人権条約違反を否定するかたちで,条約を直接適用してきたことを見過ごしてはならない[10]。さらに,「ある条項が直接適用可能かどうかは常に二者択一ではなく」,25条について展開されたような,細かな議論が重要であろう[11]。

つまり,国内裁判所における国際人権条約の実効性確保について,憲法に対する条約の優位を主張することは必ずしも適切ではなく,また,B規約のself-executing性を強調することでは必ずしも十分ではないと考えられるのである。

(2) 国際人権条約の間接的な憲法的地位の構想

そこで,国際人権条約に間接的な憲法的地位を認め,国内裁判所において憲法に対するのと同等の尊重ないし配慮がなされることを確保することが重要であると解される。

具体的には,憲法98条2項に示された「日本国が締結した条約……は,

---

(7) 江橋崇「日本の裁判所と人権条約」国際人権2号(1991年)22頁。
(8) 横田耕一「人権の国際的保障と国際人権の国内的保障」ジュリ1022号(1993年)28頁。
(9) 伊藤正己「国際人権法と裁判所」芹田健太郎ほか編『講座国際人権法1 国際人権法と憲法』(信山社・2006年)13頁。
(10) 米沢広一「国際社会と人権」樋口陽一編『講座憲法学2 主権と国際社会』(日本評論社・1994年)184頁,北村泰三「国際人権法の法的性格について」宮崎繁樹先生古稀記念『現代国際社会と人権の諸相』(成文堂・1996年)23頁。国際人権条約の裁判規範性が認められることと,国際人権条約違反の主張が認められることとは,厳に区別されなければならない。
(11) 横田耕一「「国際人権」と日本国憲法――国際人権法学と憲法学の架橋」国際人権5号(1994年)11頁,齊藤正彰『国法体系における憲法と条約』(信山社・2002年)366-367頁。なお,阿部浩己『国際人権の地平』(現代人文社・2003年)80-103頁における指摘について,齊藤・同書75-80頁および本書第6章Ⅱ参照。

◇第 4 章　国内裁判所と国際人権条約の実施

これを誠実に遵守することを必要とする」という憲法的決定から導かれる，「国際法調和性の原則」に基づいて，①憲法の規定を可能な限りで国際人権条約に適合的に解釈すること，②国際人権条約適合的解釈を行う対象となる憲法規定が存在しない場合，とりわけ国内裁判所が条約違反の主張や条約機関の意見・見解を無視し，あるいは，憲法の規定と国際人権条約の規定の内容を安易に同一視して国際人権条約違反の主張について十分な検討を行わない場合には，これを憲法 98 条 2 項違反として，最高裁判所への上訴も可能とすることを考えるものである[12]。

このような所説には，「国際人権規約の国内適用を活性化させるためには，規約を憲法と同じようなレベルにまで引き上げなければならない，という理屈は成立しない，というべきである」，「国際人権規約の趣旨をくみ入れた形で日本国憲法を解釈しなおす，という手法についても，疑問が残るというべきであろう」[13]との批判があり，さらに，「日本国憲法は，その内容や解釈が，国際人権条約の動向によって左右されるようなものではない，とみるべきであろう。だから，ある法令や行政措置が，国際人権条約に違反するが，憲法には違反しない，ということがあっても，少しもおかしくないのである」[14]ということが，かねてから指摘されていた。

たしかに，国際人権条約違反が常に，そして直ちに憲法違反を構成すると考える必要はなく，国際人権条約と抵触する法律が条約違反として国内裁判所において適用を排除されるのであれば，それで足りるとすることに異論はない。

(3) 条約適合性審査の脆弱性への対応

条約の国内的実施には，国内機関の活動が必要である。しかし，国内機関は，憲法によって設営され，憲法によって権限を認められ，憲法の範囲内で

---

[12] 詳しくは，齊藤・前掲書（註 11）参照。
[13] 内野正幸「国際法と国内法（とくに憲法）の関係についての単なるメモ書き」国際人権 11 号（2000 年）8 頁。
[14] 内野正幸『人権のオモテとウラ——不利な立場の人々の視点』（明石書店・1992 年）38 頁。

行為することを義務づけられたものである。「法律に対する条約の優位」を理由として国内裁判所が法律の適用を排除するということについて、憲法上に明文の根拠規定がなく、先例ないし理論にも頼るべきものがない場合、国内裁判所に法律の条約適合性審査を期待することには限界があるであろう。

　もちろん、「法律に対する条約の優位」の根拠が十分ではないことをもって、従来、日本国憲法の解釈としてほぼ異論なく受け容れられてきた「法律に対する条約の優位」を否定しようとするものではなく、条約と法律とは同位であると主張するものでもない。法律の条約適合性審査というしくみが期待に反して論理的にも脆弱である現状を確認し、その対策を探ろうとするものである。国内裁判所が法律の条約適合性を審査することに期待するのであれば、その根拠ないし正当化の問題に相応の配慮が必要ではないかと考えられる。ただ、ここでは、法律の条約適合性審査というしくみと併せて、違憲審査制のしくみのなかで、憲法98条2項が定める「日本国が締結した条約……は、これを誠実に遵守することを必要とする」という憲法的決定を実現する方法の意義を検討する。

◆ II ◆ 国法秩序における条約の地位とその帰結

1 「法律に対する条約の優位」についての憲法規定の存在
　　：フランス

　日本の憲法学は「法律に対する条約の優位」を半ば自明のものと捉えており、比較法的な検討も必ずしも多くはないが、そもそも、憲法が「法律に対する条約の優位」を採用すること自体、検討を要しないほど一般的といえるわけではない。

　そこで、まず、「法律に対する条約の優位」について明文の憲法規定が存在する国を例として、法律の条約適合性審査が孕む問題を確認的に瞥見しておきたい。

　「法律に対する条約の優位」を憲法の明文で規定している例として、すぐに想起されるのは、フランス第4共和制憲法および第5共和制憲法であろ

◇第 4 章　国内裁判所と国際人権条約の実施

う[15]。そして，他方で，フランスの裁判所が，長い間にわたって，法律の条約適合性審査を行うことを躊躇ないし拒否していたことも，よく知られている。

憲法の明文規定の存在にもかかわらず，破毀院では，条約と法律とは同位であるという先例の理論が維持され，コンセイユ・デタも，法律をそのまま適用することを任務とする行政裁判所は，法律が条約に適合的か否かを判断することはできないとしていた。

こうした裁判所の一連の判断の背景には，第 5 共和制憲法においては，法律の条約適合性審査は憲法院の任務であるとの理解があったとされる。法律が条約に違反する場合，条約の優位をその法律が損なうことになるため，憲法 55 条違反となる。したがって，法律の条約適合性の判断は，結果的にその法律が憲法 55 条に違反しないかについての判断であって，憲法院の任務であると考えられていた。

ところが，憲法院は，1975 年 1 月 15 日判決（C.C.74-54 DC）において，法律の条約適合性の審査を自らの権限ではないとした。

---

(15)　国際裁判所研究会「国際裁判所と国内裁判所（3・完）」上法 53 巻 4 号（2010 年）153-173 頁［滝沢正＝田辺江美子］，滝沢正「フランスにおける国際法と国内法——条約と法律を中心として」上法 42 巻 1 号（1998 年）39 頁以下，建石真公子「フランスにおける人権概念の変容と国際人権法——法律に優位する「基本権」としての憲法と人権条約の並存？」法時 80 巻 5 号（2008 年）66 頁以下，同「フランス国内裁判所における人権条約の適用と解釈」国際人権 11 号（2000 年）21 頁以下，同「「法律に対する条約優位原則」の裁判的保障——フランス一九五八年憲法第五五条の提起する問題（一）」名法 151 号（1993 年）229 頁以下，大藤紀子「フランス法秩序と条約——欧州の法と国内法との「調整」をめぐって」中村睦男ほか編『欧州統合とフランス憲法の変容』（有斐閣・2003 年）140 頁以下，大藤（原岡）紀子「現代立憲主義の下における人権条約の地位について——フランスの場合」杉原泰雄教授退官記念論文集『主権と自由の現代的課題』（勁草書房・1994 年）199 頁以下，同「条約の解釈に関するフランス Conseil d'Etat の判例変更について」一研 17 巻 4 号（1993 年）19 頁以下，小泉洋一「フランスにおける人権保障の今日——人権保障における法律・憲法・条約」ジュリ 1244 号（2003 年）186-187 頁，矢口俊昭「フランス憲法院と通常裁判所——法律に対する統制の複数化へ」芦部信喜先生古稀祝賀『現代立憲主義の展開 下』（有斐閣・1993 年）279 頁以下，高野雄一『憲法と条約』（東京大学出版会・1960 年）184-194 頁等参照。

75

この憲法院の判断を受けて、破毀院は即座に判例変更を行ったが、コンセイユ・デタの判例変更は、それよりはるかに遅れた1989年であった。

もちろん、権力分立の捉え方や裁判所制度についての、フランス固有の事情を見落としてはならないであろう。しかし、法律の条約適合性審査に関する憲法上の問題点には、共通する部分があるのではないかと考えられる。フランスでは、「法律に対する条約の優位」について明文の憲法規定があるにもかかわらず、裁判所は条約適合性審査の実施を躊躇したのである。日本国憲法98条2項は、この点で、フランスの憲法に比べて不明確であることは否めない。裁判所による法律の条約適合性審査の実施を確保するには、そのための相応の論証が必要と解されるのである。

2　法律と同位の条約の実効性確保：ドイツ

(1)　問題の所在

「法律に対する条約の優位」に基づく、裁判所による法律の条約適合性審査に、現在は十分期待する準備がないならば、一旦それを考慮の外に置いて、「法律に対する条約の優位」が憲法に明定されていない国において、国際人権条約に対する尊重ないし配慮はどのように確保されているのかを検討したい。

ドイツ連邦共和国においては、欧州人権条約（人権及び基本的自由の保護のための条約）も法律と同位とされる。ここで、2つの問題が発生する。第1に、法律と条約が同位であることから、両者が矛盾・抵触する場合、「後法は前法に優越する」という原則が欧州人権条約と後法たる法律の間にも当てはまるか、である。第2に、連邦憲法裁判所による違憲審査において欧州人権条約違反の主張を取りあげることができるか、である。

(2)　後法優越の原則の排除

後法たる連邦法律と欧州人権条約との抵触が問題となった事案において、多くの裁判所は、後法たる法律ではなく欧州人権条約を援用したとされる[16]。

〈議会には、後の法律によって条約を蔑ろにする意図は無いはずである〉

◇第4章　国内裁判所と国際人権条約の実施

という推定によって，後法優越の原則の排除を説明できる。その限りにおいて，「法律に対する条約の優位」は不要である。後法たる法律が，明らかに条約に矛盾する内容を含んでいる場合，議会の条約遵守の意思の推定は困難となり，後法たる法律の条約適合的解釈も不可能となる。その場合にこそ，「法律に対する条約の優位」が意味を有するが，ここに表裏の問題として，「法律に対する条約の優位」とは，議会が締結を承認した条約について，後に，法律によってその承認を制限ないし撤回する権限を議会から剥奪するものであることが理解される。条約締結についての承認の撤回を制限する，という意味では，国際協調主義の範疇であるが，それは，半面において，立法権の制限であることが看過されてはならないであろう。

(3)　**違憲審査制とのすり合わせ**

さらに，欧州人権条約の保障がドイツ連邦共和国基本法の基本権規定による保障を越えている場合に，違憲審査制において欧州人権条約の内容を実現することが可能であるかが問題となる。「法律に対する条約の優位」を論ずるだけでは，憲法裁判所における取扱いを根拠づけることはできないのである。

まず，国際人権条約を憲法の解釈基準とすることが認められるか，が問題である[17]。

連邦憲法裁判所における欧州人権条約違反の主張は認められないとするのが判例・通説である。しかし，実際には，連邦憲法裁判所は，憲法と同位でもなく，法律に優位するわけでもない欧州人権条約を，基本法の基本権規定の解釈のために援用してきたのである[18]。連邦憲法裁判所の1987年3月

---

(16) *Eckart Klein*, Der Individualrechtsschutz in der Bundesrepublik Deutschland bei Verstößen gegen Menschenrechte und Grundfreiheiten der Europäischen Menschenrechtskonvention, in: E.G.Mahrenholz/M.Hilf/E.Klein, Entwicklung der Menschenrechte innerhalb der Staaten des Europarates（C.F.Müller, 1987）S.52.

(17) これを定める憲法規定の例として，ポルトガル憲法16条2項「基本的権利に関する憲法及び法律の規定は，世界人権宣言と調和するように解釈し，かつ統合しなければならない」，スペイン憲法10条2項「憲法が保障する基本的権利および自由に関する規定は，世界人権宣言ならびにスペインが批准した人権に関する国際条約および国際協定に従って，これを解釈する」等。

(18) *Jürgen Schwarze*, Europäische Einflüsse auf das nationale Verfassungsrecht aus

◆第Ⅱ部◆　人権保護の国際規律と憲法

26日決定（BVerfGE 74, 358）[19]がそのような手法の集大成として示した欧州人権条約適合的解釈は，基本法から看取される国法秩序の国際法調和性を基調として認められている国際法調和性の原則によって基礎づけられる。

　さらに，一定の基本法違反に基づく憲法異議を定める基本法の規定に鑑みて，欧州人権条約上の権利のみの援用による憲法異議は認められないが，憲法異議を利用することが完全に不可能であるわけではない[20]。

　法律は，成文の基本法規定だけではなく，基本法の基本的な決定にも適合していなければならないとされる。国法秩序の国際法調和性を示すいくつかの基本法規定の解釈から導かれる国際法調和性の原則は，国際法を尊重するという基本法の憲法的決定であり，法適用機関が欧州人権条約の保障を尊重しないならば，それは，法律と同位の欧州人権条約規範に違反するのみではなく，同時に，憲法上の国際法調和性の原則にも違反し，憲法異議の対象となりうる[21]。

　このことは，連邦憲法裁判所が，欧州人権条約の個々の規定を基準として審査しうるということを意味しない。連邦憲法裁判所は，各裁判所が，法律の解釈および適用に際して，国際法調和性の原則を尊重し，それに配慮したか否かを，審査しなければならないのである[22]。

◆ Ⅲ ◆　国際人権条約の実効性確保のための選択肢

1　法律の条約適合性審査

日本国憲法の下で，国内裁判所による国際人権条約の実効性確保はどのよ

---

　　　der Sicht ausgewählter Mitgliedstaaten — Deutscher Landesbericht, in: J.Schwarze (Hg.), Die Entstehung einer europäischen Verfassungsordnung. Das Ineinandergreifen von nationalem und europäischem Verfassungsrecht (Nomos, 2000) S.139, 166f.
(19)　齊藤・前掲書（註11）322-324頁参照。
(20)　Vgl. *Grabenwarter* (Anm.2), 305ff.
(21)　*Klein* (Anm.16) S.56.
(22)　本書第6章Ⅳ2およびⅤ2参照。

◇第4章　国内裁判所と国際人権条約の実施

うになされうるであろうか。

　条約が法律に優位することは半ば自明視されてきた。しかし，国会の制定した法律を条約違反と判断することは，結果としては憲法違反の判断に匹敵する効果を有しうるのにもかかわらず，そうした権限を行使する根拠や条件ないし限界が，必ずしも明確ではない。憲法98条2項から，そうした裁判所の権限を論証できるかが問題となる[23]。

2　憲法解釈への援用

　「日本国が締結した条約……は，これを誠実に遵守することを必要とする」という日本国憲法の憲法的決定は，少なくとも，国際人権条約を憲法の解釈基準として用いることによって国際人権条約の内容の国内的実施を図ることの手がかりとなりうる。条約の誠実な遵守を規定する憲法98条2項の要請の充足を，違憲審査において確保するのである。

　法律以下の国法形式および国家の行為は，条約に適合的でなければならない（つまり，条約違反が問題となりうる）。他方，憲法学の通説的見解は，条約に対して憲法が優位するという憲法優位説を採っている。したがって，国法秩序の段階構造から，法律の条約適合的解釈は基礎づけることができるが，憲法を条約適合的に解釈することは認められないようにみえる。しかし，現在の主要な憲法学説は，すでに，憲法解釈に際して国際人権条約を援用すべきことを述べている[24]。条約が憲法の解釈基準となること，あるいは，条約に適合的に憲法を解釈すべきことについては，次のように説明することが可能であろう。

---

(23)　本書第3章Ⅰ3参照。
(24)　とりわけ，「憲法第九八条二項で「条約を誠実に遵守する」ということになっておりますので，先ほど指摘した人権条約の規定が日本国憲法よりも保障する人権の範囲が広いとか，保障の仕方がより具体的で詳しいとかいう場合は——こういう場合が非常に多いということはさっきお話しましたが——，憲法のほうを条約に適合するように解釈していくことが必要だと思うのです。つまり人権条約の趣旨を具体的に実現していくような方向で憲法を解釈する，それが憲法解釈として必要になってくるわけです」（芦部信喜『憲法叢説2　人権と統治』（信山社・1995年）22頁）なお，高橋和之ほか「〔鼎談〕国籍法違憲判決をめぐって」ジュリ1366号（2008年）74頁〔高橋発言〕。

◆第Ⅱ部◆　人権保護の国際規律と憲法

　憲法の解釈に複数の可能性がある場合において，それらの選択肢の中で，可能な限り，国際人権条約に適合的なものを選択するという意味での，憲法の条約適合的解釈を「日本国が締結した条約……は，これを誠実に遵守することを必要とする」と規定する憲法 98 条 2 項が要請していると解することは可能であろう[25]。さらに，国際人権条約の規定が関連する憲法規定よりも広く，あるいは厚く人権を保護しているようにみえる場合，日本国憲法も条約規定と同等の保護を及ぼす趣旨であると解することによって，条約の内容を憲法規定に充填することができるであろう[26]。そのようにして，国際人権条約の内容は，条約適合的に解釈可能な憲法規定を通じて憲法に引き上げられ取り込まれることとなり，いわば間接的な憲法的地位を獲得する[27]。国際人権条約に適合的に憲法を解釈することは，「日本国が締結した条約……は，これを誠実に遵守することを必要とする」という 98 条 2 項の憲法的決定に基づいて行われるのである。つまり，憲法自身が，憲法を条約適合的に解釈するよう求めていると考えられるのである。単に関連する条約規定を任意ないし適宜に参照することとは，法的意味において大きく異なる[28]。もちろん，論理的には存在しうる選択肢であっても，条約適合的解釈によっ

---

(25)　もちろん，憲法以外の国内法についても，条約適合的解釈が要請されている。阿部・前掲書（註 11）96-97 頁参照。
(26)　樋口陽一ほか『憲法Ⅳ〔第 76 条～第 103 条〕』（青林書院・2004 年）351 頁〔佐藤幸治〕，佐藤幸治「憲法秩序と国際人権」芹田ほか編・前掲書（註 9）39 頁，同『日本国憲法論』（成文堂・2011 年）119 頁参照。
(27)　齊藤・前掲書（註 11）357-360，400-403 頁参照。
(28)　その意味で，国際法学において提唱される「間接適用」論には疑問が残る。寺谷広司「「間接適用」論再考——日本における国際人権法「適用」の一断面」藤田久一先生古稀記念『国際立法の最前線』（有信堂高文社・2009 年）165 頁以下が，日本国の締結した条約ではないものまで「一色くにした曖昧な概念」として間接適用を論ずるのであれば，同様の疑問が解消されないことになる。齊藤・前掲書（註 11）281-284 頁は「間接適用を 3 つに類型化する」（同論文 172 頁）ものではない（齊藤・同書 278-279，358-359 頁参照）。なお，条約機関の意見・見解の国内裁判所における顧慮の問題は，それ自体としての法的効力の有無をもって論ずべきではないと解されるのであり，齊藤・同書 430-433 頁に対する疑義（同論文 173 頁註 21）は当たらないと考えられる。ただし，松本和彦「憲法上の権利と国際人権」国際人権 22 号（2011 年）58 頁。

◇第4章　国内裁判所と国際人権条約の実施

て憲法の基本原則が大きく歪められ，あるいは憲法の体系的解釈の観点から難がある場合には，そのような解釈を選択することは憲法98条2項によっては根拠づけられない。

　すでに，園部逸夫・元最高裁判事は，「具体的な事件の審理に当たって，救済の必要性，重要性，緊急性が極めて高い場合に，……憲法に明示の規定がなければ，国際人権規約に沿った憲法の解釈によって，それも不可能な場合は，国際人権規約の国内直接適用という順序になると思う」[29]とされている。

　なお，ドイツ基本法1条2項は，基本法の保障が，国際的な，とりわけ欧州の人権保護の発展を背景として考慮されることを求めていると解される。なかんずく，基本法が，解釈による具体化を必要とするような概念を用いている場合には，国際人権法との比較が求められるとされる。日本国憲法についても，11条等の存在が指摘される[30]。

　条約はしばしば妥協の産物であり文言も玉虫色であるから，憲法解釈に取り込むことには問題があるというのであれば，裁判所がそうした条約に基づいて法律を審査することは，ますます困難になるのではないかと懸念される。

　憲法の条約適合的解釈を根強く批判する学説[31]は，憲法解釈に際して条約の状況を参照することは許されるが，それは米国の判例を参照するのと似た意味においてであるとする。たとえば，憲法21条は情報受領の自由を含むという点で結果的にB規約19条と同趣旨に拡大解釈されているが，この種の例を憲法の条約適合的解釈と捉えるのは妥当でないというのである。したがって，憲法の条約適合的解釈を否定したとしても，B規約違反がいえる場合は憲法の拡大解釈を媒介にして違憲の主張が可能であろうとする。しかし，「憲法の拡大解釈」を具体化する手がかりとして，国内的効力を有する

---

(29)　園部逸夫「最高裁判所における国際人権法の適用状況」芹田ほか・前掲諸（註9）23頁。
(30)　佐藤幸治『国家と人間――憲法の基本問題』（放送大学教育振興会・1997年）182頁。
(31)　内野正幸「条約・法律・行政立法」高見勝利ほか編『日本国憲法解釈の再検討』（有斐閣・2004年）427-429頁。

81

国際人権条約を援用することは考えられるであろう。さらにいえば，憲法に基づいて「日本国が締結した条約」は，「憲法の拡大解釈」のための合理的根拠を提供すると考えられるのである。

3 憲法98条2項と最高裁判所への上訴
(1) 条約違反を理由とする最高裁判所への上訴

現行訴訟法上，国際人権条約違反を理由とする最高裁判所への上告および特別上訴は認められていない。他方，憲法の解釈基準として国際人権条約の内容を実質的に実現する手法は，常に可能であるわけではない。国際人権条約の趣旨を憲法解釈に読み込むことを否定し，条約違反はあくまで条約違反として扱うべきとする場合には，法律の司法審査に際しては憲法に匹敵する位置づけ[32]を認めながら，条約違反を理由とする最高裁判所への上訴は認めないとすることの整合性も問題となるであろう。

法令の解釈を統一する最上級裁判所としての任務から，さらに，法律の条約適合性と憲法適合性の平仄を確保する観点からも，法律の条約適合性の問題に最高裁判所がまったく関与しないというのは疑問である。

「法律に対する条約の優位」が日本国憲法の基本的決定であるならば，その実現の確保を最高裁判所が等閑視するのは，はたして適切であろうか。憲法が「日本国が締結した条約……は，これを誠実に遵守することを必要とする」と定めている以上，条約違反を理由とする上訴を一律に封鎖してしまうことは大きな問題である[33]。

(2) 学説の展開

少なくとも国際人権規約については「いっそう憲法に近似した効力が認められて然るべきであるとの論理が成立しないであろうか」[34]という問題提

---

(32) 「条約は法律に優先する力を有する。そうしてみると，条約に基づく主張は単なる法令に基づく主張と同視すべきではないと思われる。人権条約，特に国際人権規約の規定は，憲法の人権規定と類似しており，法律の規定に優先する点では同様である」（岩沢・前掲論文（註4）255頁）。

(33) 中村睦男「現代国際社会と条約の国内法的効力」佐藤幸治ほか『ファンダメンタル憲法』（有斐閣・1994年）332頁。

起に対して,「法律等の人権規約違反の主張を憲法違反に準ずるものとして扱い,上告理由に該当するものとすることによって,国内法整備のためのインセンティヴ効果を期待することができる」[35]という見解が示されていた。

ここで,条約違反を理由とする最高裁判所への上訴を可能にする方途として,条約違反を憲法98条2項違反と構成することが考えられる。このような手法には批判もあるが,それに対する応答として,現在の学説は,次のように整理することができるかもしれない。

(i) 人権条約限定説

第1に,憲法98条2項違反の主張を国際人権条約違反の場合に限定する説である。この説は,憲法11条・97条によって国際人権条約の内容を憲法に充塡することが求められている(98条2項はその目的のための手段に過ぎない)と解することによって,なぜ国際人権条約だけが98条2項違反を構成しうるのかという問いを回避できるであろう。しかし,国際人権条約の内容のすべてを無条件に日本国憲法に充塡することはできないという問題が残る。これについては,「憲法上の「基本的人権」の保障と親和的な条約違反を前提とするものであり,判例による具体的な基準形成に期待するほかはない」とされる[36]。

(ii) 態様限定説(最高裁判所の責務説)

第2に,憲法98条2項違反となりうる条約違反の態様を限定しつつ,条約違反の避止についての最高裁判所の責務に論及する説[37]である。98条2項違反を国際人権条約違反に限定するのではなく,最高裁判所による統制が必要とされるような条約不遵守の態様を98条2項違反として扱うのである。

---

(34) 伊藤・前掲論文(註9)10頁。
(35) 樋口陽一『憲法』〔第3版〕(創文社・2007年)104頁。同『国法学:人権原論』〔補訂版〕(有斐閣・2007年)246頁も同旨。
(36) 佐藤・前掲論文(註24)39頁。なお,宮川成雄「外国人への人権保障と人権条約」同編『外国人法とローヤリング』(学陽書房・2005年)4-6頁。ただし,「憲法の基本権条項と親和的な人権条約規定のみが条約遵守義務の対象となると簡単に言うわけにもいか」ないとの批判(薬師寺公夫「国際法学から見た自由権規約の国内実施」芹田ほか編・前掲書(註9)62頁)がある。本書第6章Ⅰ5も参照。
(37) 齊藤・前掲書(註11)406-407頁。

◆第Ⅱ部◆　人権保護の国際規律と憲法

　少なくとも，重要な条約規定についての，条約違反の主張の黙殺や，憲法規定の内容との安易な同一視，条約機関の意見・見解に示された条約解釈の等閑視といった，下級裁判所による条約の瑕疵ある適用または無視が存在する場合には，「日本国が締結した条約……は，これを誠実に遵守することを必要とする」という憲法 98 条 2 項の要請に反するものとして，最高裁判所への上訴が認められる。それによって，日本がその国際法上の義務に反することを避止し，下級裁判所による国際人権条約の顧慮を確保することが，最高裁判所の責務であると考えられるのである。

(iii)　上告受理申立説

　第 3 に，権利上告事由が憲法違反に限定されていることを前提として，条約違反を理由とする上告が受理されるために，条約の解釈・適用問題が紛争解決にとって極めて重要な争点となっていることを示す必要があるとする説である。B 規約も，規約違反の有無について最高裁判所に上訴できる権利まで保障したものではなく[38]，現行訴訟法上は「上告受理申立て制度を積極的に活用するしか手があるまい」[39]とするのである。「法令違反が権利上告事由から上告受理申立て事由に格下げされた後も，事件処理上避けて通れない国際法の解釈・適用問題は，適法な上告受理申立て事由として最高裁に受理されてきた」[40]のであり，「権利上告事由の制限が人権条約違反の主張を受理しない決定的根拠となるわけではなく，主張される条約違反の内容と重みが重要となる」とされる[41]。

　この点をより積極的に展開すれば，条約に基づく主張は単なる法令に基づく主張と同視すべきではなく，とくに国際人権規約の規定は憲法の人権規定と類似しており，条約違反を理由とする上告は違憲を理由とする上告と同等のもの，または「法令の解釈に重要な事項を含む」ものとみなして，受理す

---

(38)　薬師寺・前掲論文（註 36）59 頁。
(39)　薬師寺・前掲論文（註 36）60 頁。なお，須賀博志「人権条約の裁判規範性」大石眞=石川健治編『憲法の争点』（有斐閣・2008 年）343 頁。
(40)　薬師寺・前掲論文（註 36）65 頁。
(41)　薬師寺公夫「国際人権法の解釈と実施をめぐるわが国の課題」法時 80 巻 5 号（2008 年）35 頁。

べきとされることになる[42]。

ただし,最高裁判所が,国際法一般の場合と同様に,国際人権条約についても,上告受理申立てを相応に受け容れる見通しの存在が重要となるであろう[43]。

4　憲法優位説への内容充填

憲法と国際人権条約の関係について,「憲法優位説にたったとき,一般的に憲法内容と条約内容の関係には四類型ある」とされる。

第1に憲法と条約の内容が完全に一致する場合,第2に憲法よりも同一趣旨の条約の人権保障の内容が広かったり具体的に詳細である場合,第3に憲法の保障内容が条約よりも広範な場合,第4に憲法と条約が矛盾する場合が挙げられている。

国際人権条約については,第2の場合が重要である。基本的に憲法も条約も人権保護という方向性は共通であり,憲法規定と条約規定の抵触について検討すべき場合は限られる。ここで重要なのは,条約が,憲法とともに,法律に対して優位するとされていることである。そうであるとすれば,「日本国が締結した条約……を誠実に遵守すること」を確保するために,国際人権条約の内容を違憲審査制の枠組の中で実現してゆくこと,換言すれば,違憲審査制とのすり合わせを考えることが有用である。そこで,「この際は条約によって憲法の内容を豊富化することが可能であり,ある場合にはそれを憲法の内容として主張することもできよう」[44]とされるのである。

これに対して,従来の憲法優位説が憲法9条と日米安保条約の関係を背景として精力を傾注してきたのは,第4の「憲法と条約が矛盾する」場合であったと解される。その意味では,条約への憲法の対応のあり方の考察は,

---

(42)　岩沢・前掲論文(註4)255頁。
(43)　薬師寺・前掲論文(註36)70,99-100頁参照。
(44)　横田耕一「人権の国際的保障をめぐる理論問題」憲法理論研究会編『人権理論の新展開』(敬文堂・1994年)165-166頁。なお,米沢・前掲論文(註10)186-187頁。さらに,憲法と国際人権保障との関係で生ずる問題について,建石真公子「国際人権保障と主権国家」公法64号(2002年)138頁以下。

◆第Ⅱ部◆　人権保護の国際規律と憲法

極めて限定された射程で行われていたに過ぎないのではないかと懸念される。憲法優位説を否定するという意味ではなくて，憲法優位説の内容を充塡するという意味で，憲法優位説の再検討が必要であろう。

◆ 第5章
条約機関の意見・見解と裁判所

Ⅰ　B規約委員会の一般的意見・見解の顧慮
Ⅱ　条約機関の意見・見解と最高裁判所のスタンス

◆ Ⅰ ◆ B規約委員会の一般的意見・見解の顧慮

1　裁判例の状況

　個人がB規約委員会に条約違反を通報する個人通報制度を利用できるようにするためには，B規約第1選択議定書（市民的及び政治的権利に関する国際規約の選択議定書）を批准することが必要であるが，日本は未批准である。

　B規約委員会の意見・見解や欧州人権条約機関の判断の先例を援用する主張が増加しているが，日本の裁判所の対応をみると，B規約委員会の意見・見解を積極的に参照する裁判例，B規約委員会で問題とされた事案とは事情が異なるとして直ちに退ける裁判例，B規約の第1選択議定書を未だ批准していない以上，日本に対してはB規約委員会の意見・見解は法的拘束力がないとして考慮しない裁判例等があり，裁判所の態度はなお揺れているようにみえる[1]。

---

(1)　国籍法3条1項を違憲と判断して注目された東京地判平18・3・29判時1932号51頁も，総括所見や一般的意見については，「締約国の国内的機関による条約解釈を法的に拘束する効力は有しないものであり，もとより我が国の裁判所による条約解釈を法的に拘束する効力を有しているものではない」としていた。日本における裁判例の動向について，岩沢雄司「自由権規約委員会の規約解釈の法的意義」世界法年報29号（2010年）54頁以下，坂元茂樹「日本の裁判所における国際人権規約の解釈適用」芹田健太郎ほか編『講座国際人権法3　国際人権法の国内的実施』（信山社・2011年）52頁以下参照。

2 国内裁判所における条約機関の意見・見解の意味

(1) 条約機関の意見・見解の国内裁判所に対する影響力

一般に，個人通報／申立制度が整備・活用されるようになると，締約国の国内裁判所は，条約機関の先例に適合的な解釈を採用する傾向が強まるといわれる。条約機関の判断の先例に従わない場合には，後に条約機関に申立がなされた場合に条約違反の判断を下されることが予想されるので，締約国の国内裁判所は条約機関の意見・見解に適合的な解釈を採用することによって自国が条約違反と判断されることを避けようとするのである。たとえば，欧州人権条約の締約国等でも，そのような傾向が指摘されている。

しかし，日本は未だB規約第1選択議定書を批准しておらず，このような影響力を語りうる状況にはない。一般に，国際人権条約において条約機関への個人の申立権を受諾していない締約国は，条約機関によって条約違反と判断される危険を冒すことなく，条約機関の意見・見解を無視することができるのである[2]。

(2) 条約機関の意見・見解を国内裁判所において顧慮すべき根拠

ただ，そのような事実上の「事実上の拘束力」が及ばない場合であっても，B規約委員会の意見・見解に最も適合的な解釈を採用するよう国内裁判所が要請されているといえないかが問題となる[3]。第1選択議定書が未批准であるので，日本に関する個人通報がB規約委員会で審査されて，それについての見解が出されるということはないが，他国の事案についてのB規約委

---

[2] ただし，「日本の行政府・司法府による規約の条文の義務内容の理解が，規約の履行監視機関である自由権規約委員会との間で異なっておれば，通常の条約とは異なり，それは規約第40条に基づく国家報告制度の場で問われることになる」のであり，「自国の裁判所の判決が規約の解釈として正当であることを証明する必要に迫られる」(坂元・前掲書 (註1) 50頁。なお，継続的侵害との関係で，同論文74-75頁参照)。

[3] 北村泰三『国際人権と刑事拘禁』(日本評論社・1996年) 72, 76頁，日本弁護士連合会編著『国際人権規約と日本の司法・市民の権利——法廷に活かそう国際人権規約』(こうち書房・1997年) 32-33頁，徳川信治「人権条約の国内的実施と日本国憲法」上田寛=大久保史郎『挑戦をうける刑事司法——ボーダーレス社会における犯罪と人権』(日本評論社・2001年) 208-213頁等。

◇第5章　条約機関の意見・見解と裁判所

会の見解や一般的意見で示されたB規約の解釈が日本の裁判所でも考慮されるべきではないか、ということである。

　B規約委員会の意見・見解が、内容的に優れた、権威あるものであることを理由に、国内裁判所におけるその参照を求める考え方がある。しかし、この考え方は、国内裁判所が任意ないしは適宜にB規約委員会の意見・見解を参照することが許されることの説明とはなりうるが、国内裁判所が常に条約機関の意見・見解に適合的な解釈を行うよう法的に要請されていることまでは説明できない[4]。

　一方、B規約委員会の意見・見解の日本の国内裁判所における意味は、条約法条約（条約法に関するウィーン条約）によって根拠づけられるとされることがある。詳しくは国際法学の検討に委ねざるをえないが、条約法条約の規定する解釈規則の適用の可能性については、やや疑問が残るようにもみえるところである[5]。

　ここで、B規約委員会の意見・見解の日本の国内裁判所における実効性の確保を考える際に重要であるのは、裁判所による違憲審査の枠組においてB規約が活用されうる方法を探ることである。B規約委員会の意見・見解が憲法の解釈基準となりうるかについても検討しておかなければならないと考えられる。

---

(4)　なお、本書第6章Ⅲ2参照。
(5)　条約法条約における、誠実解釈（31条1項）、事後の慣行（31条3項(b)）、解釈の補足的手段（32条）等のいずれの手がかりについても、批判がある。村上正直「裁判所による人権条約の適用に関する諸問題」部落解放・人権研究所編『国際人権規約と国内判例20のケーススタディ』（解放出版社・2004年）19-22頁、同『人種差別撤廃条約と日本』（日本評論社・2005年）7-11頁、堀見裕樹「自由権規約委員会の法的判断の条約解釈規則上の位置付けに関する序論的考察」東北30号（2007年）81頁以下、岩沢・前掲論文（註1）64-71頁、後述する一般的意見33について同論文73頁以下参照。なお、「条約機関の見解は、条約を「誠実に解釈する」際に当然に考慮に入れるべきものと考えるのが妥当」（村上・前掲「裁判所による人権条約の適用に関する諸問題」22頁）とし、条約法条約31条1項との関係で理解すべきとする見解は、以下に述べる憲法98条2項の解釈から導かれる内容を、条約法条約の要請として論じるものと解される。

(3) 条約機関の意見・見解が当該条約において有する意味

そこで，条約機関の意見・見解が当該条約において有する意味を考えてみると，国際人権条約については，締約国の国内裁判所における実施が重要であるとはいえ，条約の規定の解釈が締約国ごとに区々であるなら，国際人権条約の意義は大幅に減殺されてしまうであろう。したがって，人権保護の普遍的な基準の具体的内容を解明する役割を担うものとして条約機関が設置されている場合には，原則として，条約機関の示す解釈が遵守すべき条約の内容と考えられるのである[6]。

B規約も，「人権及び自由の普遍的な」基準を定めるものであり，その規定の解釈を提示する機関としてB規約委員会を設けている。このB規約委員会によって示された内容が，第一次的には，B規約2条1項において「尊重し及び確保することを約束」されている「この規約において認められる権利」と考えられるのである。B規約委員会自身も，1994年の一般的意見24の中で，B規約は「掲げている目標を達成するために，委員会が監視的役割を果たすことを想定している」とし，「このような保障措置は規約の構造の重要部分であり，その実効性を支えるものである」としている。また，2008年の一般的意見33においても，B規約委員会は，自らを「規約自体によって設置された，規約解釈の責務を有する機関」とし，B規約における「委員会の欠くことのできない役割」に言及している。これらは，B規約委員会がB規約の解釈を示すというしくみがB規約にとって不可欠である，という理解を示しているものと解されるのである。

(4) 条約の分類と「誠実に遵守すること」の射程

憲法制定過程において，「条約と云うものには，種々なる種類があろう」から「其の条約の性質に照らして如何に扱うかを慎重に考えなければならぬ」とされていたことをも想起すると，「誠実に遵守すること」とは，「日本

---

[6] 薬師寺公夫「人権条約の解釈・適用紛争と国際裁判――ヨーロッパ新人権裁判所への移行」小田滋先生古稀祝賀『紛争解決の国際法』(三省堂・1997年) 218頁参照。なお，薬師寺公夫ほか『国際人権法』(日本評論社・2006年) 49頁 [坂元茂樹] および94頁 [小畑郁] も参照。

◇第5章　条約機関の意見・見解と裁判所

国が締結した条約」の性質に応じて，当該条約に内在する要求を可能な限り尊重することを意味するものと考えられる[7]。

　B規約の場合，その28条によって委員会が設置されており，このB規約委員会が解釈を示すというしくみを有するB規約を締結した以上，国内裁判所においても，B規約委員会の意見・見解を可能な限り考慮に入れることが，「日本国が締結した条約……は，これを誠実に遵守することを必要とする」という憲法的決定に適うと考えられる[8]。少なくとも，条約違反の主張や条約機関の意見・見解の無視ないし安易な取扱いは，「日本国が締結した条約……を誠実に遵守すること」に反すると解されるのである。つまり，国際法上の問題としてではなくて，日本国憲法の問題として，B規約委員会の意見・見解の顧慮が求められているのである。

　また，最高裁判所は，上訴手続を通じて，下級裁判所によるB規約委員会の意見・見解の尊重を確保する責務を有すると考えられるのである。従来，B規約委員会の意見・見解をどのように活かすかは最終的に各国の裁量にかかっていると理解されていたが，この裁量を憲法が枠づけていると考えるのである。

　このように考えることは，B規約委員会の意見・見解に常に服従するように国内裁判所に要求することを意味してはいない。国内裁判所は，十分な理由があると考えるときには，B規約委員会の意見・見解と異なる解釈を採用することができると考えられる[9]。このように解することは，B規約40条5項の精神，および締約国との建設的対話を求めるB規約委員会の立場とも合致すると考えられるのである。

　なお，国内裁判所がB規約委員会の意見・見解に従わなければならないと

---

(7)　齊藤正彰『国法体系における憲法と条約』（信山社・2002年）32,48,242-243頁。
(8)　常本照樹「在監者と弁護人とのコミュニケーションの自由」法教284号（2004年）7頁。なお，政府報告書に対する総括所見についても，同様に論じられている。高橋和之ほか「〔鼎談〕国籍法違憲判決をめぐって」ジュリ1366号（2008年）54頁〔岩沢雄司発言〕，今井直「判批」季教159号（2008年）77頁等参照。
(9)　薬師寺公夫「国際人権法の解釈と実施をめぐるわが国の課題」法時80巻5号（2008年）36頁。

することは憲法 76 条 3 項に抵触する，という懸念が示されるかもしれない。しかし，B 規約委員会の意見・見解が解釈基準として援用されるとしても，それは，B 規約委員会の判断をもって有効な国内法を排除するということではなく，それによって国内的効力を有する条約，さらには憲法を含む国内法の内容が確認されるということであり，裁判官が「憲法及び法律にのみ拘束される」ことと矛盾はしないと解されるところである。さらに本質的であるのは，B 規約委員会の意見・見解の顧慮は憲法 98 条 2 項に基づくということである。憲法 76 条 3 項は，裁判官は憲法に拘束されるとしている。B 規約委員会の意見・見解の尊重は，まさに，日本国憲法が国際人権訴訟における国内裁判所の役割として要請するものと解されるのである。

そこで，この問題についての最高裁判所の近時の動向を瞥見する。

◆ II ◆ 条約機関の意見・見解と最高裁判所のスタンス

1 東京都管理職選考受験訴訟判決

この最大判平 17・1・26 民集 59 巻 1 号 128 頁では，最高裁判所は，国際人権条約に言及していない。そもそも，原告（控訴人・被上告人）も，国際人権条約違反との主張はしていないようである。B 規約 25 条は，「すべての市民」に対して，「一般的な平等条件の下で自国の公務に携わること」を保障している。しかし，25 条が，他の B 規約規定と異なり，「すべての市民」を主体と規定していることに注目し，同条(c)の「自国」を自己の国籍国と解するならば，本条の規定は，いわゆる外国人の公務就任権の保障に特段の意義を有しないことになりそうである。

ただし，B 規約 25 条についての一般的意見 25（1996 年）は，市民相互間で B 規約 2 条に規定する理由による差別があってはならないことを繰り返し述べ (para.3, 23)，永住者等が公務員の職に就く権利を享受しているかに関心を示している (para.3)。場合によっては，旧植民地出身者とその子孫に関する事案において，「国民的出身」による差別を禁じている B 規約 2 条と結びついた B 規約 25 条の解釈を再検討する必要が生じるかもしれない[10]

◇第5章　条約機関の意見・見解と裁判所

(そして，憲法解釈にも影響しうるであろう)。

2　国籍法違憲訴訟判決

(1) 立法事実の審査における条約の顧慮――多数意見の意義①

最大判平20・6・4民集62巻6号1367頁の多数意見は，B規約および児童の権利条約に言及しているが，(a)「これらの具体的な条項の適用を問題としているわけではなく，国際的な社会的環境の変化を示す一資料として挙げているにとどまる」[11]，(b)「条約違反は上告理由にならないこともあり，本件の最高裁大法廷判決は，条約をめぐる論点を正面から検討していない。しかし多数意見は，……，人権条約の規定を考慮に入れて，憲法14条違反という結論を導いた」[12]，(c)「原告が国際人権法に関する主張をしなかったにもかかわらず，あえて自らの判断を補強するために人権条約に言及したことに，最高裁といえども，事案によっては国際人権法を考慮せざるをえない状況が確実に形成されつつあることがわかる」[13]といった見解がみられる。

見解(a)のいうように，本判決の多数意見は，「国際的な社会的環境等の変化」の徴憑として，「諸外国においては，非嫡出子に対する法的な差別的取扱いを解消する方向にあることがうかがわれ，我が国が批准した市民的及び政治的権利に関する国際規約及び児童の権利に関する条約にも，児童が出生によっていかなる差別も受けないとする趣旨の規定が存する」としている。見解(c)は，「批准した条約は日本の国内法の一部であるから，……単に「国際的動向」の問題ではない。外国の立法動向との同列化は，少なくとも法律より上位である条約の国内法体系における位置づけからすると，やや奇異な印象を受ける」と批判している。「国際人権法が間接的にせよ参照されてい

---

(10)　近藤敦「コメント：特別永住者のNational Originに基づく差別――公務員の昇任差別の実質的根拠」国際人権17号（2006年）76頁以下参照。
(11)　早川眞一郎「判批」国際人権20号（2009年）111頁。
(12)　高橋ほか・前掲鼎談（註8）73頁〔岩沢発言〕。
(13)　今井・前掲論文（註8）78頁。

◆第Ⅱ部◆　　人権保護の国際規律と憲法

ることは注目に値する」（見解(a)）としても，国籍法について特定の条約条項との適合性の審査（条約適合性審査）を行うことなく，しかも，外国法制と国際人権条約を並べて論じていることが批判されるのである。なぜ多数意見はこのような枠組で国際人権条約に触れているのかが，第1の疑問である。

　本判決の多数意見が国籍法3条1項を違憲としたのは，その制定後に，規定の合理性を根拠づける立法事実が変容したという理由によるものと解される[14]。国際人権条約は，違憲判断の決め手となった立法事実の変容を説く際の3つの徴憑のうちの1つとなっている。ここで，見解(c)が指摘するような「国際人権法を考慮せざるをえない状況」が背景にあるとするならば，本判決における国際人権条約への言及は，国法秩序における条約の位置づけを等閑視した形ばかりの参照にとどまらない意義を有することになりそうである。最高裁判所の判断枠組において，国際人権条約の比重は思いのほか大きいのかもしれない（国際人権条約の内容は日本国憲法の解釈に際しても看過できないものとなっている可能性がある）[15]。

(2)　条約機関の意見・見解の顧慮——多数意見の意義②

　しかし，第2の疑問は，国籍法3条1項の制定当時には，すでにB規約（1979年日本国発効）は国内的効力を有していたのであり，同条制定後の「国際的な社会的環境等の変化」の徴憑とはなりえないのではないかということである[16]。

　注目されるのは，本判決の調査官解説が，「B規約委員会及び児童の権利委員会においては，我が国の国籍法における非嫡出子差別に対する懸念が示されていた」[17]として，B規約についての第4回政府報告書に対する総括所見（1998年）および児童の権利条約についての第2回政府報告書に対する総括所見（2004年）に触れている点である。

　B規約24条3項や児童の権利条約7条1項の規定をみても，本件のよう

---

(14)　森英明「判解」曹時62巻7号（2010年）269頁。
(15)　ただし，山元一「判批」平成20年度重判〔ジュリ1376号〕14頁。
(16)　原田央「判批」法教341号（2009年）18頁参照。
(17)　森・前掲論文（註14）265頁。

◇第 5 章　条約機関の意見・見解と裁判所

な事案についての規律は必ずしも明確ではないように解される。「所論の各条約の規定に違反すると解することはできない」ということも可能であったようにもみえる。ところが，B 規約についての一般的意見 17（1989 年）をはじめとする条約機関の解釈によって，「自由権規約では 1989 年ごろから，児童の権利条約においては 21 世紀に入ってから，婚外子の国籍取得についてそれぞれ国際人権条約の違反を構成するとみなす状況にあった」[18]とされる。それが上記の総括所見にも現れており，多数意見は，これを「国際的な社会的環境等の変化」と捉えたのではないであろうか。

　国際的な環境の変化の徴憑としての国際人権条約への言及は，最大決平 7・7・5 民集 49 巻 7 号 1789 頁の反対意見以後も，非嫡出子の法定相続分に関する最高裁判例における少数意見の中に引き続き存在していた。他方，最判平 14・11・22 訟月 50 巻 4 号 1325 頁における梶谷＝滝井補足意見は，国籍法 3 条の合憲性に関して，「我が国が昭和 54 年に批准した市民的及び政治的権利に関する国際規約 24 条や，平成 6 年に批准した児童の権利に関する条約 2 条にも，児童が出生によっていかなる差別も受けない，との趣旨の規定があることも看過してはならない」としており，本判決の思考との結びつきが指摘されている。そして，民法 900 条 4 号に関する判例では，最判平 15・3・28 判時 1820 号 62 頁の梶谷＝滝井反対意見以降，条約規定の存在を指摘するのではなく，日本国に対する委員会の総括所見に論及するようになっている。最判平 21・9・30 家月 61 巻 12 号 55 頁の竹内補足意見は，「我が国に対し，国際連合の自由権規約委員会や児童の権利委員会から嫡出子と非嫡出子の相続分を平等化するように勧告がされていること」に言及している[19]。

　たしかに，本判決は，B 規約委員会や児童の権利委員会の総括所見に明示的には言及していない。しかし，それは，かえって，最高裁判所が，B 規約

---

(18)　立松美也子「判批」平成 20 年度重判〔ジュリ 1376 号〕(2009 年) 320 頁。
(19)　「将来，最高裁において，多数意見と少数意見がいれかわった場合には，国際人権規範がそのような変化を促す要因の一つとなったと評価することができるのではなかろうか」(山元一「ジェンダー関連領域における国際人権法と国内裁判」芹田ほか編・前掲書（註 1）388 頁）ともいわれる。

95

24条3項や児童の権利条約7条の規定を，条約機関の解釈によって示されたような「趣旨の規定」と捉えていることを示唆しているともいえるのではないであろうか。本判決は，B規約委員会の「勧告に実質的に応じるものになっている点は評価でき」るとされる[20]。そうであるとすると，本判決は，①日本国の国際人権条約違反を避止することと，②条約機関の意見・見解を顧慮することについての，大法廷の一つの到達点なのかもしれない。

他方で，「国際的な社会的環境等の変化」を論じる部分は，外国法制と国際人権条約を単に並記しているのではなく，規範的な環境に関する一連の事情として一体的に記述されているようにも読める。そうであるとすると，最高裁判所は，諸国が合意した法規範としての国際人権条約から「国際標準」（条約機関によって更新されうる）を検出しようとしているのかもしれない[21]。

(3) 条約適合的解釈の可能性——泉補足意見

泉補足意見は，救済方法についての判示の中で，国籍法3条1項の一部を違憲としつつ日本国籍を付与することは，B規約24条3項や児童の権利条約7条1項の「趣旨にも適合するものである」としている。憲法解釈によって結論が導き出された後に，それが「国際人権条約にも適合する」という論及のしかたは，判決文の装飾あるいはリップ・サービスということもできるかもしれない。しかし，憲法規定の解釈に論理的にはA・B・Cの3つが成り立つ場合に，国際人権条約に適合的な憲法解釈Bを選択したうえで，「この憲法解釈は国際人権条約にも適合する」と確認的に述べているならば，憲法の条約適合的解釈の端緒をそこに見出すことができるかもしれない。

その意味で，「監獄法令の上記規定は，少なくとも被勾留者と弁護人等との間の信書の授受に関する限り，憲法が保障する弁護人依頼権に由来する刑訴法の弁護人等の接見に関する規定と整合するように解釈すべきであり，このような解釈は，市民的及び政治的権利に関する国際規約14条3項(b)及び17条の規定の趣旨にも沿う」とする最判平15・9・5訟月51巻12号3252頁における梶谷=滝井反対意見が注目される[22]。

---

(20) 佐野寛「判批」ジュリ1366号（2008年）89頁註21。
(21) 本書第6章III 2参照。

◇第5章　条約機関の意見・見解と裁判所

3　国際人権条約と最高裁判所への上訴

　見解(b)も指摘していたように，民訴法・刑訴法の規定を厳格に解するならば，憲法違反ではなく国際人権条約違反という理由では，最高裁判所への上訴ができないことになる。B規約違反の主張は「同法〔＝刑訴法〕四〇五条各号の上告理由にあたらず」とした最判昭56・10・22刑集35巻7号696頁以来，最高裁判所は「文字どおり「憲法」違背の主張に限ると解している」とみられてきた[23]。

　たしかに，国籍法違憲訴訟判決は，国際人権条約ひいては条約機関の意見・見解への最高裁判所の一つの応答方法といえる。しかし，B規約や女子差別撤廃条約（女子に対するあらゆる形態の差別の撤廃に関する条約）等の個人通報制度が導入された場合を考えると，日本国の国際人権条約違反を避止する国内の終審裁判所として最高裁判所が責務を果たすために，国際人権条約違反を理由とする上訴に途を開くことが求められるであろう（その意味で，最判平14・6・27判例集未登載（LEX/DB28080288）の判示は注目される）。

---

(22)　常本・前掲論文（註8）4頁以下参照。
(23)　伊藤正己「国際人権法と裁判所」芹田健太郎ほか編『講座国際人権法1　国際人権法と憲法』（信山社・2006年）12頁。ただし，この最判昭56・10・22刑集35巻7号696頁は，「自由権規約違反の主張がたとえ刑訴法上の上告理由として不適法であったとしても，判決に影響する重要な論点を含んでおれば，最高裁は，職権で当該論点に判断を下すという前例を作ったことを意味する」（薬師寺公夫「国際法学から見た自由権規約の国内実施」芹田ほか編・同書71頁）とも評される（本書第4章Ⅲ3(2)(ⅲ)参照）。たしかに，同判決は，「憲法違反とは一応独立に，国内法の規定が自由権規約に違反するかどうかが問題になりうることを認めている」（宍戸常寿「国家公務員と政治的表現の自由（堀越事件）・コメント——東京高裁2010（平成22）年3月29日判決」国際人権22号（2011年）102頁）。しかし，同判決は，「人権規約の各条項と，憲法の関係規定とを比較対照すると，人権規約の規定は，憲法に比べ，より詳細，具体的な文言とはなっているが，その精神，原理原則の点において相異するところはなく，両者の間にいささかの矛盾もないと解される」として，「憲法一五条，一九条，二一条等に照らして合憲とされる法令が，B規約一八条，一九条，二五条に抵触するというような事態は，通常ないと考えてよい」とする見地に立つものと解され（金築誠志「判解」曹時34巻4号（1982年）180頁），憲法の要請と国際人権条約のそれを同一視する裁判例の流れを生み出した一因とも解される（宍戸・同論文102-103頁参照）。

◆ 第6章
国際人権条約と憲法学のスタンス

Ⅰ 国際人権条約の受け入れ構造と憲法解釈
Ⅱ 条約の直接適用
Ⅲ 「国際標準」としての国際人権条約と憲法解釈
Ⅳ 欧州人権条約とドイツ連邦憲法裁判所
Ⅴ 多層的立憲主義の可能性

◆ Ⅰ ◆ 国際人権条約の受け入れ構造と憲法解釈

1 問題の所在

　国際人権条約の国内的実施の問題が注目されたとき、つまり国際人権訴訟が国内裁判所とりわけ最高裁判所から「きわめて冷淡」[1]な扱いを受け続け、「硬い憲法優位説の遵守」[2]が問題点とされたとき、憲法学は、既成の枠組の再検討に着手し[3]、この問題についての憲法学の視座を提示してきた[4]。

　日本国憲法の下での国際人権条約の国内的実施において、条約の執行に関

---

(1) 伊藤正己「国際人権法と裁判所」国際人権1号（1990年）10頁［芹田健太郎ほか編『講座国際人権法1　国際人権法と憲法』（信山社・2006年）所収］。
(2) 江橋崇「日本の裁判所と人権条約」国際人権2号（1991年）22頁。
(3) 中村睦男「条約の国内法的効力」法教146号（1992年）34頁以下［佐藤幸治ほか『ファンダメンタル憲法』（有斐閣・1994年）所収］、横田耕一「人権の国際的保障と国際人権の国内的保障」ジュリ1022号（1993年）25頁以下等が、その嚆矢といえるかもしれない。
(4) 横田耕一「「国際人権」と日本国憲法——国際人権法学と憲法学の架橋」国際人権5号（1994年）7頁以下、棟居快行「国際人権規約の私人間適用」国際人権14号（2003年）47頁以下および佐藤幸治「憲法秩序と「国際人権」に対する覚書」国際人権16号（2005年）2頁以下［芹田ほか編・前掲書（註1）所収］等。

99

◆第Ⅱ部◆　人権保護の国際規律と憲法

係する国内機関の権限や手続といった条約の「受け入れ構造」[5]は，まさに憲法学の問題領域である。

　近年，有力な憲法学説が，国際人権条約は，国際法上で国家を義務づけるにとどまり，当然に国民に対する義務を生じさせるものではないと論じている。しかし，それは，「国家対国家の関係で義務を負い」，同時に自国管轄下の「国民（外国民を含む）に対して人権保障義務を負っている」[6]という国際人権条約の「存在意義を根源から疑わしめる」[7]ような，「古色蒼然たる国家論」[8]というよりも，国際法において設定された人権保障義務の国内的実施について，その「受け入れ構造」を問題にしているものと解される。そのような学説においても，次の2通りの理解がみられる。

2　客観法発生説

　第1は，国際人権条約の国内的効力とは「国際法上の義務のいわば反射的効力」であるとする理解である[9]。条約の国内的受容によって「その瞬間に，国民が主体で国家が名宛人である対国家的権利（公権）にいわば自動変換され」るという見方を批判し，条約は「国際法の世界と国内法の世界とを通貫」して締約国を義務づける客観法であるとするのである。そこで，条約の国内適用とは，締約国の国際法上の「保護義務」（遵守義務）を「市民が

---

(5) 岩沢雄司『条約の国内適用可能性――いわゆる"SELF-EXECUTING"な条約に関する一考察』（有斐閣・1985年）99-103, 150, 313-314頁，薬師寺公夫「国際人権法の解釈と実施をめぐるわが国の課題」法時80巻5号（2008年）34-36頁等。
(6) 芹田健太郎『国際人権法Ⅰ』（信山社・2011年）186頁。同書27-28頁も参照。
(7) 申惠丰「国際人権法の国内規範性とその影響――「国際人権の論理と国内人権の論理」批判」大沼保昭先生記念論文集『国際法学の地平――歴史，理論，実証』（東信堂・2008年）411頁。
(8) 大沼保昭「人権の国内的保障と国際的保障――より普遍的な認識を求めて」国際人権17号（2006年）58頁。
(9) 棟居快行「第三者効力論の新展開」芹田ほか編・前掲書（註1）257頁以下，同「国内裁判所における国際人権の適用をめぐって」芹田健太郎ほか編『講座国際人権法3 国際人権法の国内的実施』（信山社・2011年）37頁以下。ただし，内容的には，国家の「法律制定義務」から客観法が「発生」する場合に限定されてはいないようにもみえる。

100

政府に対して国内裁判所で援用しうるか」、換言すれば、「裁判所がどこまで立法の不作為を補充しうるか」の問題であるとされる。

このような理解からは、国際人権条約は「法律の規定と同質（規範として明確な「準則」の保障）」ではなく「憲法の人権規定と同質（規範としてはあいまいな「価値」の保障）」と捉えたうえで、少なくとも自由権の〈国家―市民〉の関係への「適用」とは、憲法の人権規定への「意味充填」としての「間接適用」であるとされる。ただし、①「国際人権条約に整合的な憲法解釈」は、「下位の規範が上位の規範の解釈基準となるという異常な事態」である、②憲法上の人権が対国家的権利である以上、国家が「他国に対して負う国際法上の義務から市民の主観的権利としての対国家的権利を導き出し」て憲法規定に充填するという「迂回路」をとらなければならない。

国際人権条約の私人間適用は、いわば「2重の間接適用」という難問となる。そこで、客観法から主観的権利を導き出すという迂回路を経ずに、客観法としての国際人権条約に反し違法とすれば足りるとされる。

この見解は、「国際人権をその主観的権利の装いをはぎ取って客観法として把握し直すことで、国内裁判でのさらに実効的な救済を求めてゆく」ことを構想するものである[10]。しかし、主観的権利に対比される制度ないし原則と位置づけられた国際人権条約は、国内裁判所に提起された訴訟の枠内で考慮要素として機能するものと解される。現行訴訟制度を前提として、客観法としての国際人権条約がどれほどの実効性を確保しうるか、裁量統制に特別の意義を有しうるかについては、なお検討が必要かもしれない。

3 国内法化説

第2に、「①国際法レベルの国際人権と②国内法化された国際人権の二つ

---

(10) したがって、「自由権規約も国家間の条約である以上、権利義務関係は基本的には締約国間で生ずるという指摘は正しいと思う。しかし、この指摘が仮に自由権規約は個人の国家に対する権利（国家の個人に対する義務）を創設しないという趣旨であれば適切ではない」（薬師寺公夫「国際法学から見た自由権規約の国内実施」芹田ほか編・前掲書（註1）52頁）との批判が、まさに当てはまることとなろう。

◆第Ⅱ部◆　人権保護の国際規律と憲法

の議論レベルを区別」することによって，第1の理解とは異なる方途が開かれる(11)。

　条約の締結によって，「国家が，自己の内部のあらゆる関係において国際人権を保障するということが人権条約の意味」である(12)。そのうえで，国家の国際法上の義務とは別の，「国内法化」された国際人権条約の実施が論じられる(13)。条約上の義務の国内的実施にあたり，上記②のレベルの問題として，国内的効力が認められた条約を，「憲法と同様に政府としての国家のみを名宛人とすると解する立場と，法律と同様に私人間にも効力をもつと解する立場の両方が，理論上は可能」とされる(14)。憲法上の人権は「対国家的な主観的権利」であって「全方位的な客観的価値」と解すべきでないとする立場においても，国際人権条約上の権利については，この点は開かれているのである。

　この第2の理解は，ある種の条約は「国家が条約当事国として当事国間で

---

(11)　高橋和之「国際人権の論理と国内人権の論理」ジュリ1244号（2003年）69頁以下，同「現代人権論の基本構造」ジュリ1288号（2005年）110頁以下，同「国際人権論の基本構造——憲法学の視点から」国際人権17号（2006年）51頁以下。この見解は，当初，国際人権条約にとって「強力に後押しするもの」，「強力な援軍」と評された（棟居・前掲「第三者効力論の新展開」（註9）267頁）。

(12)　これは，薬師寺公夫ほか『国際人権法』（日本評論社・2006年）9-10頁［薬師寺］および27頁［小畑郁］と同旨と解される。

(13)　「「国内法化」として何を念頭においているのかが必ずしも明らかではない」（山元一「憲法理論における自由の構造転換の可能性(1)——共和主義憲法理論のためのひとつの覚書」長谷部恭男＝中島徹編『憲法の理論を求めて——奥平憲法学の継承と展開』（日本評論社・2009年）22頁註23）との批判もあるが，「国際人権の国内法化」という表現を捉えて，「徹底した二元論的理解」（棟居・前掲「国内裁判所における国際人権の適用をめぐって」（註9）32, 35頁），あるいは，「変型理論」（小畑郁「国際人権規約——日本国憲法体系の下での人権条約の適用」ジュリ1321号（2006年）12頁）と理解するのでは，当初から条約の国内的効力が論じられていたこと（高橋・前掲「国際人権の論理と国内人権の論理」（註11）81頁）を見過ごすことにならないであろうか。ここでいう「国内法化」とは，「国内法体系へ組み込む過程」（小畑・同論文13頁）の問題を指すのであって，「条約が個人の権利を定めうること」（薬師寺公夫「日本における人権条約の解釈適用」ジュリ1387号（2009年）52頁）を否定する趣旨ではないと解される。

(14)　なお，芹田・前掲書（註6）29頁参照。

◇第6章　国際人権条約と憲法学のスタンス

拘束される規範」と「国内的に妥当するよう期待されている規則群としての規範」を含んでおり，日本の実務は後者の国内における法的妥当を「条約の締結という方式によって実現しうるものとみなしている」，とする国際法学説[15]に通じるものかもしれない。

「国内法化」された国際人権条約の国法秩序における位置づけについては，条約の承認手続が予算と同じである点に着目し，予算国法形式説に倣って，条約を法律とは性質の異なる「特別の法形式」と解することが提唱される。「条約と国内法の上下関係という発想ではなく，条約の意味を国内法に充填していくという発想」をとるのである[16]。この見解が，「段階構造」は(a)形式的効力の上下関係と(b)授権関係という2つの要素を有するとしつつ，条約を新「法形式」と捉える思考の背景には，(b)の整理から条約を外す意味があるのかもしれない。

このような新「法形式」としての条約は，条約上の義務を引き受けた政府の意図を根拠として「国内法の解釈基準となる」が，「憲法に充填するということは許されない」。ただし，「国際人権法を参照することは，国際協調主義を謳う憲法の下では必要なこと」[17]であって，否定されない。

条約の国内的実施は，「国際人権の意味内容が憲法上の人権と矛盾」する場合だけではなく，「国内の実施プロセスとは整合しないという場合」にも，その可否を国内裁判所が判断しうる。「憲法は国家がその役割（人権保護義務）を遂行する際に従うべき「法のプロセス」を規定している」のであって，そのようにして憲法の規律を受けているのが条約の「受け入れ構造」なのである。しかし，この憲法学説においても，国際人権条約が「国内の救済方法による限定を受ける」としても「国際レベルで解釈された意味内容」との調整が問題となるのであって，「受け入れ構造」の制約を理由に国内的実施を

---

(15)　小畑郁「コメント：国際人権規約の私人間適用——憲法の基本権規定の場合とどう異なりうるか」国際人権14号（2003年）52頁。
(16)　このような解釈の可能性について，本書第2章Ⅱ2参照。
(17)　高橋和之ほか「〔鼎談〕国籍法違憲判決をめぐって」ジュリ1366号（2008年）74頁［高橋発言］

回避しうるとは解されていない。

4　国際人権条約上の権利と国家の義務

　国際人権条約の国内的効力の理解を再考するこれらの学説には，いわゆる私人間効力論の再検討に端を発する，憲法観をめぐる論争が影響しているものともみられる[18]。ところで，国際人権条約は，「私人による「権利」の侵害がありうることを，むしろ当然のこととして予定している」場合があるとされる[19]。また，国際人権条約の規定一般に水平的効果を認めることは，個人にとっての予測可能性の点で望ましくないという考慮から，国内裁判所において条約規定がとくに有用に援用しうるのは，条約遵守義務が課されている国家機関に対してであると説明される[20]。そして，私人間での国際人権条約上の権利の侵害が「国家の義務の不履行の結果生じている場合には，当該侵害について当事国の条約上の責任が問われる」という，積極的義務が論じられる[21]。

　このように国際人権条約に基づく国家の義務は多面的であり，その中に「保護（第三者による権利侵害を防止しまた救済する義務）」[22]が含まれることを指摘する国際法学の見地から，憲法学における基本権保護義務論について，欧州人権裁判所判例等において展開される国家の積極的義務論と親和的なものとして[23]，好意的な理解が示されるかもしれない。

---

(18)　論争の要諦について，宍戸常寿「私人間効力論の現在と未来――どこへ行くのか」長谷部恭男編『講座人権論の再定位 3　人権の射程』（法律文化社・2010 年）25 頁以下参照。なお，西原博史「「人権」規範の構造と国際人権の憲法学的レレヴァンス」国際人権 22 号（2011 年）53-54 頁参照。
(19)　小畑・前掲論文（註 15）53 頁。
(20)　申惠丰『人権条約の現代的展開』（信山社・2009 年）245 頁。
(21)　申惠丰「国家の義務の性格：結社の自由を侵害する労働組合加入強制を国内法で規制する国家の義務――クローズド・ショップ判決」戸波江二ほか編『ヨーロッパ人権裁判所の判例』（信山社・2008 年）112 頁。
(22)　申・前掲論文（註 7）413 頁。
(23)　小山剛「国家の基本権保護義務」芹田ほか編・前掲書（註 1）252-253 頁参照。ただし，同「基本権保護義務論と国際人権規範」国際人権 22 号（2011 年）41, 43 頁。

◇第6章　国際人権条約と憲法学のスタンス

　しかし，基本権保護義務論において「保護されるのは基本権そのものではなくて，基本権法益」であること，また，基本権保護義務論が「基本権の対国家性」の貫徹を重視するものでもあること[24]が，国際人権条約の把握と調和的かについては，慎重な検討が必要かもしれない。もし，国際人権条約の前提が，国家は「自然権の保障」という意味での「人権保護義務」の履行を求められるというものであるならば，人権を「条約」という形で実定化したのが国際人権条約であり，「条約主体としての国家は，国内の私人間関係においても，当然，国際人権を保障する義務を負う」とする前記第2の理解[25]とも調和的でありうる。

5　人格的自律権への吸収説

　憲法上の人権を対国家的権利と捉える立場[26]に対して，「方向性の決定されていない『価値』として人権を理解する」[27]見地から，個人は「『人格的自律権』を互いに尊重し合うという基本的な約束を行い，そのうえで政府を創設」[28]したとの説明もなされる。そして，憲法上の人権は「未来に向かって開かれた課題と捉え」るべきことから，憲法11条および98条2項は，「人権条約と調和するように日本国憲法上の『基本的人権』の保障の充実を図ることを要請していると解すべき」とし，裁判所が憲法の解釈に国際人権条約を取り入れることは「司法の責務」とされる[29]。

---

(24)　松本和彦「基本権の私人間効力――基本権保護義務論の視点から」ジュリ1424号（2011年）60, 58頁。
(25)　高橋・前掲「国際人権の論理と国内人権の論理」（註11）75頁，同・前掲「現代人権論の基本構造」（註11）118-119頁，同「国際人権論の基本構造」（註11）52頁。
(26)　いわゆる自由主義的憲法観を徹底するものとして，西原博史『自律と保護』（成文堂・2009年）。
(27)　宍戸・前掲論文（註18）39頁。
(28)　佐藤幸治『日本国憲法論』（成文堂・2011年）168頁。
(29)　佐藤幸治「憲法秩序と国際人権」芹田ほか編・前掲書（註1）32, 39頁。憲法11条との結びつきをもつことによって，条約違反が憲法98条2項違反になるという論法をなぜ重要な国際人権条約の場合に限って使えるといえるのかという疑問（内野正幸「条約・法律・行政立法――公布や罪刑法定主義にもふれつつ」高見勝利ほ

◆第Ⅱ部◆　人権保護の国際規律と憲法

　「裁判所による司法的救済」に関しては，このような①「国際人権条約上の権利が「憲法上の「基本的人権」の動態的展開の中に吸収されうる」場合（「憲法の人権条項の解釈を通じて救済が図られる」場合）と，そこまでに至らず，②国際人権条約が「それ自体として扱われなければならない場合」（「国内法は憲法の人権条項に違反するとはいえないが，なお条約に違反する」場合）とがある。②の場合に条約違反があることは，「憲法98条2項を介して憲法上許されない事態」とされ，「人権条約違反を最高裁判所に上告する道を開くことに通ずる」とされる[30]。

　しかし，「わが国が批准した人権条約のなかにも，憲法との関係で問題をはらむ規定がないわけではない」から，上述の①の場合には，「条約を憲法に曖昧に融解せしめるのではなく，条約の規定・趣旨を明らかにしつつ憲法解釈の筋道を明確にすること」も司法の責務とされる。②の場合には，「上告理由を過剰に広げるのではないかの懸念がありうるが，憲法上の「基本的人権」の保障と親和的な条約違反を前提とする」と説明される[31]。

　ここにおいても，やはり，「人権は国内法上の権利であるのみならず，国際法上の権利であるともいわれる。……。仮に憲法上の権利の中身を人権によって満たすとしても，ここに盛り込まれる人権は憲法と整合性をもった権利でなければならない」[32]という問題意識が存するものと解される。

　つまり，人権の動態的展開の過程で憲法解釈に吸収されれば，国家によって締結された国際人権条約と対国家的権利としての憲法上の人権との性格の整合性が問題になることはないが，「個人の自由を核とする人格的自律権の発想」との整合性が問題となる。国際人権は「人間が原則的に自律した存在

か編『日本国憲法解釈の再検討』（有斐閣・2004年）429-430頁）への解答も可能になる。江島晶子「日本における「国際人権」」松井芳郎編『講座人間の安全保障と国際組織犯罪4 人間の安全保障と国際社会のガバナンス』（日本評論社・2007年）209頁参照。
(30) 佐藤・前掲論文（註29）39-40頁，同・前掲書（註28）119-120頁。
(31) 佐藤・前掲論文（註29）38-39頁。
(32) 松本和彦「基本的人権の保障と憲法の役割」岩波講座『憲法2 人権論の新展開』（岩波書店・2007年）26頁。同論文39-41頁も参照。

106

◇第6章　国際人権条約と憲法学のスタンス

であること，権利が政府以前に存在することの2点を必ずしも想定していない」との指摘を重視して「抵抗感」が表明されるのである[33]。しかも，憲法解釈への国際人権条約の取り込みは，憲法上の個別的人権が流出派生する「基幹的な人格的自律権」に結びつけられている。それだけに，「国際人権保障の進展は，日本国憲法による人権保障の内容を豊かにするというだけでなく，日本国憲法の人権のとらえ方そのものに対しても影響を及ぼす」可能性が懸念されるのである[34]。人権の動態的展開の中に吸収されないとしても，②の場合において最高裁判所への上訴の途も開かれている。しかし，憲法13条の補充的保障を含めても憲法解釈に取り入れられなかったということは，憲法上の人権と「親和的」でない可能性が示唆されていないであろうか。

6　小　括

「国内で国際人権を保障するという国際的約束の違反が存在」しないようにする[35]ことを，「人権条約と調和するように日本国憲法上の「基本的人権」の保障の充実を図る」[36]ことで実現する方途を，日本国憲法における条約の「受け入れ構造」の理解において解明することが求められる。そこでは，「条約が法律に優位するということの具体的な法的意味はどこにあるのか」を考えることも重要である[37]。その際，「受け入れ構造」の問題としては，日本の国法体系における条約の「直接適用」についても再考が必要となろう。

---

(33) 佐藤・前掲書（註28）168, 118-119頁。
(34) 市川正人「人権保障の展望」全国憲法研究会編『憲法改正問題』（日本評論社・2005年）317-318頁。
(35) 高橋・前掲「国際人権論の基本構造」（註11）52頁。
(36) 佐藤幸治『国家と人間——憲法の基本問題』（放送大学教育振興会・1997年）182頁。
(37) 佐藤・前掲論文（註29）35頁。なお，高橋・前掲「国際人権論の基本構造」（註11）53-54頁。

◆第Ⅱ部◆　人権保護の国際規律と憲法

◆ Ⅱ ◆　条約の直接適用

1　直接適用可能性の意味

　国内での条約の「適用形態」として，(a)「条約が個人の国家に対する請求の根拠とされる場合」と，(b)「条約が国家の行為を違法と認定する根拠とされる場合」の区別が指摘される。これとは別に，条約が直接適用可能でなくても有しうる効果として，①当該条約を具体化する法律について，立法裁量の逸脱・濫用の審査基準となる，②当該条約の国内実施法の解釈基準となる，③当該条約とは独立に制定された法律についても解釈基準となる，④国内法における一般概念（公序，良俗，信義誠実等）の解釈基準となる，といった点が指摘される[38]。なお，間接適用については，「国内で裁判所や行政庁が国際法を国内法の解釈基準として参照し，国内法を国際法に適合するように解釈すること」[39]と定義されており，間接適用は，条約が直接適用可能でなくても有しうる効果のうちの②～④に該当するものと解される[40]。

2　二風谷ダム訴訟判決の理解

　二風谷ダム訴訟における札幌地判平9・3・27判時1598号33頁をB規約27条の直接適用と解するか間接適用と解するかについて，国際法学において議論があり，直接適用概念の形式的把握か実質的把握かといった議論もある[41]。しかし，前述の適用形態(b)に該当すると解することも可能であろう[42]。本判決を土地収用法20条3号の解釈にB規約27条が間接適用され

---

[38]　岩沢・前掲書（註5）331-334頁。傍点は原文。

[39]　小寺彰ほか編『講義国際法』〔第2版〕（有斐閣・2010年）116頁［岩沢雄司］。なお，岩沢・前掲書（註5）213-214頁。

[40]　小寺ほか編・前掲書（註39）117頁［岩沢］，岩沢雄司「アメリカ裁判所における国際人権訴訟の展開――その国際法上の意義と問題点（二・完）」国際87巻5号（1988年）18-19頁。

[41]　寺谷広司「「間接適用」論再考――日本における国際人権法「適用」の一断面」藤田久一先生古稀記念『国際立法の最前線』（有信堂高文社・2009年）170頁。

[42]　そのように解するならば，「規約は本件判断の中心的な根拠とされている」（岩

◇第6章　国際人権条約と憲法学のスタンス

たものと理解することは，「直接適用」を上述の適用形態(a)に狭めてしまうおそれがある。また，裁量統制と人権の関係についての近時の憲法学の議論の見地[43]からも，見直しが必要かもしれない。間接適用論は，「誠実に遵守することを必要とする」とされる「日本国が締結した条約」を，法的拘束力のない国際文書と同列に並べて衡量される一要素にしてしまうことが懸念される。

　他方で，憲法学説は，B規約27条を憲法13条の解釈基準とした，と解することがある[44]。これは，B規約27条が日本の国法体系において位置を得るためには，憲法98条2項によって遵守が求められているだけではなく，日本国憲法の人権保障体系と矛盾しないことが必要と解されたからであろう[45]。個人主義を日本国憲法の基本原理と解する憲法学説は，まさに憲法13条に基礎づけることで，それを説明したのである[46]。

3　憲法の「直接適用」

　日本の憲法学において，「直接適用」の語は，おもに2つの領域でみられる。①いわゆる私人間効力論における直接適用説は，しばしば直接効力説と呼称されることもあるように，ここでは「適用」ないし「効力」の語が「いかなる意味で用いられているのかは，必ずしも明らかではなかった」[47]。

　　沢雄司「二風谷ダム判決の国際法上の意義」芹田健太郎ほか編『講座国際人権法2　国際人権規範の形成と展開』（信山社・2006年）367頁）との評価も，「議論の混乱を招く」（松田浩道「日本の裁判所における国際人権法――国内適用論の再構成」東大ロー5号（2010年）160頁註65）ものではないと考えられる。
(43)　宍戸常寿「裁量論と人権論」公法71号（2009年）106-107頁。
(44)　たとえば，佐藤・前掲書（註28）119-120頁註21，常本照樹「民族的マイノリティの権利とアイデンティティ」岩波講座『現代の法14　自己決定権と法』（岩波書店・1998年）199頁註24。なお，岩沢・前掲論文（註42）367頁参照。
(45)　たとえば，多文化主義が憲法上の原理であるカナダの場合には，憲法とB規約27条の関係は，より順接的であるとされる（佐々木雅寿「多文化主義と憲法」岩波講座『憲法3　ネーションと市民』（岩波書店・2007年）171-172頁）。
(46)　常本照樹「先住民族と裁判――二風谷ダム判決の一考察」国際人権9号（1998年）52-53頁。なお，山元一「憲法解釈における国際人権規範の役割――国際人権法を通してみた日本の人権解釈論の方法論的反省と展望」国際人権22号（2011年）40頁註25，西原・前掲論文（註18）54頁。

条約について国内適用可能性と国内的効力の峻別が説かれたこと[48]とは対照的である。②財産権の制限を定めた法令に損失補償についての規定が欠けている場合には，直接に憲法29条3項を根拠にして補償請求をすることが可能とされてきた[49]。ただし，そのようにして憲法が「直接適用」されることは，本来的なあり方ではないであろうし，実際に最高裁判所が認めた例もないとされる。

4 条約の「直接適用」の典型

B規約14条3項(f)を根拠として，被告人に通訳費用の負担を命じることは許されないとした東京高判平5・2・3東高刑時報44巻1-12号11頁が，国際人権条約の「直接適用」の例として紹介されることがある。本判決を条約の「直接適用」の代表例と位置づけるならば，それは，前述の憲法29条3項の「直接適用」に近い[50]。

国内裁判所における国際人権条約の実効性確保に際しては「憲法に対するのと同等の尊重ないし配慮が国内裁判所によってなされうるか」[51]が問題と解するならば，適用形態(b)の事例の扱いが重要となるであろう。他方，最高裁判所の観点では，国際人権条約は，法律に明示の規定がないときに，「国会の裁量に属する立法を待たずに，裁判所によって直接に適用出来る筋合いのものであるかどうか」が問題になる[52]のであれば，ここでいう「直接適用」も，前記の適用形態(a)を中心に条約の「直接適用」を捉えるものと

---

(47) 棟居快行『人権論の新構成』（信山社・1992年）2頁。
(48) 岩沢・前掲書（註5）5頁。
(49) 最大判昭43・11・27刑集22巻12号1402頁，最判昭50・3・13判時771号37頁等。
(50) 「B規約によって初めて成文上の根拠を持つに至った」とする本判決の「直接適用」の意味は，法律の条約違反の判断を回避するものとも考えられる。これは，憲法29条3項の「直接適用」によって，損失補償規定を欠く法律が救済されることに通じる。
(51) 齊藤正彰『国法体系における憲法と条約』（信山社・2002年）6頁。
(52) 園部逸夫「最高裁判所における国際人権法の適用状況」芹田ほか編・前掲書（註1）23頁。

◇第6章　国際人権条約と憲法学のスタンス

みられる。その意味で，東京高判平5・2・3東高刑時報44巻1-12号11頁を「直接適用」の典型例と観念することについて，なお検討が必要かもしれない。

◆ Ⅲ ◆ 「国際標準」としての国際人権条約と憲法解釈

1 「国際裁判官の正統性」

日本国憲法における条約の「受け入れ構造」については，国際人権条約の実施機構との関係を説明することも求められる[53]。個人通報／申立制度の回路が開かれるならば，国内裁判所とりわけ最上級裁判所は，自国が条約違反の判断を受けないように行動するとされるが，そうした事実の進行とは逆に，「基本権保障の任に当たる国際裁判官についても，国内で違憲審査権を行使する裁判官について問題とされるその正統性が，問題となる」[54]であろう。そこで注目されるのは，「国民国家の国境の内側でも，それを越えた場面でも，国際・国内裁判所の裁判官は，立法権が陥りやすい傾向……に対抗してバランスをとるという任務を，託されている」[55]とする見方である。

2 国籍法違憲判決と最高裁判所のスタンス

最大判平20・6・4民集62巻6号1367頁が「国際的な社会的環境等の変化」を論じる部分において国際人権法に言及していることに関しては，「国際情勢が，あるいは国際状況が日本と少しずれていて，日本はそろそろ国際的なそういう状況に合わせていかなければいけないのではないかというときに，そういう規約とか条約とかを持ち出す」[56]という傾向が指摘されると

---

(53) 薬師寺・前掲論文（註5）35頁。
(54) 樋口陽一『国法学：人権原論』〔補訂版〕（有斐閣・2007年）252-253頁。同『憲法 近代知の復権へ』（東京大学出版会・2002年）114頁も参照。さらに，同「国際人権裁判における裁判官の正統性——国内憲法裁判におけるそれと対比しつつ」国際人権20号（2009年）4頁以下。もちろん，個人通報制度を，ただちに「国際裁判官」による判断のしくみとみることはできない。
(55) 樋口・前掲『憲法』（註54）116頁。

◆第Ⅱ部◆　人権保護の国際規律と憲法

ころでもある。最高裁判所は，諸国が合意した法規範としての国際人権法から「国際標準」（条約機関によって更新されうる）を，いわば比較法的に検出しようとしているのかもしれない[57]。

　このような手法で国内裁判所が国際人権基準を受け入れることについては，積極的に評価することも可能かもしれない。たとえば，「国内裁判所が人権問題を解決するために依拠する法的規準」が「国境を超えたトランスナショナルな存在を包含」することによって，「憲法と国際人権規範や外国人権判例が重層化する」という「トランスナショナル人権法源論」[58]や，「国際機関の解釈を国内裁判所に受容させるには，……，いわば世界的な法曹共同体の経験の所産であることを，これまで以上に強調していく必要がある」とする見解[59]は，国籍法違憲判決において最高裁判所が「国際標準」を検出したスタンスに親和的であると解される[60]。

　その場合，国際裁判官の「正統性は，国内裁判所の場合より以上に，彼らの知的信頼性に依存している」[61]としても，比較法的に「国際標準」を導

―――

(56)　園部逸夫＝小寺彰「〔園部元最高裁判事に聞く〕最高裁判所と国際法」ジュリ1387号（2009年）13頁〔園部発言〕。

(57)　本書第5章Ⅱ2参照。

(58)　山元・前掲論文（註46）37頁。そこでは「「拘束的根拠」と「説得的根拠」の二分論そのものが相対化され，人権先進各国の憲法判例や国際人権規範を……一括的に観念し，人権法解釈のための法的基準として受け止める」（同論文38頁）とされる。また，トランスナショナル人権法源論は，対話的プロセスを重視するものとされ，その点で国際人権法と憲法の「共生」論（補論4参照）への共感が示される（同論文40頁註26。なお，西原・前掲論文（註18）52-53頁，松本和彦「憲法上の権利と国際人権」国際人権22号（2011年）59-60頁）。そのようにして，「人権法源の国際化」は，「人権解釈基準の国際化を推し進め」るとされる（同「現代日本憲法理論にとっての「ヨーロッパ憲法」の意義」比較71号（2009年）88頁）。

(59)　宍戸常寿「国家公務員と政治的表現の自由（堀越事件）・コメント――東京高裁2010（平成22）年3月29日判決」国際人権22号（2011年）103頁。

(60)　国際法学における間接適用論が，「裁判所による解釈の妥当性を担保するものとして，解釈共同体」の存在を前提とするもの（阿部浩己『人権の国際化：国際人権法の挑戦』（現代人文社・1998年）302頁）であるならば，上述のような憲法学説の潮流との異同を検討する必要があるかもしれない。

(61)　樋口・前掲『憲法』（註54）116頁。同・前掲『国法学』（註54）253-254頁も参照。

◇第6章　国際人権条約と憲法学のスタンス

くために参照するならば，内容的な精査を行う必要が生じるであろう。さらに，国家の枠組を超えて「人権の法源が多元化・豊富化」した状況において，最高裁判所が国籍法違憲判決で「日本国が締結した条約」についての条約機関の意見・見解をそのような「法源」の一種と位置づけたと解するならば，今後，条約機関の意見・見解に「反する解釈を施そうとする場合には，それを論証するべき責任を裁判所は負っている」ともいいうるであろう[62]。それは，結局のところ，国際人権条約をめぐる建設的対話につながるものかもしれない[63]。

　比較法的に「国際標準」を検出する場合には，「理論上は国内的解釈を維持したまま，国際レベルでの水準を充たす措置をとることも十分可能であり，その場合，国内法的な説明としては，国際法により要求されてはいないが政策的に対応したということになろう」[64]。最高裁判所は，上告理由の制限に関わりなく，条約の内容を実現することができるとされる[65]。ただし，個人通報制度が導入された場合には，「規約人権委員会の解釈に法的拘束力を認めている」と解され，「国内法化する条約の解釈権が国際機関にある」といわれることになるかもしれない[66]。

　そこで，国法体系における国際人権条約の解釈・適用に際しての，条約機関と最上級裁判所の関係を憲法学としてどのように捉えるべきかを検討するための素材として，ドイツ連邦共和国の状況を瞥見する。

◆ Ⅳ ◆ 欧州人権条約とドイツ連邦憲法裁判所

1　国法秩序の段階構造における地位

ドイツ連邦共和国基本法59条2項は，「連邦の政治的関係を規律し，また

---

(62)　山元・前掲論文（註13）22頁註23。なお，同・前掲論文（註46）39頁。
(63)　山元・前掲論文（註46）38頁，薬師寺・前掲論文（註5）36頁参照。
(64)　高橋・前掲「国際人権論の基本構造」（註11）55頁。なお，薬師寺・前掲論文（註10）100頁。
(65)　薬師寺・前掲論文（註5）35頁。
(66)　高橋・前掲「国際人権論の基本構造」（註11）54-55頁参照。

は，連邦の立法の対象に関わる条約は，それぞれ連邦の立法について権限を有する機関の，連邦法律の形式による同意または協力を必要とする。行政取極については，連邦行政に関する規定を準用する」と規定している。このように条約締結についての議会の承認が法律の形式で行われる，いわゆる「承認法による受容」方式は，フランスにおいても採用されているが，承認法によって条約に国内的効力が付与され，国法秩序の段階構造における地位は憲法の指定するところ，すなわち法律に対して優位するとされるフランスに対して，ドイツにおいては，条約の地位は法律と同位とされる[67]。

ドイツにおいては，欧州人権条約も他の条約と同じく国法秩序において通常の連邦法律と同位であり，また，欧州人権条約違反を理由とする憲法異議は許容されない，とするのが判例および通説の理解である。おもに1950年代から1970年代にかけて主張された，国法秩序の段階構造における欧州人

---

[67] ここに二元論的思考が現れているとも考えられるが，「承認法による受容」方式において，同意法律（承認法）による「変型」が意識されないようになっていったとされる（*Thomas Giegerich*, Wirkung und Rang der EMRK in den Rechtsordnung der Mitgliedstaaten, in: R.Grote/T.Marauhn (Hg.), EMRK/GG Konkordanzkommentar (Mohr Siebeck, 2006) Rn.43）。ドイツにおいては欧州人権条約の国内適用可能性は一般的に承認されており，変型理論と執行理論との間の論争はもはや実践的な意義を有していないともいわれる（*Helmut Steinberger*, Entwicklungslinien in der neueren Rechtsprechung des Bundesverfassungsgerichts zu völkerrechtlichen Fragen, ZaöRV 48 (1988), 3ff.）。しかし，連邦憲法裁判所は，欧州人権裁判所との衝突が問題となった近年の事案の後の，後述する2004年10月14日決定（BVerfGE 111, 307）において，二元論的思考に初めて明示的に言及したとされる（*Hans-Joachim Cremer*, Zur Bindungswirkung von EGMR-Urteilen, EuGRZ 2004, 687; *Matthias Hartwig*, Much Ado About Human Rights: The Federal Constitutional Court Confronts the European Court of Human Rights, German Law Journal 6 (2005), 875）。なお，当時の連邦憲法裁判所長官Papierは，同決定には関与していないが，ドイツは「穏健な二元論」であると述べていた（*Hans-Jürgen Papier*, Execution and effects of the judgments of the European Court of Human Rights in the German judicial system, in: European Court of Human Rights, Dialogue between judges (Council of Europe, 2006) p.46）。しかし，同決定が示した欧州人権条約の遵守義務は，国際法と国内法を事実上同一の法秩序とする扱いに導くものとも評される（*Elisabeth Lambert Abdelgawad / Anne Weber*, The Reception Process in France and Germany, in: H.Keller/A.S.Sweet (eds.), A Europe of Rights (Oxford, 2008) pp.120-121）。

◇第 6 章　国際人権条約と憲法学のスタンス

権条約の地位の上昇を唱える見解は，いずれも，成功を収めることはできなかった[68]。

2　国際法調和性の原則

　1970 年代後半以降，連邦憲法裁判所において違憲とされなかったにもかかわらず欧州人権裁判所において欧州人権条約違反とされるという事態が生ずるようになった。そこで，国法秩序における地位の問題よりも，国際法違反の避止についての連邦憲法裁判所の役割が論じられるようになった。その際，国際法と国内法との可能な限りの調和を確保するという基本法上の要請として，国際法調和性の原則[69]が注目された。

(1)　連邦憲法裁判所 1987 年決定

　基本法に明文の規定がない刑事被告人に対する通訳の保障や無罪の推定については，基本法の法治国原理から導き出すことが可能とされるが，その際に，連邦憲法裁判所は，欧州人権条約を援用してきたことが指摘される[70]。そのような連邦憲法裁判所の一連の態度は，1987 年 3 月 26 日決定（BVerfGE 74, 358）において，一般論として提示されるに至った。連邦憲法裁判所は，「基本法の解釈に際しては，基本法による基本権保護の制限または低下を招かない限りにおいて……，欧州人権条約の内容および発展状況もまた，考慮に入れられなければならない。それゆえ，その限りにおいて，欧州人権裁判所の判例もまた，基本法の基本権および法治国原理の内容および射程の確定のための解釈支援として役立つ」と判示し，欧州人権条約に対する後法

---

(68)　詳細について，齊藤・前掲書（註 51）302 頁以下参照。

(69)　Vgl. *Christian Tomuschat*, Die staatsrechtliche Entscheidung für die internationale Offenheit, in: J.Isensee/P.Kirchhof (Hg.), HStR Ⅶ (C.F.Müller, 1992) § 172, Rn.1ff.; *Alexander Proelss*, Der Grundsatz der völkerrechtsfreundlichen Auslegung im Lichte der Rechtsprechung des BVerfG, in: H.Rensen/S.Brink (Hg.), Linien der Rechtsprechung des Bundesverfassungsgerichts — erörtert von der wissenschaftlichen Mitarbeitern (De Gruyter Recht, 2009) S.553ff.

(70)　「ドイツに関係した，重要な人権裁判所判決には，手続的権利の保障に関連するものが少なくない」（門田孝「ヨーロッパ人権条約とドイツ」戸波ほか編・前掲書（註 21）50 頁）。

◆ 第Ⅱ部◆　人権保護の国際規律と憲法

優越の原則の適用も排除した。このような欧州人権条約に調和的な解釈によって基本法を補充する手法は，1990年5月29日決定（BVerfGE 82, 106）において確認されており，連邦憲法裁判所判例に定着したとされる[71]。

(2) 連邦憲法裁判所 Eurocontrol 決定の思考

ドイツ連邦共和国の国際法違反を避止するための連邦憲法裁判所の責務を拡大する思考として，1981年の Eurocontrol 決定（BVerfGE 58, 1; 59, 63）において，「連邦憲法裁判所は，その裁判権の枠内で，ドイツ裁判所による国際法規範の瑕疵ある適用または無視の中にあり，かつ，ドイツ連邦共和国の国際法上の法的責任を根拠づけうる国際法違反は，可能な限り避止されまたは排除されるということを，特別の基準において顧慮しなければならない」とされていたことが注目される。そして，1987年5月12日決定（BVerfGE 76, 1）は，この2つの Eurocontrol 決定を引用しつつ，連邦憲法裁判所は「ドイツ連邦共和国を拘束している条約法」についても「監視する権限を有している」とし，欧州人権条約違反の有無について判断した。

(3) 連邦憲法裁判所 2004 年決定（Görgülü 決定）

連邦憲法裁判所は，2004年10月14日の Görgülü 決定（BVerfGE 111, 307）[72]において，欧州人権裁判所判決の国内的実施についての一般論を示

---

(71) *Paul Kirchhof*, Verfassungsrechtlicher Schutz und internationaler Schutz der Menschenrechte: Konkurrenz oder Ergänzung?, EuGRZ 1994, 31. ただし，欧州人権条約および欧州人権裁判所判例の実際の影響力に疑問も示される。*J.A.Frowein*, Die Europäisierung des Verfassungsrechts, in: P.Badura/ H.Dreier (Hg.), Festschrift 50 Jahre Bundesverfassungsgericht, Bd.I (Mohr Siebeck, 2001) S.219; *Frank Hoffmeister*, Die Europäische Menschenrechtskonvention als Grundrechtsverfassung und ihre Bedeutung in Deutschland, Der Staat 40 (2001), 375ff.; *Giegerich* (Anm.67) Rn.67.

(72) 根森健「ヨーロッパ人権裁判所とドイツの裁判所との基本権保護における調整——「ヨーロッパ人権裁判所の正当な評価（EGMR-Würdigung）」決定」ドイツ憲法判例研究会編『ドイツの憲法判例Ⅲ』（信山社・2008年）217頁以下，同「ヨーロッパ人権条約とドイツ基本法の基本権保障との関係——ドイツ連邦憲法裁判所「ヨーロッパ人権裁判所の正当な評価（EGMR-Würdigung）」決定の解説と試訳」東洋ロー4号（2008年）95頁以下，門田孝「ドイツにおける国際人権条約の履行——欧州人権条約に関する連邦憲法裁判所二〇〇四年一〇月一四日決定を中心に」法時80巻5号（2008年）61頁以下等。

した。連邦憲法裁判所は，同意法律に結びつけられた欧州人権条約と，法律および法への拘束を規定するドイツ基本法20条3項による法治国原理の要請を通じて，国内機関は欧州人権裁判所の判断に拘束されているとした。連邦憲法裁判所は，国内機関には欧州人権条約および欧州人権裁判所判例を顧慮する義務があるとし，欧州人権裁判所判例に従わない場合には，その理由を理解可能な方法で説明しなければならないとしたのである。

ところが，Görgülü 決定が，①有名人のプライバシーと報道の自由が衝突したモナコ王女事件において，欧州人権裁判所と連邦憲法裁判所との間に緊張関係がもたらされた[73]直後の判断であったこと，②欧州人権条約適合的解釈の限界（理論的にはすでに知られていたはずであったが）を明示したこと，③欧州人権裁判所判決の国内的実施に際して関係する私人の利益の保護（そのための国内法システムの尊重）に論及したこと，等から，連邦憲法裁判所が欧州人権裁判所との関係で消極的ないし敵対的な姿勢を示したとの懸念も生じた[74]。

しかし，連邦憲法裁判所が，本件において，自らが国法体系における国際法違反の避止についての特別の責務を有することを Eurocontrol 決定の引用によって再確認し，とりわけ欧州人権条約に関しては，国際人権保障の核心部分に特別の保護を付与するドイツ基本法1条2項によって国際法調和性の

---

(73) 連邦憲法裁判所1999年12月15日判決（BVerfGE101, 361）の判断が，欧州人権裁判所によって覆されたのである。鈴木秀美「有名人のプライバシーと写真報道の自由・再考——欧州人権裁判所モナコ・カロリーヌ王女事件判決のドイツに対する影響」法研78巻5号（2005年）243頁以下，同「有名人のプライバシー：有名人のプライバシーと写真報道の自由——モナコ王女事件判決」戸波ほか編・前掲書（註21）328頁以下，同「カロリーヌ王女の私生活の写真公表とプレスの自由」ドイツ憲法判例研究会編・前掲書（註72）159頁以下等参照。

(74) それに対して，連邦憲法裁判所が示した，欧州人権裁判所の判例への顧慮義務から逸脱しうる例外的場合を強調することに疑問も示されている（*Heiko Sauer*, Die neue Schlagkraft der gemeineuropäischen Grundrechtsjudikatur: Zur Bindung deutscher Gerichte an die Entscheidungen des Europäischen Gerichtshofs für Menschenrechte, ZaöRV 65 (2005), 54f.）。欧州人権裁判所との憲法上の協力における「憲法上可能な限り顧慮される」という条件設定は，EU 法についての Solange II 決定と同じ方向性のものとも解される。

原則の要請が強化されるとして、欧州人権条約についての特別の役割を引き受けたものと解される点が注目される[75]。そのようにして、欧州人権条約上の権利は、関連する基本法規定および法治国原理（基本法20条3項）についての憲法異議を通じて、連邦憲法裁判所における憲法的保護を獲得しうるのである[76]。

(4) **連邦憲法裁判所2011年決定**

1987年決定の論理を進展させたGörgülü決定の立場は、連邦憲法裁判所の2011年5月4日決定（NJW 2011, 1931）[77]において確認されている。2011年決定は、「欧州人権条約は、たしかに、国内的には基本法に劣位する。しかしながら、基本法の規定は、国際法調和的に解釈されなければならない。欧州人権条約の条文および欧州人権裁判所の判例は、憲法のレベルにおいて、基本法の基本権、ならびに法治国原理の内容および射程の確定のための解釈支援として役立つ」としつつ、「国際法調和的解釈の限界は、基本法から明らかになる。欧州人権条約の顧慮は、基本法による基本権保護の制約に導くことにはならない。それは、欧州人権条約自体もまた排除している」としたのである。

3 欧州人権条約機構への主権の移譲？

ところで、欧州人権裁判所を中心とする欧州人権条約機構が、ドイツ基本法24条1項の意味における国際機構に該当しないかが問われることがある[78]。連邦憲法裁判所の判例（BVerfGE 68, 1）によれば、基本法24条1項

---

(75) *Frank Hoffmeister*, Germany: Status of European Convention on Human Rights in domestic law, Int'l Journal of Constitutional Law 4 (2006), 730-731.

(76) *Hartwig* (n.67), 890-891; *Giegerich*（Anm.67）Rn.72ff. 早い時期の見解として、*Albert Bleckmann*, Der Grundsatz der Völkerrechtsfreundlichkeit der deutschen Rechtsordnung, DÖV 1996, 137 ff.

(77) 本決定と、それに至るまでの経緯について、渡辺富久子「ドイツにおける保安措置をめぐる動向——合憲判決から違憲判決への転換」外国の立法249号（2011年）51頁以下。

(78) Vgl. *Georg Ress*, Verfassungsrechtliche Auswirkungen der Fortentwicklung völkerrechtlicher Vertrage Überlegungen zum Verhältnis des Grundgesetzes zur

◇第6章　国際人権条約と憲法学のスタンス

の意味における国際機構への高権移譲は，当該国際機構が国内におけるドイツの対人高権の撤回を求める性質を必須とするものではないが，欧州人権条約機構はドイツに領域高権の撤回を求めるものでもないので，基本法24条1項による高権移譲は生じない。基本法24条1項を通じて欧州人権条約の特別の地位を基礎づけることはできないとされる[79]。

　欧州人権条約について，基本法の規定に基づく高権移譲が生じていないとされていることは，それにもかかわらず，後述するように欧州人権条約機構による憲法的機能の分有が論じられることとの関係で注意が必要である。

◆ V ◆ 多層的立憲主義の可能性

1　国家権力の統制の多層化

　国際人権条約には「一種の胡散臭さが伴う」とされ，それは，「人権主体としての個人は擬制的にすら締結主体としては登場しない」ことにあるとされる[80]。たしかに，国際人権条約は，「国家と対抗的な人権保障を国家間の約束である国際条約の締結という国家の行為に委ねるというジレンマを本来的に抱え込んでいる」[81]。しかし，「人権が「国家に対抗して，かつ国家によって」保障されるものだということは，近代国民国家の内側でもそうだったのである」[82]。そして，国法体系内部での人権保障が必ずしも十全ではないことに鑑みて，人権保障を国際的な監視の下に置くことを，「従来の国

Europäischen Wirtschaftsgemeinschaft und Europäischen Menschenrechtskonvention, in: W.Fürst/R.Herzog/D.C.Umbach(Hg.), Festschrift für Wolfgang Zeidler, Bd.2 (Walter de Gruyter, 1987) S.1790ff.; *Christian Walter*, Die Europäische Menschenrechtskonvention als Konstitutionalisierungsprozeß, ZaöRV 59 (1999), 973ff.

(79) *Giegerich* (Anm.67) Rn.48f.; *Dieter Deiseroth*, Art.24, in: D.C.Umbach/T.Clemens (Hg.), Grundgesetz Mitarbeiterkommentar und Handbuch, Bd.I (C.F. Müller, 2002) Rn.115. なお，基本法24条1項が規定する主権の移譲（高権移譲）の性質については，本書第8章Ⅰ1(1)参照。

(80)　横田・前掲論文（註4）7頁。
(81)　芹田・前掲書（註6）119頁。
(82)　樋口・前掲『国法学』（註54）256頁。

◆第Ⅱ部◆　人権保護の国際規律と憲法

際法のテクニックを用いて国際条約によって実現した」[83]のが国際人権条約である。しかるに，そのような国際人権条約の規定と憲法の人権規定とが国内裁判所による一元的解釈の下に扱われるところに問題があると解される[84]。

「国際実施機関による人権保障システムと接合された国内人権保障システムが，多層的人権保障メカニズムとして構築されることが人権保障の点において有用」[85]という指摘を，「わが国では，裁判所は「統制されざる統制者」であり，裁判所自身が人権に拘束されるという観念が希薄である」[86]という点の補完を考える方向へ展開することが重要であろう。もちろん，違憲審査制と人権の国際的保障との間で「国内法と国際法を貫流する人権保障の統一的システムを形成すること」について，「安易な調和を模索」することは避けるべきである[87]。他方，「多層的人権保障メカニズム」と称されうるものは，国内システムと国際システムの「特性と独立性を維持」した役割分担の下で，「どちらが優位するかということではなく」，「対話」によって両者の接合が強化された「共生」システム[88]，という形だけではないと考えられる。【参照：補論4　国際人権法と憲法の「共生」論】

---

(83)　芹田・前掲書（註6）187頁。
(84)　松本・前掲論文（註58）58-59頁は，「日本の裁判所が国際人権を憲法上の権利と似たような権利とみなした時点で，蓄積の乏しい国際人権の開拓にあえて挑戦することなく，自らが慣れ親しんだ憲法上の権利と同一視する方向に議論を収束させるのが自然なのである」と指摘し，「解釈主体の多元的・重畳的・階層的関係」の重要性を説く。
(85)　江島晶子「憲法の未来像における国際人権条約のポジション——多層レベルでの「対話」の促進」辻村みよ子＝長谷部恭男『憲法理論の再創造』（日本評論社・2011年）314頁。
(86)　宍戸・前掲論文（註43）106-108頁。
(87)　高橋・前掲「国際人権の論理と国内人権の論理」（註11）69頁。
(88)　江島晶子「憲法と「国際人権」——国際システムと国内システムの共生」憲法問題17号（2006年）14-16頁，別冊法セ『新基本法コンメンタール憲法』（日本評論社・2011年）515-516頁［江島晶子］。

◇第6章　国際人権条約と憲法学のスタンス

2　ドイツ連邦憲法裁判所と欧州人権条約の憲法化

　前述のGörgülü決定において，ドイツ連邦憲法裁判所は，憲法解釈に際しての，欧州人権条約および欧州人権裁判所判例についての国内裁判所の顧慮義務を明らかにした。国内裁判所は，欧州人権裁判所の判断を無視してはならず，それに従わない場合はその理由を説明しなければならないとされ，連邦憲法裁判所は，欧州人権条約の国内的実施に関する特別の役割を引き受けたものと評される。基本法の解釈に援用されることによって，欧州人権条約上の権利は，連邦憲法裁判所において憲法的保護を獲得する[89]。そして，国内裁判所が欧州人権条約を顧慮しなかった場合には，個人は連邦憲法裁判所に憲法異議を申し立てることが可能となるのである。

　このような欧州人権条約の保障の一種の憲法化は，――欧州人権条約が国法秩序において憲法的地位を有しているが個人が国内裁判所の判断に対して違憲の申立をできないオーストリアよりも――広汎な人権保障に結びつくとされる[90]。連邦憲法裁判所は，欧州裁判所を基本法101条1項2文の意味における法律上の裁判官とみることによって，国内裁判所が先決裁定を求める義務に違反した場合には，個人は連邦憲法裁判所に憲法異議を申し立てることが可能であるとしている[91]。同様に，国内裁判所が欧州人権裁判所判例を顧慮する義務に違反した場合に憲法異議が可能とされれば，欧州裁判所および欧州人権裁判所の判断を憲法的に強制するという，連邦憲法裁判所の役割の機能的な並行性が看取されることとなるのである[92]。

　そのようにして，欧州人権条約についても，美称ないし尊称として「憲法」というのではなく，欧州人権条約が市民と国家の関係において典型的な憲法的内容を扱っており，そのことによって欧州人権条約が締約国の憲法と並んで，「基本権憲法（Grundrechtsverfassung）」として人権領域における憲法的機能を引き受けているとし，欧州人権条約を「部分憲法（Teilverfas-

---

(89)　*Giegerich*（Anm.67）Rn.67; *Hartwig*（Anm.67），890f.
(90)　*Hartwig*（n.67），893; *Papier*（n.67）p.50.
(91)　本書第8章Ⅱ5参照。
(92)　*Sauer*（Anm.74），62f.

sung)」と捉える可能性が示される[93]。たしかに，欧州人権条約においては，実質的憲法概念の全部の要素が実現されているのではなく，統治目的を遂行するための立法機関や執行機関についての規定を欠き，それゆえその権限行使についての民主的正当性を担保することも求められていない。ただ，国内憲法の人権規定と機能的に類似の方法において，国家の公権力行使と市民の人権の関係を包括的に規律し，他の法形式に対する優位が帰属しているならば，部分憲法としての「基本権憲法」と称しうるとされるのである。

補完性原理に基づく多層的システムにおいて，国家の公権力に対する個人の保護についての憲法的機能を——国内的システムに追加的支援を提供するものとしての——欧州人権条約機構が分有するのである[94]。これも「多層的人権保障メカニズム」ということができるであろうし，その基礎にある，個人の人権を確保するための国家権力の統制を国内法制のみでなく国際法のしくみも用いて担保する考え方を，多層的立憲主義とよぶことも許されるであろう。

3 国内憲法のスタンス

ドイツ連邦憲法裁判所が行ったような，国内裁判所に国際人権条約の顧慮を促すような枠組づくりは，重要である。下級裁判所による条約の瑕疵ある適用または無視が存在する場合の最高裁判所への上訴を認め，その際に最高

---

[93] *Hoffmeister*（Anm.71），353ff. 早い時期の見解として，*J. A. Frowein*, Die Herausbildung europäischer Verfassungsprinzipien, in: A. Kaufmann u. a. (Hg.), Rechtsstaat und Menschenwürde : Festschrift für Werner Maihofer zum 70. Geburtstag (Klostermann, 1988) S.149ff.; *Albert Bleckmann*, Verfassungsrang der Europäischen Menschenrechtskonvention? EuGRZ 1994, 149ff. 慎重な立場を示すものとして，*Evert A. Alkema*, The European Convention as a constitution and its Court as a constitutional court, in: P. Mahoney et. al. (eds), Protection des droits de l'homme : la perspective européenne : mélanges à la mémoire de Rolv Ryssdal (Köln, C. Heymanns, 2000) p.41ff. すでに *Christian Tomuschat*, Der Verfassungsstaat im Geflecht der internationalen Beziehungen, VVDStRL 36 (1978), 51f.; *ders.*, (Anm.69) Rn.73 は，欧州人権条約をドイツ連邦共和国の「国際法上の副憲法」と称していた。

[94] *Giegerich*（Anm.2）Rn.69f. *Hoffmeister*（Anm.71），354ff. *Sauer*（Anm.74），63.

◇第6章　国際人権条約と憲法学のスタンス

裁判所が条約機関の意見・見解を顧慮することで，国内裁判所による国際人権条約の実施を確保する枠組の醸成が期待されるのである。

　他方で，近年の欧州人権裁判所とドイツ連邦憲法裁判所の関係にもみられるように，条約機関が人権保障の最低水準についての判断を超えて，保障されるべき人権内容の収斂を目指して価値判断に踏み込む場合，憲法上の人権との摩擦（したがって憲法を保障する国内裁判所との対立）が生じうる[95]。国際人権条約がEU法のように各国での統一的適用を約束する性質のものではないとすれば，条約の「受け入れ構造」が締約国の憲法秩序として構成されているものである以上，それと競合するような国際人権条約の規定については，「可能な限りにおいて」しか実施できないのではないであろうか。もちろん，「憲法の内容は他国との共生を可能とするような内容でなければならないはずであり，その意味で，各国の憲法が一定の内容を持つことに対する国際社会の側からの要求……の1つとして国際人権法がある」[96]ことは，前提として確認されなければならない。

---

(95)　松本・前掲論文（註58）59-60頁参照。
(96)　高橋・前掲「国際人権論の基本構造」（註11）52頁。

◆ 補論 4
国際人権法と憲法の「共生」論

　第 6 章で言及した，国際システムと国内システムの「共生」論について，それが打ち出された論文集を手がかりに，考察を補うこととしたい。

1　本書の構成

　江島晶子『人権保障の新局面——ヨーロッパ人権条約とイギリス憲法の共生』（日本評論社・2002 年）は，「憲法で登場する人権と国際法で登場する人権は同じものなのか，両者はどういう関係にあるのか」（はしがき）という問いを出発点とする著者が，「ヨーロッパ人権条約とイギリス憲法の関係を素材として，どのようにすれば国際人権保障の実効性をより高めることができるか」（6 頁）について考察するものである。

　まず，第 I 章で問題の所在と考察の方向が示された後，第 II 章で 1998 年人権法実施以前の欧州人権条約とイギリス憲法の関係の概観が与えられる。つづく第 III 章では，イギリス裁判所における欧州人権条約について，国内裁判所による国際人権条約の解釈・適用という観点から，3 つの時期区分のもとで分析と検討がなされる。第 IV 章は，イギリス議会による 1998 年人権法制定をうけて，欧州人権条約の国内法化について検討を行う。第 V 章では，本書の結論として，国際人権保障の実効性における個人申立制度の役割に焦点を合わせ，本書でのイギリスと欧州人権条約の関係の分析から，イギリスと日本の比較がなされ，国際人権法と憲法の共生関係の実現へ向けて，日本における国際人権保障の課題と展望が述べられる。こうした章立てのもとで，綿密な考察が展開される。

2　イギリスと欧州人権条約

　著者が憲法と国際人権条約の関係を考察する際して，イギリスを比較研究の対象とする大きな理由の一つとして，個人通報／申立制度の有無が国際人権条約の国内裁判所における影響力の差につながることへの注目がある。

著者は，個人申立が可能な欧州人権条約に比べて，現在の日本と同様に個人通報制度が利用できないB規約については，イギリス裁判所における影響力の低いことを指摘する。イギリスは，1966年に個人申立権と欧州人権裁判所の義務的管轄を承認し，その後，1975年には欧州人権裁判所でイギリス政府に対する最初の違反判決が下された。イギリスは欧州人権条約締約国の中でも敗訴判決がひときわ多いことに，本書では注意が喚起される。イギリス裁判所は，欧州人権裁判所でのイギリス敗訴判決の頻出に直面して，それまでは無関心であった欧州人権条約を「参照」するようになり，その量・質も向上を続けたとされる。

　国際人権条約の内容はその淵源を国内憲法に求めうるが，国際的実施措置を備えた国際人権条約は締約国に「漸進的・波及的効果」を及ぼし続ける。国際人権条約の実効性は国内的実施に依存しているが，そのような国内的実施を活性化させるのは国際的実施措置の存在である。そうした国際人権法と国内法との新たな段階の相互関係に着目して，著者は，イギリスと欧州人権条約の関係を，「人権保障における国際人権法と国内憲法との共生関係」(226頁) と把握する可能性を探る。

　しかし，条約の国内的実施についてイギリスに範をとる場合，日本との間には大きな制度の相違がある。イギリスでは条約は国内的効力を有さず，議会が法律の形式でその実施を定めない限り，国内裁判所は条約を解釈・適用する義務を負わない。他方で，欧州人権条約については，高度な条約機構の存在が，国内的実施のあり方に看過できない影響を及ぼしている。そうした中で，本書はどのような議論を展開しているであろうか。

3　欧州人権条約との「共生関係」

　本書の中核をなす第Ⅲ章において丹念に分析される諸判例には，日本の裁判例に通ずる点が驚くほど多い。当初，イギリス裁判所は，欧州人権条約の国内的効力の問題に無頓着で，世界人権宣言との区別も曖昧であったが，その後，欧州人権条約の意義が注目されるようになると，国内的効力の制約を強調する例も増える。また，欧州人権条約を外国法と同等に参照する例も指

◇補論4　国際人権法と憲法の「共生」論

摘され，さらには，条約の参照が法的義務ではないため，裁判官が自己の結論の根拠づけに都合のよい場合だけ参照する危険性もあるとされる。しかも，欧州人権条約と国内法の保障内容の同一性を強調することが，「実際上両者の相違点が存在する可能性を無視し，その結果，条約違反の可能性を排除する」(111頁)ことにつながりうるとされる。条約の条文を引用していても，実質的には欧州人権条約が結論に影響を及ぼしていないことも多かったようである。

　そのような状況から，いかにして「共生関係」に向かうことができるのであろうか。国内的効力の問題に関しては，イギリスは，1998年人権法の制定によって欧州人権条約の国内法化を図った。著者は，国内法化には条約に関する問題を国内に封じ込める効果はなく，逆に，「共生関係」への歩みをいっそう進めるものであるとする。このことは，条約の国内的効力を一般的に承認している日本にとって，示唆的である。他方で，著者は，人権基準上昇の「環」(270頁)としての「共生関係」において，個人通報／申立制度の意義を強調している。個人通報／申立によって，〈国際人権条約の内容は国内法ですでに実現されている〉という「安易な同一視」が，条約機関によって審査されるのである。しかも，条約機関の判断が積み重ねられて条約規定の内容の具体化が進むほど，国内裁判所は，国際人権条約と国内法との同一性を安易に主張することが困難になるとされる。

4　「共生」関係の進展と個人通報／申立制度

　「共生関係」の進展のために個人通報／申立制度が重要であるとすると，イギリスにおいて，それが承認された事情に関心が向かう。個人申立権を承認したときのイギリス政府は，今日の欧州人権条約機構の発展を予期していたであろうか。さらに，著者は，イギリスがB規約第1選択議定書の批准をためらう理由は，欧州人権条約の個人申立の急増にあると指摘している。日本政府が第1選択議定書の批准をためらう理由も，個人通報制度の実効性に対する疑念以外のところにあるならば，個人通報／申立制度の有効性を強調する意味は，どのように評価しうるであろうか。

◆第Ⅱ部◆　人権保護の国際規律と憲法

　著者は，欧州人権条約機構を「「外圧」的存在としてとらえる姿勢から，イギリスもそこに加わりイギリスからも発信するという姿勢への転換が観察できる」(290頁)とする。そうした「共生関係」が，「国内法における条約の法的効力如何を問わ」ない(186頁)ものならば，国内裁判所による国際人権条約の解釈・適用が条約機関や他の締約国にも有用な先例を提供し，ひいては国際人権基準を上昇させるという「環」を形成する方法は，必ずしも個人通報／申立制度に限定されないようにも考えられる。個人通報制度が導入されていない締約国の国内裁判所による国際人権条約の解釈・適用が，密

---

(1)　この後，国際システムと国内システムの「共生関係」から，「多層的人権保障メカニズム」へと議論が展開されている。そのことから，本書第6章Ⅴ1でも論及したように，「共生関係」における「対話」を前提として多層性が論じられることにつながっていると解される。なお，江島晶子「人権保障におけるヨーロッパ・システムと国内システムの「共生」——ヨーロッパ人権裁判所における「私権保障」と「憲法保障」」明治大学社会科学研究所紀要41巻2号(2003年)189頁以下，同「人権保障システムの改革におけるヨーロッパ評議会と締約国の役割——ヨーロッパ人権条約第一四議定書を中心に」明治大学法科大学院開設記念論文集(2005年)51頁，同「「司法権の独立」と個人通報——裁判官の独立の射程範囲と国際人権保障」法時77巻12号(2005年)25頁以下，同「憲法と国際人権条約——イギリスと日本を比較しながら」自由人権協会編『憲法の現在』(信山社・2005年)103頁以下，同「憲法と「国際人権」——国際システムと国内システムの共生」憲法問題17号(2006年)7頁以下，同「国際人権条約を介した議会と裁判所の新たな関係——2005年テロリズム防止法とヨーロッパ人権条約」法論79巻4=5号(2007年)69頁，同「テロリズムと人権——多層的人権保障メカニズムの必要性と可能性」社会科学研究59巻1号(2007年)35頁，同「日本における「国際人権」」松井芳郎編『講座人間の安全保障と国際組織犯罪4 人間の安全保障と国際社会のガバナンス』(日本評論社・2007年)199頁以下，同「日本における「国際人権」の可能性——日本国憲法と「国際人権」の共生」岩波講座『憲法5 グローバル化と憲法』(岩波書店・2007年)199頁以下，同「統治機構の人権保障的再構築——裁判所による人権条約の国内実施に対する原理的・制度的・機能的再検討を端緒として」明治ロー7号(2010年)1頁，同「「テロとの戦い」と人権保障——「9/11」以前に戻れるのか」長谷部恭男編『講座人権論の再定位3 人権の射程』(法律文化社・2010年)113頁以下，同「憲法の未来像における国際人権条約のポジション——多層レベルでの「対話」の促進」辻村みよ子＝長谷部恭男『憲法理論の再創造』(日本評論社・2011年)311頁以下，同「国際人権条約の司法的国内実施の意義と限界——新たな展開の可能性」芹田健太郎ほか編『講座国際人権法3 国際人権法の国内的実施』(信山社・2011年)151頁以下，同「「人権救済法」としての憲法の可能性——憲法訴訟・国際人権機関・国内人権機関」法論83巻2=3号(2011年)65頁以下等参照。

◇補論4　国際人権法と憲法の「共生」論

接な物理的結合関係のもとで運営される制度間の関係といいうるかは問題かもしれないが，そこにも憲法と条約の関係について「従来型の枠組を乗り越える可能性」(226頁) は存在しうるのではないであろうか。他方で，個人通報制度の導入によって期待されるのは，条約の法的効力を問わない「対話」や「共生関係」にとどまらないのではないであろうか[1]。

◆ 第7章
生命についての権利の位置づけ

Ⅰ　生命についての権利の展開
Ⅱ　生命についての権利の諸相
Ⅲ　包括的人権規定と生命についての権利
Ⅳ　生命についての権利の可能性

　日本国憲法は，直截に生命の保護を主題とする規定を有しない。当然のこととして特段の規定を設けなかった，というのが一つの説明であろう。しかし，生命の享有が保障されなくては，他のすべての基本的人権の保障が無意味に帰する，ともいわれる。

　憲法は，13条と31条において「生命」に言及する。13条が「生命に対する権利」を規定しているとみて，幸福追求権とは区別された，生命についての独立の権利を導くことも主張されるが，その場合，13条を包括的人権規定と解する通説との関係はどのように整理されるであろうか。

　また，「生命権を独自の人権として捉える……国際的動向」に依拠する[1]としても，B規約は，日本において国内的効力を有しており，それ自体として国内適用が可能である。生命についての権利[2]を憲法の解釈においてどのように捉えるべきかの問題は，このことも視野に入れて考察されなければならない。「条約によって憲法の内容を豊富化することが可能」[3]とされる

---

(1) 山内敏弘『人権・主権・平和——生命権からの憲法的省察』（日本評論社・2003年）5-7頁。
(2) 生命を奪われないことを本義とする国際人権法上の権利は「生命権」と訳され，自己決定権と深く関わる内容は憲法13条の文言から「生命に対する権利」と呼ばれることが多いかもしれない。本章では，これらをあわせて「生命についての権利」と総称する。
(3) 横田耕一「人権の国際的保障をめぐる理論問題」憲法理論研究会編『人権理論の新展開』（敬文堂・1994年）165-166頁。

◆第Ⅱ部◆　人権保護の国際規律と憲法

一方,「国際人権保障の進展は,日本国憲法による人権保障の内容を豊かにするというだけでなく,日本国憲法の人権のとらえ方そのものに対しても影響を及ぼす」可能性も指摘される[4]。

◆ Ⅰ ◆ 生命についての権利の展開

1　憲　法

　生命についての権利は,古くから存在を認められていたはずである[5]が,人の生命の保護は,多くの場合,「人身の自由」の問題として論じられてきた。生命についての権利に対する憲法の「沈黙」の理由としては,①存在の自明性,②国家による恣意的殺害の危険性の低下,③実定憲法化に際しての制限ないし例外（死刑,兵役等）の扱いの困難性,が指摘される。ただし,「近代憲法における生命権への沈黙は生命権それ自体の保障を否定するものではな」く,「通常法律（刑法,刑事訴訟法,警察法,不法行為法等）にその具体的保障が委ねられていた」のである[6]。

　第2次大戦後,各種の国際人権条約と並んで,諸国の憲法において生命についての権利が「沈黙から覚醒へ」移行したとされる。いくつかの憲法規定の例が知られており,ドイツ連邦共和国基本法2条もその一つであるが,ドイツ連邦憲法裁判所が1975年2月25日判決（BVerfGE 39, 1）において生命を保護する国家の義務を導き出した点が注目されている[7]。

---

(4)　市川正人「人権保障の展望」全国憲法研究会編『憲法改正問題』（日本評論社・2005年）317-318頁。

(5)　内田力蔵「イギリス法における「個人的自由の権利」について——ブラックストンの「絶対権」の観念を中心とするひとつの覚え書き」東京大学社会科学研究所編『基本的人権4』（東京大学出版会・1968年）70頁参照。なお,山下威士「生きる自由」山下威士ほか『平和と人権の法』〔改訂増補版〕（南窓社・1991年）15頁以下も参照。

(6)　嶋崎健太郎「憲法における生命権の再検討——統合的生命権に向けて」新報108巻3号（2001年）33頁。

(7)　嶋崎・前掲論文（註6）32-34頁。山内・前掲書（註1）6-7頁。基本法の生命権規定についての邦語文献として,コンラート・ヘッセ（初宿正典=赤坂幸一訳）『ドイツ憲法の基本的特質』（成文堂・2006年）239-240頁,ボード・ピエロート=ベル

ただし，たとえ憲法典に特別の条項を有しなくとも，かつては「「生命権」は「人格的安全の権利」に包摂され」ているとされていたのに対し，今日，生命に関して法的保護の論じられる範囲が拡大していること[8]に変わりはない。

2　国際人権法

世界人権宣言3条は，「すべて人は，生命，自由及び身体の安全に対する権利を有する」としていたが，B規約6条1項は，「すべての人間は，生命に対する固有の権利を有する。何人も，恣意的にその生命を奪われない」と定めている[9]。他の主要な国際人権文書も，生命についての権利を筆頭に

ンハルト・シュリンク（永田秀樹ほか訳）『現代ドイツ基本権』（法律文化社・2001年）132頁以下，エクハルト・シュタイン（浦田賢治ほか訳）『ドイツ憲法』（早稲田大学比較法研究所・1993年）328頁以下，コンラート・ヘッセ（阿部照哉ほか訳）『西ドイツ憲法綱要』（日本評論社・1983年）190頁，ウド・シュタイナー（光田督良訳）「基本法による生命の保護」駒沢女子大学研究紀要2号（1995年）209頁以下，嶋崎健太郎「胎児の生命と妊婦の自己決定――第1次堕胎判決」ドイツ憲法判例研究会編『ドイツの憲法判例』〔第2版〕（信山社・2003年）67頁以下。なお，同「ドイツにおける胎児の生命権と妊娠中絶判決」憲法理論研究会編『人権保障と現代国家』（敬文堂・1995年）95頁以下，同「生命の権利と人間の尊厳」栗城壽夫先生古稀記念『日独憲法学の創造力　上巻』（信山社・2003年）311頁以下，小山剛「妊娠中絶立法と基本権（胎児生命）保護義務」名城43巻1=2号（1993年）137頁，同「第2次堕胎判決」ドイツ憲法判例研究会編『ドイツの憲法判例Ⅱ』〔第2版〕（信山社・2006年）61頁以下。

[8]　佐藤幸治「法における新しい人間像――憲法学の領域からの管見」岩波講座『基本法学1　人』（岩波書店・1983年）302-303頁。「法的に生命現象を規律する必要は増大し，憲法論的にも無関心ではいられなくなってきた」（高井裕之「生命の自己決定と自由」ジュリ978号（1991年）107頁）。

[9]　B規約6条の解釈については，阿部浩己「第6条［生命に対する権利］」宮崎繁樹編著『解説・国際人権規約』（日本評論社・1996年）127頁以下，初川満『国際人権法概論』（信山社・1994年）77頁以下，笹原圭輔「生命権・人間的処遇を受ける権利」法セ臨増『国際人権規約』（日本評論社・1979年）7頁以下，坂元茂樹「人権条約の解釈の発展とその陥穽」芹田健太郎ほか編『講座国際人権法1　国際人権法と憲法』（信山社・2006年）163頁以下等参照。なお，国際法上の議論について，德川信治「生命に対する権利――国際法の視点から」国際人権17号（2006年）22頁以下，奥田悦子「国際人権法における「生存権」概念の位相――「人間の尊厳」との関連で」国際人権12号（2001年）70頁以下。

掲げることが多い[10]。さらに，B規約4条，欧州人権条約15条，米州人権条約（人権に関する米州条約）27条において，生命についての権利は，緊急事態においても保護を停止することが認められないとされている。他方，生命についての権利の規定は，死刑の廃止を直ちに要求するものではない。B規約も，後の第2選択議定書（死刑の廃止を目指す，市民的及び政治的権利に関する国際規約の第二選択議定書。日本は未批准）において，死刑の廃止を定めるに至った。

3　憲法と国際人権規約

「憲法前文の国際協調主義や憲法98条2項の規定などから判断して，条約の国内法的効力が法律の効力の上位にある点については，学説上異論のないところ」[11]であり，かりに憲法が生命についての権利を保障していなかったとしても，B規約が保障する生命についての権利を侵害する法律は，規約違反とされるはずである。

ただし，最高裁判所で条約違反を直接的に主張することが困難である点に留意しなければならない。ここで，憲法とB規約との内容の異同が問題となる。憲法優位説の観点からは，「一般的に憲法内容と条約内容の関係には四類型ある」とされる。そのうち，「憲法よりも同一趣旨の条約の人権保障の内容が広かったり具体的に詳細である場合」は，「条約によって憲法の内容を豊富化することが可能であり，ある場合にはそれを憲法の内容として主張することもできよう」とされ，「憲法の趣旨と矛盾しない限り，国際人権を

---

(10) 欧州人権条約2条（欧州人権条約の生命権について，F・スュードル（建石真公子訳）『ヨーロッパ人権条約』（有信堂・1997年）122-25頁，胡慶山「ヨーロッパ人権条約第2条の生命権について(1)-(3・完)」北法49巻3号（1998年）115頁以下／4号（1998年）189頁以下／6号（1999年）123頁以下参照）や，米州人権宣言（人の権利及び義務の米州宣言）1条，米州人権条約4条，バンジュール憲章（人及び人民の権利に関するアフリカ憲章）4条等が，生命についての権利を規定する。日本国憲法も「人権の最初に生命権をあげている」との指摘（平川宗信『刑法各論』（有斐閣・1995年）21頁）もある。

(11) 中村睦男「現代国際社会と条約の国内法的効力」佐藤幸治ほか『ファンダメンタル憲法』（有斐閣・1994年）330頁。

◇第7章　生命についての権利の位置づけ

援用し，憲法の保障する人権の内容を豊富化するべきである」とされる[12]。さらに，最高裁判所への上訴を考えるならば，B規約の内容を憲法の解釈を通じて主張することが困難である場合には，下級裁判所によるB規約の瑕疵ある適用または無視を，憲法98条2項違反と構成することが考えられるであろう。そこで，B規約の生命についての権利の内容と，憲法の内容との関係を検討したい。

◆ II ◆ 生命についての権利の諸相

1　生命に関する防御権

(1)　死　刑

国家によって生命が侵害される場合の典型は，死刑と戦争である。通説は，憲法31条の文言から憲法は死刑制度の存在を認めていると解し，死刑は直ちに違憲とはいえないとする。「生命は尊貴である。一人の生命は，全地球よりも重い」という一節で知られる最高裁判所の大法廷判決も，31条の解釈から死刑を合憲とし，残虐な刑罰を禁止する憲法36条との関係については，「刑罰としての死刑そのものが，一般に直ちに同条にいわゆる残虐な刑罰に該当するとは考えられない」とする[13]。

B規約6条2項以下の規定は，死刑未廃止国における死刑の制限を定めている。B規約委員会は，日本政府の報告書に対して，法定刑に死刑の定めのある罪の数と罪種が，「最も重大な犯罪についてのみ科することができる」とするB規約6条2項に抵触するとの懸念を示している[14]。

---

[12]　横田耕一「人権の国際的保障をめぐる理論問題」憲法理論研究会編『人権理論の新展開』（敬文堂・1994年）165-166頁，同「人権の国際的保障と国際人権の国内的保障」ジュリ1022号（1993年）26頁。なお，本書第4章Ⅲ4参照。
[13]　最大判昭23・3・12刑集2巻3号191頁。なお，浅利祐一「死刑の合憲性」大石眞＝石川健治編『憲法の争点』（有斐閣・2008年）166頁以下参照。
[14]　日本弁護士連合会編『日本の人権保障システムの改革に向けて——ジュネーブ2008国際人権（自由権）規約第5回日本政府報告書審査の記録』（現代人文社・2009年）153-154，201頁以下参照。また，野村稔「国際人権B規約第六条と日本および中国の死刑」佐藤司先生古稀祝賀『日本刑事法の理論と展望　上巻』（信山社・2002

◆第Ⅱ部◆　人権保護の国際規律と憲法

　憲法が生命についての権利の一般的規定を有しないとしても，憲法31条は，「法律の定める手続」の保障を通じて死刑に制限を加えるものであると解される。31条が実体法の適正をも要求するものと解するならば，罪刑の均衡の問題について，Ｂ規約6条2項の内容を31条の解釈において援用することも考えられる。これは，可能な憲法解釈の選択肢のうち，Ｂ規約6条2項に適合的なものを採ることであると考えることもできる[15]。

(2)　戦　争

　Ｂ規約締約国は，戦争その他の大規模破壊行為による「恣意的な生命の喪失」を防止する措置をも要請されている。さらに，Ｂ規約委員会は，一般的意見14（1984年）において，「核兵器の設計，実験，製造，保有及び配備が，生命に対する権利にとって，今日人類の直面する最大の脅威である」としたが，その後，核兵器の単なる配備では生命についての権利の侵害にはならないとした[16]。

　憲法は，戦争による生命の喪失の防止に関して，戦争の放棄・戦力の不保持を9条で定めている。さらに，強制的に生命を動員する徴兵制も，違憲と解されている[17]。自衛隊法52条の賭命義務について，生命についての権利の見地から疑義が呈せられる[18]。また，警察官や消防士等が「生命の危険

　　　年）578-581頁。なお，死刑確定者の処遇方法についてもＢ規約との抵触が指摘されているが，これは7条および10条に関する問題である。平川宗信「死刑廃止論」法教228号（1999年）14頁も参照。
(15)　本書第4章Ⅲ2参照。生命についての権利を憲法に読み込む可能性については，奥平康弘『憲法Ⅲ憲法が保障する権利』（有斐閣・1993年）381頁，平川・前掲論文（註14）17頁等の指摘も存する。他方，山内・前掲書（註1）6頁は，「人権条約が生命に対する権利を独自の人権として保障した趣旨を踏まえて，憲法第一三条を解釈することが望ましい」として，生命についての権利を幸福追求権から独立させる解釈を主張する。さらに，生命権と死刑制度の関係について，同書33頁以下。なお，罪刑の均衡について，中村睦男『論点憲法教室』（有斐閣・1990年）175-176頁参照。
(16)　阿部・前掲論文（註9）131頁。
(17)　根拠としては，憲法9条，13条，および18条が挙げられるが，政府見解は，9条を挙げない。徴兵制を「意に反する苦役」とすることには批判もある（宮沢俊義『憲法Ⅱ』〔新版再版〕（有斐閣・1974年）335頁，奥平・前掲書（註15）441頁）。
(18)　山内敏弘「自衛官の人権と「服務の本旨」――反戦自衛官裁判に関連して」杉原泰雄教授退官記念論文集『主権と自由の現代的課題』（勁草書房・1994年）292頁

◇第 7 章　生命についての権利の位置づけ

を引き受ける義務」の拒絶を免責されるという文脈において，生命についての権利の意義が示唆される[19]。しかし，服務規律が賭命義務を課す場合でも，警察官や消防士については，憲法 18 条違反を論ずることが可能であろう。自衛官については，まず自衛隊と 9 条との関係が問題とされなければならない。軍事的な実力組織の存在が認められるのであれば，その服務規律において賭命義務が課せられることはおそらく不可避であって，生命についての権利を論ずることによって得られるものは多くはないと考えられる[20]。徴兵制とともに，兵器の配備についても，戦争・軍備・戦争準備に対する平和的生存権の主張がなされているが[21]，最高裁判例においては認められていない。しかし，B 規約も，これ以上の要請を含むものではないと解される。

(3) 法律による保護

B 規約 6 条は，生命についての権利が「法律によって保護される」ことを求めている。生命についての権利に関しては，被疑者の射殺等，治安・警察活動に従事する公務員による恣意的な生命の剥奪が問題となることも多い[22]。

日本も，各種の法律等によって生命の尊重・保護を規定している。憲法は，31 条において，「法律の定める手続によらなければ」生命を奪われないとする。さらに，ときに生命の剥奪をも帰結した過去の経験を省みて，憲法 36 条は拷問の禁止を強い文言で規定している。人質事件における「現場処刑」[23]に関しては，日本においても，注目された事例があった。警察官に

以下。
(19)　嶋崎・前掲論文（註 6) 44 頁。なお，山内・前掲論文（註 18) 296 頁参照。
(20)　ちなみに，欧州人権条約 15 条は，締約国は戦時においても生命についての権利を保障する義務を免れることはできないとするが，合法的な戦闘行為から生ずる死亡の場合は除かれている。なお，寺谷広司『国際人権の逸脱不可能性――緊急事態が照らす法・国家・個人』（有斐閣・2003 年) 109-110 頁参照。
(21)　深瀬忠一『戦争放棄と平和的生存権』（岩波書店・1987 年) 225 頁以下。
(22)　齊藤正彰「恣意的殺害：特殊部隊によるテロ容疑者の射殺――マッカン判決」戸波江二ほか編『ヨーロッパ人権裁判所の判例』（信山社・2008 年) 194-198 頁参照。
(23)　勢藤修三「死刑制度／現場処刑〔その 1〕・〔その 2〕」法セ 315 号 (1981 年) 114 頁以下／316 号 (1981 年) 101 頁以下参照。

◆第Ⅱ部◆　人権保護の国際規律と憲法

よる拳銃の使用については，警察官職務執行法7条に要件が定められ，警察官等けん銃使用及び取扱い規範（昭和37年国家公安委員会規則7号）が細則を定めており，刑法上も，違法な拳銃使用は特別公務員暴行陵虐罪・同致死傷罪となりうる。警察官の拳銃使用を違法と判断した最高裁判決も存在する(24)。それでもなお警察官の拳銃使用の規律に疑念があるとしても，生命についての権利の主張は，必ずしも異なる結果を導くものではないと解される。

2　生命に関する請求ないし環境
(1)　生　存

B規約委員会の一般的意見6（1982年）によれば，締約国は，栄養不良や伝染病を防止する等の，生存を確保する措置をも期待されている(25)。

B規約6条の請求権的側面を模索する努力にかかわらず，憲法には，生存権を規定する25条が存在しており，生命についての権利の請求権的側面の問題は，同条によって扱われうる。

憲法25条の権利内容を3つに分け，その第1は，「生命のぎりぎりの維持を国家に求める権利，つまりは生命権の保障を国家に求める権利」であるとされることがある(26)。しかし，25条1項の中には，「人間としての「最低限度の生活」の保障と，より「健康で」より「文化的な」「最低限度の生活」の保障が含まれて」(27)いるのであり，前者の「人間としての「最低限度の生活」の保障」の部分は，B規約6条から締約国の義務として導かれると主張される最低限の生存条件の確保と，必ずしも径庭を有しないものと考えられる。「人間としての「最低限度の生活」の保障」の下に「生命のぎりぎりの維持」を求める権利を観念することが論理的には可能であるとしても，

---

(24)　最判平11・2・17刑集53巻2号64頁。
(25)　なお，奥田悦子「国際人権法における「生存権」概念の位相——「人間の尊厳」との関連で」国際人権12号（2001年）70頁以下。
(26)　山内・前掲書（註1）13-14頁。
(27)　中村睦男『社会権の解釈』（有斐閣・1983年）64頁。

◇第 7 章　生命についての権利の位置づけ

そうした部分はすでに各種の法律によって保護されているはずであって，それを憲法上で「生命権」と称し，25 条の中でも少なくともそのような「生命権」は具体的な権利性を有すると論ずることに，どれほどの実益があるのかは疑問である。「二五条の生存権の核心にそのような生命権がある」のならば，あえて，その部分を取り出して「生命権」と称し，あるいは憲法 13 条との結びつきを論じる必要はないかもしれない[28]。

(2)　環　境

「現代における生命・健康への脅威が，生殖医療，臓器移植，生命科学の研究，環境汚染，食品衛生，児童虐待など，民間の施設や私人から生ずる」ことが指摘され，「私人に対する生命権保護としての国家の生命保護義務論の現代的意味は大きい」とされることがある[29]。B 規約委員会も，環境破壊による生命への脅威に注目しているとされる[30]。

憲法の解釈においても，社会権には自由権的側面と請求権的側面があるものと解すべきとされる。「生存権の自由権的側面は，国家対個人の間のみならず，私人間においても問題になる」のであり，「私人間における生存権侵害の現代的問題として重要なものは，公害ないし環境破壊による人の生命・健康の侵害である」とされ，「これは，一般に生存権の一環としての環境権や人格権の問題として扱われているもの」である[31]。

3　生命に関する「新しい人権」

科学技術・医療技術の進展により，生命の始期と終期をめぐる問題が，重要であるが解決の困難な論点となっていることは，B 規約においても憲法に

---

(28)　なお，岩本一郎「生存権と国の社会保障義務」高見勝利ほか編『日本国憲法解釈の再検討』（有斐閣・2004 年）222 頁参照。
(29)　嶋崎・前掲論文（註 6）46 頁。
(30)　宮崎繁樹編集・翻訳代表『国際人権規約先例集――規約人権委員会精選決定集　第 2 集』（東信堂・1995 年）55-60 頁参照。
(31)　中村睦男『社会権法理の形成』（有斐閣・1973 年）300 頁以下，同・前掲書（註 27）8 頁以下，中村睦男＝永井憲一『生存権・教育権』（法律文化社・1989 年）119-120 頁〔中村〕。

139

おいても大異はない。憲法の解釈としては，従来，13条の幸福追求権の一内容と説かれる自己決定権をめぐって論じられている。

◆ Ⅲ ◆ 包括的人権規定と生命についての権利

前述のように，B規約6条の生命についての権利の内容は，すでに憲法の解釈において扱われてきた問題の範囲を大きく超えないと解される。それでも，従前の憲法解釈を離れて，日本国憲法（とりわけ13条）から独自に生命についての権利を析出すべきことが主張されている。そこで，そうした憲法解釈の意義に関心が向かう。

1 包括的人権規定の理解

通説は，憲法13条の「生命，自由及び幸福追求に対する国民の権利」を一括して「幸福追求権」と称する。「「生命」をも含めて，「生命・自由・幸福追求」権を統一的に把握し，具体的な個別的法益との関連から一定の分類を行うことが必要である」という理解を示して，今日の通説の嚆矢となった学説は，「「生命」は，広く，身体の自由に含まれ，かつ後者は個別的基本権として，憲法上詳細に保障される」ことを前提として，13条の補充的適用の可能性を検討するとしている[32]。

このように，通説を前提とすれば，生命についての権利は，個別的人権規定に具体化されていない限りにおいて，包括的人権規定である憲法13条によって保障されることとなる。

人権の観念を「「人間性」からいわば論理必然的に生ずる権利」と捉え，「憲法上列挙されていない権利を導き出す根拠となる包括的人権」として

---

[32] 種谷春洋「生命・自由および幸福追求権」芦部信喜編『憲法Ⅱ 人権(1)』（有斐閣・1978年）148-151頁。なお，同「「生命，自由及び幸福追求」の権利(1)-(3・完)」岡山大学法経学会雑誌14巻3号55頁以下／15巻1号79頁以下／15巻3号47頁以下（1964-65年）。13条解釈の展開について，中村睦男「「新しい人権」と憲法一三条の幸福追求権」杉原泰雄先生古稀記念論文集『21世紀の立憲主義――現代憲法の歴史と課題』（勁草書房・2000年）307頁以下。

「幸福追求権は補充的な保障機能を果たすことに現実的な意義がある」と考えるならば[33]，幸福追求権から導き出される非列挙人権の範囲が問題となる。人格的利益説と一般的自由説との対立が著名であるが，いずれにしても，生命についての権利が幸福追求権の内容に含まれることには異論はないであろう。個別的人権規定によって生命についての権利の多くの部分が保護されており，残る隙間部分も幸福追求権によって充塡されているならば，生命についての権利は，憲法上も保護されていることとなる。

「個別的基本権の法益は，本来，生命・自由・幸福追求権に包摂されていたものが，そこから流出して，憲法上，個別的保障を受けるに至ったもの」[34]と解するならば，生命についての権利の多くの部分は，個別的人権の流出の源としての幸福追求権（「基幹的な人格的自律権」とも呼ばれる）の実現に必要なものとして，憲法の個別的人権規定において保障されていると解されることになる。科学技術・医療技術の進展等により新たに問題となってきた生命についての自己決定権は，憲法13条による補充的保障を受ける「狭義の「人格的自律権」」の内容と解される[35]。

2 生命についての権利の析出

(1) 生命権主張の類型

生命についての権利を一個の権利として扱う見解は，すでに少なからず主張されてきた。

---

[33] 宮沢・前掲書（註17）77頁（なお，芦部信喜『憲法学Ⅱ』（有斐閣・1994年）56-57頁，中村睦男「人権観念の歴史的展開」高見勝利編『人権論の新展開』（北海道大学図書刊行会・1999年）3頁以下，とくに21-23頁参照），戸波江二『憲法』〔新版〕（ぎょうせい・1998年）174頁，野中俊彦ほか『憲法Ⅰ』〔第4版〕（有斐閣・2006年）264頁〔野中〕。
[34] 種谷・前掲「生命・自由および幸福追求権」（註32）137頁。
[35] 佐藤幸治『日本国憲法論』（成文堂・2011年）176, 179頁。「このように考えることの意義」の一つとして，「人権と人間の生（したがってまた死）とのかかわり方や生の局面ないし段階のもつ意味を意識すること（"生命に対する権利"，……等々の問題）」が挙げられている（佐藤幸治『国家と人間――憲法の基本問題』（放送大学教育振興会・1997年）37-38頁）。

◆第Ⅱ部◆　人権保護の国際規律と憲法

　第1に，憲法13条について，早くから法的権利性を認めてこれを「存在権」と捉える理解がみられたが，この理解を基礎に置きつつ救命救急医療の問題を中心に「生命権」を論じる見解が展開された[36]。また，1970年代に唱えられた「健康権」の主張も，13条に基礎を置く生命についての権利の概念を前提としていた[37]。

　第2に，死刑廃止論の中にも，「死刑問題を第一次的には人権問題としてとらえ，死刑は「人間の尊厳」「生命権の尊重」の理念・精神に反する旨を強調する見解」[38]がある。たとえば，「死刑制度は人間の根源的な価値，「人間の尊厳」から由来するところの「生命権」を制限するもの」とされ，あるいは，「本来，死刑の合憲性の問題は，個人の生命権という基本的人権の問題である」とされる[39]。ただし，憲法13条の文言から直ちに「生命権」を導く解釈と，憲法学の通説による13条解釈との整合性には注意が必要である。

　第3に，生命に関する新たな法律問題の増加に伴い，憲法13条が「生命に対する権利」に言及していることの意義を再検討する見解が登場している。

---

(36)　佐々木惣一『改訂日本国憲法論』（有斐閣・1952年）400-402頁。桜田誉「憲法における人格の保障——存在権，人格権及び生命権の法理」関西大学法学部百周年記念論文集『法と政治の理論と現実 上巻』（有斐閣・1987年）251頁以下，同「憲法における生命権の保障——救命救急医療との関連を中心として」関法37巻2=3号（1987年）1頁以下，同「生命権について」関法38巻5=6号（1989年）1頁以下。

(37)　下山瑛二『健康権と国の法的責任』（岩波書店・1979年）78-79頁，唄孝一「「健康権」についての一試論」公衆衛生37巻1号（1973年）12-13頁。

(38)　平川宗信「死刑制度と憲法理念——憲法的死刑論の構想（上）」ジュリ1100号（1996年）65頁。

(39)　団藤重光『死刑廃止論』〔第6版〕（有斐閣・2000年）153頁，平川宗信「大野補足意見と死刑廃止論」法教160号（1994年）117頁。この他に，金沢文雄「死刑廃止を望む」JCCD58号（1991年）1頁以下，同「死刑廃止への提言」法の理論12号（1992年）1頁以下，名和鐵郎「人権の歴史と生命権の発展——死刑廃止に関する序論的考察」静法42巻2号（1994年）157頁以下，中山勲「死刑合憲論批判——最高裁判決を中心として」阪法61号（1967年）16-18頁，阿部純二「死刑と残虐な刑罰」芦部信喜=高橋和之編『憲法判例百選Ⅰ』〔第2版〕（有斐閣・1988年）223頁等参照。

◇第 7 章　生命についての権利の位置づけ

(2)　生命権への注目

ただし, 憲法 13 条後段は, 文言上, 3 つの権利を規定するとして,「「生命に対する権利」には, 公権力により人間存在自体を否定されない権利という〈選択の自由を内実としない権利〉が含まれること」から,「「自由に対する権利」・「幸福追求に対する権利」という〈選択の自由を内実とする権利〉とは, 一定識別しつつ検討しておく必要」があるとする見解[40]が,「「生命を享受する自由」(殺されない権利)」の存在に言及する以外は, 専ら「妊娠中絶の自由」「重篤な患者の未承認医薬品の使用の自由」「生命維持医療拒否権」等に論及するとき, それは, 通説が幸福追求権の「内容を対象法益に応じて類型化すれば, ①生命・身体の自由, ……⑩権利利益の侵害・特別犠牲を受けた場合の救済を受ける権利, などが考えられる」[41]とする延長上にあるものと解される[42]。

同様に,「一三条後段からは生命権もでてこよう」とする見解が,「生命・身体に犠牲をこうむった者」についての「補償請求権は一三条後段から引き出されるべき」とするとき[43], それは, 包括的な幸福追求権の一内容とし

---

(40)　竹中勲『憲法上の自己決定権』(成文堂・2010 年) 43, 139-140 頁。
(41)　佐藤・前掲『日本国憲法論』(註 35) 178 頁。
(42)　竹中・前掲書 (註 41) 13-14, 74-76 頁。なお, 釜田泰介「包括的基本権」佐藤幸治編著『憲法Ⅱ基本的人権』(成文堂・1988 年) 96-99 頁, 中山茂樹「生命・自由・自己決定権」大石＝石川編・前掲書 (註 13) 96 頁参照。こうした「生命・身体のあり方に関する自己決定権」と「生命に対する権利」との異同が問題になるとされ (竹中・前掲書 (註 40) 14 頁), 憲法 13 条後段の「生命に対する権利」に「殺されない権利」が含まれることについては憲法学説上争いがない (同書 14, 141 頁) とされるが, しかし,「「自殺の自由」それ自体を基本的人権であるととらえるべきではないと解する立場」(同書 38, 141 頁) をとり, 他方,「憲法三一条で"原則として生命を剥奪されない権利"が明記されている」(同書 10 頁) とすると,「生命に対する権利」の独自の内容は, あまり残されていないと考えられる。そうであるとするなら, たとえば,「憲法三一条による「生命を奪はれない権利」の保障もこのこと [＝「生命に対する権利」に〈生命を享受する自由ないし殺されない権利〉が含まれると解されること] を前提としている」(同「「安楽死」と憲法上の自己決定権」法教 199 号 (1997 年) 83-84 頁) という記述は,「派生的 (個別的) 自律権」と「基幹的な人格的自律権」の関係を指すものと解することもできるであろう。
(43)　内野正幸『憲法解釈の論点』〔第 4 版〕(日本評論社・2005 年) 53, 94-95 頁。なお, 戸波江二「幸福追求権の構造」公法 58 号 (1996 年) 19, 26 頁参照。

◆第Ⅱ部◆　人権保護の国際規律と憲法

ていわれているものと解される。

　また，憲法 13 条後段は「一般に「幸福追求権」条項と略称されるが，その中にあって，「生命に対する権利」は明文で特定されているのみならず，その筆頭に位置付けられていることに留意しなければならない」とする学説は，「生命」「自由」「幸福追求」の関係について再考を促す見解に注目している[44]。「生命に対する権利」を幸福追求権とは区別された独自の権利として再考すべきとする代表的なものとしてしばしば注目されるこの見解は，「「生命，自由，幸福追求」の三者を一つの価値には集約されないものとして質的にも区別して捉える立場もありうる」とするが，しかし，それは「生命に対する権利」を幸福追求権から分離することを主張するものであろうか。この見解によれば，「生命・健康」は，「「国家からの自由」と同質の価値ではなく」，それに「当然に先行・優先する価値」として自由権を他律的に制約し，国家の保護義務を導くとされる[45]。そこでは，「自由権」「幸福追求権」の語に対して，「生命権」あるいは「生命に対する権利」という語は一度も登場しないのである。

(3) 独自の「生命に対する権利」の析出

　ところが，近時，「生命権，自由権，幸福追求権をそれ自体相互に独立した権利としては必ずしも捉えてこなかった」従来の見解を批判し，少なくとも「生命権を自由権や幸福追求権とは区別された独自の人権として構成すべき」ことを提言する見解[46]や，従来の通説を「断片的・分散的生命権観」

---

(44) 土井真一「「生命に対する権利」と「自己決定」の観念」公法 58 号（1996 年）92 頁。

(45) 棟居快行「幸福追求権について」ジュリ 1089 号（1996 年）179 頁以下［同『憲法学再論』（信山社・2001 年）所収］。この見解が「生命」「自由」「幸福追求」を区別するのは，3 者が「同質の憲法的価値」かという問題関心からであると解される。そして，「絶対的価値」（同論文 184 頁）とされる「生命」とは，「人間の生物的生存にかかわる価値」であって，「それ自体人格の自律をも当然に上回る憲法的価値」であって，「全ての人権行使の当然の「外在的」限界」となるものであることが述べられるのである（同『人権論の新構成』（信山社・1992 年）269-270 頁）。それは，憲法 13 条から生命についての独自の権利を析出するという議論とは異なるようにみえる。なお，藤井樹也『「権利」の発想転換』（成文堂・1998 年）277-278，354-355 頁参照。

と批判し,「一三条の生命権は,独立の基本権であり,かつ一三条以外の生命・身体の不可侵に関する規定は,一三条の生命権を中核として統合的に把握されるべき」とする「統合的生命権」を提唱する見解[47]が現れている。

さらに,生命権の内容は「人間の生きる権利」であり,それは平和的生存権の核心を構成するものであって[48],「生命権は,他の人権の基礎になる,最も根源的な権利である」[49]ことも主張される。

3 生命についての権利の位置

たしかに,生命についての権利は,上述のような広汎な内容を有するものと考えられるから,これを「生命を奪われないこと」に限定したうえで身体の自由に吸収してしまうことには疑問が生じるかもしれない。「生命,自由及び幸福追求に対する国民の権利」について,「生命」の文言に意義を見出す企図は,その意味で理解されうる。しかし,それ以上に,生命についての権利を幸福追求権から切り離して説明する意義が見出されるであろうか。

憲法13条の「生命,自由及び幸福追求に対する国民の権利」について3者を区別して捉える,あるいは生命についての権利を独自のものとして扱う,ということが,具体的にどのようなことを意味するのか,そして,13条を包括的人権規定と捉える通説とどのような関係に立つのかについては,必ずしも明らかではない。いくつかの選択肢が考えられる。

第1に,生命についての権利を,一個の個別的人権として独立させることである。しかし,「生命,自由及び幸福追求に対する国民の権利」という文言の中に,生命についての権利という個別的人権と幸福追求権という包括的

---

(46) 山内・前掲書(註1)3頁。なお,同「生命権と人間の尊厳」同編『新現代憲法入門』〔第2版〕(法律文化社・2009年)95頁以下参照。
(47) 嶋崎・前掲論文(註6)37頁,同「日本人の生命観と未出生の生命の憲法的地位――ドイツの理論との接合可能性」山下威士先生還暦記念『ドイツ公法理論の受容と展開』(尚学社・2004年)353-355頁。
(48) 上田勝美「世界平和と人類の生命権確立」深瀬忠一ほか編著『平和憲法の確保と新生』(北海道大学出版会・2008年)2頁以下。
(49) 小林直樹「人権価値を根底から考える――哲学的人間学の視点から」憲法問題9号(1998年)156頁。

◆第Ⅱ部◆　人権保護の国際規律と憲法

人権が併存していることになるのは、晦渋かもしれない。

　第2に、生命についての権利が広汎な内容を有しうることから、包括的な権利として憲法13条に位置づけることである。しかし、これは、従来の幸福追求権を2ないし3の包括的権利に分割することに過ぎない。「統合的生命権」の帰結が「一三条の「生命」の部分を生命権として独立させた場合、それは生命に関連する他の人権規定との関係では一般法と特別法の関係に立つ」[50]というものであるならば、それは、13条の中に包括的人権をもう一揃い用意することを意味する。生命についての権利の独自性として、「「自由」や特に「幸福追求」が抽象的・包括的概念であるのと比較して、「生命」が個別具体的概念であるという特質を持つこと」[51]が指摘される。しかし、生命についての権利は広汎な内容を有しうるのであり、「殺されない自由」を越えたところでどれほどの具体性・明確性を維持しうるのかは疑問である。もし生命についての権利がそうした独自性を伴うとしても、そのことから、幸福追求権の中での類型化にとどまらず、独自の基本権として成立することが直ちに根拠づけられるかは疑問であろう。なお、「生命権を幸福追求権や自由権とは区別された独自の人権として位置づける」といっても、結局のところ、生命についての具体的な権利の根拠規定を憲法9条、31条、13条（自己決定権）、25条等に求めるのであれば、本書の思考との懸隔はわずかであるかもしれない。

　第3に、包括的人権としての幸福追求権の中に、自己決定権等と並んで一般的な生命についての権利を位置づけることである[52]。しかし、これについては、「生命への権利は、それなくしては人間としての生存や活動が不可能な、その意味で他のあらゆる人権の前提ともなる人権である」[53]とされるものが、なぜ包括的人権規定による補充的保障を待たなければならないの

---

(50)　嶋崎・前掲論文（註6）51頁。
(51)　嶋崎・前掲論文（註6）50頁。
(52)　石村修「基本権の体系における生きる権利の意味」新報96巻11=12号（1990年）103頁は、そのような構想を示すようにみえる。
(53)　山内・前掲書（註1）4頁。

か，という疑問が生じる。

◆ Ⅳ ◆ 生命についての権利の可能性

1　日本国憲法の構想

　憲法は生命が問題となる状況を分節して個別的人権規定を充てたのであり，しかも生命をめぐる新たな問題状況には包括的人権規定によって対応するしくみであると解することができる。逆に，それらの規定を統合して一般的な「生命についての権利」を再編することは，憲法の構想との親和性において問題を生ずることが懸念される。

　「すべての基本権の根底にある基礎的人権として「生命権」を設定」[54]し，それが平和的生存権の核心を構成すると解する立場から，「生命権」を憲法13条における「最重要な権利」とする理解が示される。しかし，そうした理解は，「憲法一三条所定の「自由権」も「幸福追求権」もともに「生命権から派生した人権」ということ」[55]とする説明と，「自由権や社会権など他のすべての諸人権は，「生命権」から派生，特化，多様化して実定されてきたもの」[56]とする説明とが重畳することとなる。「人権生成の基礎に自然権としての「生命権」を据え，「各種の人権」が生成するという考え方」[57]においては，そのような「生命権」を13条の規定と直結させる必要はないと考えられる。

　幸福追求権についての通説は，「生命に対する権利」を「幸福追求に対する権利」に埋没させたわけではなく，「幸福追求権」の呼称は，生命・自由・幸福追求の3つを積極的に区別して論ずべき理由に乏しい，という理解に基づくものである。生命についての権利は，それを国家によって殺されない権利に限定するのであれば格別，それが現代社会において問題となる状況

---

[54]　上田・前掲論文（註48）19頁。
[55]　上田・前掲論文（註48）14頁。
[56]　上田・前掲論文（註48）20頁。
[57]　上田・前掲論文（註48）14頁。

は種々であって，一律に強い保護のもとに扱うことは困難である。生命・自由・幸福追求の3つを別個に捉えることが憲法13条の文言には素直であるとしても，実際の扱いに3者の間で画一的な区別を設けられないと考えられるから，幸福追求権の総称のもとに，より具体的な類型化を行うこととしたのである[58]。

2 胎児と生命についての権利

それでも一般的な「生命についての権利」という標題で具体的に問題となりうる領域が存するとすれば，それは胎児の生命についての権利の問題かもしれない。ただし，そこでは，胎児の人権享有主体性[59]，あるいは国家の基本権保護義務という，困難な問題との関わりを迫られる可能性がある。憲法13条の「生命に対する権利」を幸福追求権から切り離すべきとする見解は，しばしば，国家の生命保護義務にも積極的である。基本権保護義務一般を憲法の解釈に導入することには懸念があるとしても，「少なくとも生命権

---

[58] 佐藤幸治『憲法』〔第3版〕（青林書院・1995年）449頁（ただし，同・前掲『日本国憲法論』（註35）175, 177-178頁），野中ほか・前掲書（註33）264頁。なお，初宿正典『憲法2 基本権』〔第3版〕（成文堂・2010年）130頁。

[59] 佐藤幸治『日本国憲法と「法の支配」』（有斐閣・2002年）162-163頁，戸波・前掲書（註33）150頁，初宿・前掲書（註58）69頁等参照。さらに，渋谷秀樹「生殖の自由と生命の尊厳」岩波講座『現代の法14 自己決定権と法』（岩波書店・1998年）46頁，中山茂樹「基本権を持つ法的主体と持たない法的主体――「人格」をめぐる生命倫理と憲法学(1)(2・完)」論叢141巻6号（1997年）47頁以下／143巻4号（1998年）50頁以下，同「胎児は憲法上の権利を持つのか――「関係性」をめぐる生命倫理と憲法学」法の理論19号（2000年）13頁以下，長谷部恭男『憲法の理性』（東京大学出版会・2006年）150頁以下，嶋崎健太郎「胎児の生命権の根拠――ドイツにおけるヘルスター説をめぐる論争の残したもの」新報103巻2=3号（1997年）233頁以下，同「未出生の生命の憲法上の地位と人工生殖・生命操作技術――ドイツの理論の問題点と可能性」ドイツ憲法判例研究会編『未来志向の憲法論』（信山社・2001年）499頁以下，石村修「憲法における胎児の生命権」専法28号（1979年）135頁以下，初川満「Unborn Child の国際人権法上の権利」ジュリ1016号（1993年）65頁以下等。なお，種谷・前掲「「生命，自由及び幸福追求」の権利(2)」（註32）95-97頁参照。ただ，胎児以前に，未成年者の人権さえ，憲法学にとってさして古い問題ではない（中村睦男『憲法30講』〔新版〕（青林書院・1999年）36頁以下参照）。

については基本権保護義務を肯定することは問題があるとは思えない」とされる[60]。しかし，そうであるとしても，胎児が「生命についての権利」を享有することを前提とするならば，一般的な「生命についての権利」の確立の意義を論じる目的にとっては，やや剣呑な突破口ではないであろうか。

3　日本国憲法と生命についての権利

　生命についての権利の可能性は，①包括的人権規定による補充的保障を受ける場合を具体的に明らかにしてゆくこと，あるいは，②個別的人権規定の保障内容を，B規約6条が国内的効力を有していることにも留意しつつ，憲法も当然に前提としているはずの生命についての権利を背景として見直してゆくことの中に展開されるのではないであろうか。そして，「胎児の生命権までは認められないとしても，国家は将来は人間となる胎児の生命を保護する憲法上の義務があるという解釈も可能」であるとすれば，生命の尊厳と親の自己決定権との調整について，「法律による」規制のレベルで議論がなされるべき問題も少なくないであろう[61]。

---

(60)　嶋崎・前掲論文（註6）56頁。また，山内・前掲書（註1）14頁。
(61)　中村睦男「胎児，子どもの人権と医療」小児保健研究59巻2号（2000年）236頁。なお，客観法的保護の可能性を論じるものとして，嶋崎・前掲「日本人の生命観と未出生の生命の憲法的地位」356頁。「未出生生命をめぐる憲法問題を適切に解決するためには，「人間の尊厳」からのアプローチだけではなく，生命権（生命に対する権利）からのアプローチも必要」とする見解（青柳幸一『憲法における人間の尊厳』（尚学社・2009年）154頁以下）も，結局のところ，「生命に重きを置いた慎重で，かつ審査の厳格度を高めた衡量のもとで判断」することを求める趣旨と解される。

第III部
国際規律と国家の主権

◆ 第8章
部分憲法としてのEUの可能性

Ⅰ 主権の移譲
Ⅱ EU法の優位性
Ⅲ 多層的システムと部分憲法

　EC/EU法の優位は，基本条約で明文をもって規定されているのではなく，欧州裁判所の判例によって明らかにされたものである。つまり，EC法の優位は，条約締結によって明示的に約定されたわけではなく，それが構成国内で実現されるか否かは，構成国の最上級裁判所が欧州裁判所の判例理論を受け容れるか否かにかかっていたともいえる。各構成国においては，憲法に対する優位については議論の残るところもあったものの，通常の法律に対するEC法の優位については，適用上の優位を認める最上級裁判所の判例が出揃うようになった[1]。

　そうした中で，ドイツ連邦共和国は強力な憲法裁判所を有しており，その連邦憲法裁判所の対応が注目されてきたといえる。

　ドイツの判例および学説におけるドイツ連邦共和国基本法の理解は，伝統的に，国際法秩序と国法秩序を相互に依存しない別個のものと捉える，いわゆる二元論的思考に基礎を置いてきたとされる[2]。それを勘案して，EC条約には，規則について「直接適用性」の規定が置かれ，国内的効力の問題は

---

(1) *Daniel Ludet / Rüdiger Stotz*, Die neue Rechtsprechung des französischen Conseil d'Etat zum Vorrang völkerrechtlicher Verträge, EuGRZ 1990, 95f.; cf. *Bruno de Witte*, Constitutional Aspects of European Union Membership in the original six Member States : Model Solutions for the Applicant Countries?, in: A.E.Kellermann, et. al, (ed.), EU Enlargement : The Constitutional Impact at EU and National Level (T.M.C. Asser, 2001) pp.69-71.

(2) Vgl. *Rudolf Geiger*, Grundgesetz und Völkerrecht, 4. Aufl. (C.H. Beck, 2009) S.15.

回避された。

　しかし，連邦憲法裁判所のリスボン条約判決は，EU 法優位の基礎づけに関して——EU 法に対する基本権保護の問題が鎮静化してからは明示的には言及されていなかった——同意法律による法適用命令に再び論及しているが，この法適用命令論は国法秩序とは別個の法秩序を前提とするものとされる。

◆ I ◆ 主権の移譲

1　高権移譲についての憲法の規定

(1)　基本法 24 条 1 項と「高権の移譲」

　EU の法秩序を国法秩序の構成部分ではない自立した独自の法秩序と捉える思考は，「主権の移譲」の理解にも関わる。

　ドイツ基本法 24 条 1 項は，「連邦は，法律により，高権を国際機構に移譲することができる」と規定している。ドイツの通説も連邦憲法裁判所の判例も，この文言について，一見したところとはやや異なる解釈を採用している[3]。「高権（Hoheitsrechte）」とは，個別的な国家権力としての主権的権利を意味する。「移譲」とは，権限が国際機構に「移転」されるという意味ではない。もし「移転」と解するならば，国際機構の有することとなる高権は，各構成国から集められたものの総和と考えられることとなる。しかし，それでは，国内機関から「移譲」された結果として国際機構が有する高権は，構成国ごとにさまざまな制限を付された高権の寄せ集めとなり，有効な高権行使が困難となる。このような事態は，国際機構を創設する 24 条 1 項自体の目的にも反することとなる。高権移譲とは，国際機構が固有の権限を有する新たな高権主体として設立され，そのような国際機構が国家の領域内部で高権を行使することの容認を意味するのである。

(2)　高権移譲と EC 法優位の関係

　高権移譲の本質的な指標は，国際機構がドイツ連邦共和国の内部で，その

---

[3]　以下，基本法 24 条の解釈について詳しくは，齊藤正彰『国法体系における憲法と条約』（信山社・2002 年）183 頁以下参照。

◇第8章　部分憲法としてのEUの可能性

国民に対して，直接的な法的関係を有し，その法的行為を貫徹するところにある。それは，EC法についていえば，すべての構成国における統一的適用を維持して共同体機能を確保するために，優位要求が内在していることを指す。構成国がその国内における国際機構の法的行為を一方的に排除することが可能であるならば，そこでは国法体系における国家権力の排他性は原理的に侵害されておらず，基本法24条1項にいう高権の移譲は生じていないこととなる。

基本法24条1項が明文で規定しているのは高権の移譲だけであるが，国際機構の実効的な機能遂行のために，国際機構の法には，国内法に対する優位の要求が内在していることがある。24条1項によって，基本法の効力領域における国家の高権行使の排他性が撤回され，国法体系が開放されることによって，国際機構の法の優位要求は国内的に実現される。EC法の優位に抵抗を示した1974年5月29日の連邦憲法裁判所のSolangeⅠ決定（BVerfGE 37, 271）も，この点では，同旨の判示をしていた。

このSolangeⅠ決定は，「基本法24条は，国際機構への高権移譲を扱っている。このことは，字義通りには捉えられない」として，「基本法24条は，本来は高権を移譲する権限を付与しているのではなく，基本法の効力領域におけるドイツ連邦共和国の排他的な支配要求が撤回され，かつ，国家の支配領域内部において他の源泉からの法の直接的な効力および適用可能性に余地を残す程度に，国法秩序を（定められた制限の範囲内において）開放しているのである」[4]と判示した。

その後，1986年10月22日の連邦憲法裁判所のSolangeⅡ決定（BVerfGE 73, 339）は，基本法24条1項は高権を移譲する法律によってEC法についての国内的な法適用命令を発する権限を立法者に付与しており，この法適用命令によって，基本法に抵触するようなEC法も国内で適用されることになる，という理解を打ち出した[5]。

---

(4)　BVerfGE 37, 271 (279f.).
(5)　後出の連邦憲法裁判所1987年4月8日決定（BVerfGE 75, 223）も法適用命令論を展開している。

◆第Ⅲ部◆　国際規律と国家の主権

　SolangeⅡ決定においては,「基本法24条1項は,ドイツ連邦共和国のその高権領域についての排他的な支配要求を撤回し,その高権領域内部での他の源泉からの法の直接的な効力および適用可能性に余地を残すという方法で,ドイツ連邦共和国の法秩序を開放することを可能にしている」ということが確認され,「基本法24条1項は,憲法上,高権を国際機構に移譲する条約およびそのような国際機構によって定立された法に,対応する国内的な法適用命令によって,ドイツ連邦共和国の国内法に対する効力上の優位または適用上の優位を付与することを可能にしている」[6]とされた。

(3) 基本法24条1項と高権移譲の限界

　基本法24条1項は,明示的な制限なしに,高権の移譲を規定している。しかし,一般に,24条1項には内在的制約があると解されていた。つまり,憲法上の限界を超えて,「移譲できない権限をECに移譲した」場合の問題である。そこでは,高権の移譲によっても侵害できないような憲法の内容が,問題とされることとなる。学説は,ドイツ基本法79条3項が規定する憲法改正の限界が絶対的限界であるとしつつ,それ以上の制限が存するかを議論していた。連邦憲法裁判所は,SolangeⅠ決定・SolangeⅡ決定において「憲法秩序のアイデンティティ」保護として定式化し,その後の判例(BVerfGE 68, 1)で,「ここで問題となっている高権移譲は,実質的にもまた,基本法24条1項と両立している。つまり,問題となっている高権移譲は,基本法の文言の先行する変更も必要ではなく,基本法79条3項の限界にも違反していない」として,79条3項との結びつきにも言及した。

(4) 基本法23条

　マーストリヒト条約(欧州連合に関する条約)によるEUの創設を基本法24条1項に基づいて行うことが可能かについて,学説は分かれた。結局は,ドイツ統一によって空いていた23条の位置に,24条1項に対する特別法として,高権移譲についての単なる権能から欧州統合についての義務に高められた新規定が置かれた[7]。EUの構造についての23条の規定は,連邦憲

---

　(6)　BVerfGE 73, 339 (374f.).
　(7)　経過について詳しくは,岡田俊幸「ドイツ憲法の〈ヨーロッパ〉条項——基本法

156

◇第8章　部分憲法としてのEUの可能性

裁判所の「憲法秩序のアイデンティティ」保護についての一連の判例を受け継いだものと理解される[8]。

　基本法23条の第1の要点は，ラント＝州を代表する連邦参議院の関与を確保することであった。ドイツは，EU構成国の中では数少ない連邦制国家である。ラントに配分されている権限が，連邦によって移譲されることが問題となっていた[9]。23条1項2文によって，EUへの高権移譲には常に連邦参議院の同意が必要となった[10]。さらに，EU立法が，重要な点においてラントの権限に関わる場合には，連邦政府は23条5項2文によって「連邦参議院の見解を権威あるものとして考慮する」ものとされた。これは，「連邦議会の態度決定を考慮に入れる」とする3項と異なり，連邦参議院に最終決定権を認めるものとされる。また，23条6項に基づき，ラント政府の大臣がドイツの代表として理事会で行動することも認められた。これについては，連邦議会に対する責任が果たされなくなるとの懸念も示された[11]。このように，統合の深化によって，連邦が外交を担当する連邦制のあり方に変

　　第23条をめぐって」石川明＝櫻井雅夫編『EUの法的課題』（慶應義塾大学出版会・1999年）129頁以下。基本法23条が欧州統合に参加する義務を規定したことにより，EUへの高権移譲の一方的撤回は違憲であると論じられる（*Jochen A. Frowein*, Die Europäisierung des Verfassungsrechts, in: P. Badura/ H. Dreier (Hg.), Festschrift 50 Jahre Bundesverfassungsgericht, Bd. I (Mohr Siebeck, 2001) S.211f.）。

(8)　*Ondolf Rojahn*, Art.23, in: I.von Münch/P.Kunig (Hg.), Grundgesetz-Kommentar, Bd. II, 3.Aufl. (C.H.Beck, 1995) Rn.36.

(9)　なお，戸波江二「ドイツにおける連邦制」比較67号（2006年）46頁以下，鈴木秀美「統合ECと連邦国家ドイツの憲法的危機――放送権限の所在をめぐる」日本EC学会年報14号（1994年）99頁以下，同「欧州共同体立法へのドイツ諸州の参加権――放送法を例にして」石川＝櫻井編・前掲書（註7）227頁以下参照。

(10)　基本法24条1項に基づき高権を移譲する法律については，連邦参議院の同意を必要としない（*Ondolf Rojahn*, Art.23, in: I.von Münch/P.Kunig (Hg.), Grundgesetz-Kommentar, Bd. II, 3.Aufl. (C.H.Beck, 1995) Rn.33，必要ではないが可能である（*Ingolf Pernice*, Art.24, in: H.Dreier (Hg.), Grundgesetz-Kommentar, Bd. II 2.Aufl. (Mohr Siebeck, 2006) Rn.30），59条2項により連邦参議院の同意を必要とする（*Rudolf Streinz*, Art.24, in: M.Sachs (Hg.), Grundgesetz Kommentar, 5.Aufl. (C.H.Beck, 2009) Rn.24-25）等の議論がある。

(11)　岡田・前掲論文（註7）159，169頁。その後，2006年改正によって，ラントの代表が理事会においてドイツ代表として行動できる分野が3つに限定された。

化が生じているといえる。ただし，EU は，もはや純粋な外交問題ではないとの指摘もある[12]。

基本法 23 条の第 2 の要点は，79 条 2 項・3 項と結びつけることによって，基本法改正手続を経ずに基本法の内容の「変更もしくは補充」が発生してしまうのを防ぐことであった。基本法 23 条の挿入によって，基本法の内容の「変更もしくは補充」をもたらすような基本条約等に際しては，基本法の改正について特別多数決を要求する 79 条 2 項，および基本法改正の限界を定める 79 条 3 項が適用されることとなったのである。このようにして，ドイツにおいても，欧州統合への憲法の対応のあり方として，高権移譲に際しては，必要であれば憲法改正手続を経るという選択がなされたといえる。

ただし，基本法 23 条 1 項 3 文は，「基本法の文言を，明文で変更しまたは補充する法律」を求める 79 条 1 項には触れていない。高権の移譲は，基本法の規定する権限配分を変更するから，実質的に常に憲法改正であるとし，すべての高権移譲に基本法改正手続を要求する見解もある。他方，23 条 1 項 2 文と 3 文の体系的解釈の観点から，憲法改正の内容を有する高権移譲のみが 79 条 2 項・3 項の適用対象となるとする見解もある。

なお，マーストリヒト条約の締結に際しては，23 条の新設の他に，多数の基本法規定が改正・新設された。

(5) その他の基本法改正

この他に，基本法 16a 条，16 条 2 項も欧州統合に関わるものである。大規模な制度改革であった 2006 年の連邦制改革は，EU 法への対応が重点の一つであったとされる[13]。リスボン条約（欧州連合に関する条約及び欧州共同体を設立する条約を修正するリスボン条約）の発効によって，23 条 1a 項の挿入の他に，45 条および 93 条 1 項 2 号の改正も施行された。

また，欧州裁判所 2000 年 1 月 11 日判決[14]がドイツ基本法 12a 条に基づ

---

[12] 岡田俊幸「マーストリヒト条約とボン基本法の改正」石川明編著『EC 統合の法的側面』（成文堂・1993 年）54 頁，同・前掲論文（註 7）156，181 頁参照。

[13] 中西優美子「ドイツ連邦制改革と EU 法——環境分野の権限に関するドイツ基本法改正を中心に」専法 100 号（2007 年）173 頁以下参照。

◇第 8 章　部分憲法としてのEUの可能性

き女性の戦闘任務を禁止する法律の規定は EC 法に反するとしたことを受けて、12a 条 4 項後段が改正された。

このように、簡素な基本法 24 条 1 項の規定とその解釈によって進められてきた EC との関わり合いについて、長文の 23 条の挿入を皮切りに、詳細な憲法規定の度重なる整備が行われるようになってきている点が注目される。

2　高権移譲の統制

移譲されうる高権の範囲に関して、連邦憲法裁判所は、1993 年 10 月 12 日のマーストリヒト判決（BVerfGE 89, 155）において、〈ドイツ基本法 38 条は、選挙によって国家権力の正当化に参加し、国家権力の行使について影響力を保持する権利を保障している〉という同条の新たな解釈を示した。

連邦憲法裁判所は、「国民に由来する正当化および影響力行使」が EU の内部でも確保されていることが必要であるとし、EU の「任務および権限の拡大」には民主制原理による限界があるとした。つまり、「連邦議会には、実質的な重要性を伴う任務および権限が残されていなければならない」のである。したがって、EU 条約の締結に際して、「移譲される権利および意図されている統合プログラムを十分に特定可能な形で確定していない場合には、基本法 38 条は侵害される」とした。

このようにして、連邦憲法裁判所は、高権が移譲される際の統制について、基本法 38 条に含まれる権利の侵害を理由として個人が憲法異議を行う道を開いたとされる[15]。しかし、民主制原理に反するとの判断がなされた場合、79 条 3 項と結びついた 23 条 1 項 3 文によって、基本法改正の限界を超えることになり、そのような統合の推進は絶対的に不可能になるおそれもある。

連邦憲法裁判所は、2009 年 6 月 30 日のリスボン条約判決（BVerfGE 123, 267）[16]においても、権限権限（Kompetenz-kompetenz）の付与や白紙授権、

---

(14)　Case C-285/98, Kreil [2000] ECR I-69. なお、斎藤純子「女性兵士に関する欧州裁判所判決」ジュリ 1176 号（2000 年）83 頁参照。

(15)　Vgl. *Ulrich Hufeld / Astrid Epiney*, Europäisches Verfassungsrecht (Nomos, 2009) S.48. リスボン条約判決においても、基本法 38 条違反が問題とされた。

159

◆第Ⅲ部◆　国際規律と国家の主権

固有のアイデンティティの保護の放棄につながるような高権移譲は許されないとしている。

◆ Ⅱ ◆ EU 法の優位性

1　EU 法と違憲審査

(1)　EU 法優位の許容ないし承認

　EC/EU 法における共同体機能確保の要請は容易に危険にさらされるべきではないとしても，EC/EU 法の絶対的優位が受け容れられるわけではない。ここで，基本法はいかなる程度において EC/EU 法の優位性を許容ないしは承認する用意があるのかが問題となる。しかも，基本法 23 条が新たに挿入される前の，24 条 1 項のみが根拠規定であった時期において，憲法規定に十分な用意が明示されていたかは疑問である。むしろ，24 条 1 項の簡潔な規定から，EC 法優位の承認と制限を導き出した憲法解釈が注目される。

　2 次法，すなわち国際機構が定立した法は，通常は，国内機関による適用または国内立法を必要とする。こうした適用または国内立法を行う国内機関は，原則としてドイツ基本法 20 条 3 項および 1 条 3 項によって憲法上の拘束を受けている。しかしながら，これらの国内機関は，こうした憲法上の拘束から，その拘束を設定している規範と同位の規範によって（部分的に）解放されうる。この解放の機能は，ここでは，24 条 1 項に帰属する。

　したがって，その限りにおいて，基本法 24 条 1 項によって，20 条 3 項および 1 条 3 項による拘束は相対化されると解されたのである。

(2)　EU 法優位の限界

　高権移譲の問題に関しては，EC/EU 法の優位と連邦憲法裁判所における基本権保護の関係が大きな論点となった。換言すれば，ドイツの学説および

---

(16)　概要について，中西優美子「ドイツ連邦憲法裁判所による EU リスボン条約判決」貿易と関税 58 巻 2 号（2010 年）75 頁以下，同「権限付与の原則――ドイツ連邦憲法裁判所の EU リスボン条約判決を中心素材にして」聖学院大学総合研究所紀要 48 号（2010 年）236 頁以下等。

◇第8章　部分憲法としてのEUの可能性

連邦憲法裁判所の判例においては，高権移譲の問題は，基本条約の締結に際しての高権移譲の限界よりも，EC/EU法優位の根拠とその限界に重心が移動したのである。これは，2次法を含むEC/EU法の憲法適合性を，国法体系において事後的に審査することができるしくみと無関係ではないであろう。連邦憲法裁判所が欧州統合の過程において強力な地位を有していたのは，国内におけるEC法の適用ないし実施の段階においてであったともいわれる(17)。

連邦憲法裁判所は，比較的早い時期に，基本条約および規則について，それ自体はドイツの公権力の行為ではないので，憲法を基準としては審査されえないと判断していた。しかし，SolangeⅠ決定において，連邦憲法裁判所は，国内機関によるEC法の適用可能性を審査することができるとした。その後，連邦憲法裁判所の審査権は，徐々に撤回ないし制限されてきた。対象ごとに概観する。

2　基本条約

ドイツにおいて，条約の国法秩序における地位は，連邦法律と同位とされる。EC/EUの基本条約については，基本法24条1項ないし23条により，憲法にも優位するとされる。連邦憲法裁判所は，1979年7月25日のVielleicht決定（BVerfGE 52, 187）において，基本条約の規定の解釈および適用可能性についての判断はしないとした。

3　規　則

(1) SolangeⅠ決定

1974年のSolangeⅠ決定において連邦憲法裁判所は，「基本法24条は，基本的性質を有するあらゆる憲法規定と同様に，憲法全体の文脈において理解され，解釈されなければならない。つまり，基本法24条は，憲法のアイデンティティが依拠する憲法の基本構造を，憲法改正なしに，すなわち国際機

---

(17) *Jan Hecker*, Die Europäische Integration vor dem Bundesverfassungsgericht und dem Conseil Constitutionnel, AöR 123 (1998), 586f.

構の立法によって，変更するという道を開いてはいないのである」[18]と判示した。そして，EC 機関による法定立についての，基本法 24 条 1 項による制限として，「連邦共和国の現行憲法のアイデンティティを構成している構造への侵入によって現行憲法のアイデンティティを廃棄するような条約改正は基本法 24 条によって阻止される」[19]とした。

そして，この「憲法のアイデンティティ」が依拠する，ないしは「憲法のアイデンティティ」を構成する，「放棄することのできないドイツ連邦共和国の現行憲法の本質的要素」[20]を，連邦憲法裁判所は，「基本法の基本権部分」[21]であるとした。そして，「基本法 24 条 1 項は，基本法の基本権部分を相対化することを留保なしには許容していない」[22]としたのである。つまり，SolangeⅠ決定において，連邦憲法裁判所は，「基本法の基本権部分」が，「憲法のアイデンティティ」を構成するものとして EC 法に対して保護される，換言すれば EC 法優位の限界をなすとしていたのである。

(2) SolangeⅡ決定

連邦憲法裁判所は，1986 年の SolangeⅡ決定において，欧州裁判所の判例が「基本権の本質的内容を一般的に保障している限りにおいて，連邦憲法裁判所は，……2 次的 EC 法を，もはや基本法の基本権を基準として審査することはないであろう」とした。

SolangeⅡ決定も，「憲法秩序のアイデンティティ」保護という限界設定に関しては，SolangeⅠ決定の枠組を維持して，基本法 24 条 1 項は「ドイツ連邦共和国の現行憲法秩序のアイデンティティを，憲法秩序の基本構造への，すなわち憲法秩序のアイデンティティを構成している構造への侵入によって放棄する権限を付与してはいない」[23]と判示している。

しかし，「憲法秩序のアイデンティティ」を構成する「現行憲法の基本構

---

[18] BVerfGE 37, 271 (279).
[19] BVerfGE 37, 271 (279).
[20] BVerfGE 37, 271 (280).
[21] BVerfGE 37, 271 (280).
[22] BVerfGE 37, 271 (280).
[23] BVerfGE 73, 339 (375f.).

造」に属する,「放棄できない,……本質的要素」については,「基本法の基本権部分の基礎にある法原理である」としている。「憲法秩序のアイデンティティ」保護との関係で問題となるものは,「少なくとも」基本法の基本権部分の基礎にある法原理であるとされており,連邦憲法裁判所は,「憲法秩序のアイデンティティ」が基本権以外の要素をも含む可能性を暗示しているものと解される。

(3) マーストリヒト判決

1993年のマーストリヒト判決は,特定の規則が問題となったものではないが,2次的EC法の違憲審査に関して,SolangeⅡ決定との相違が問題とされるような論及がなされた。

マーストリヒト判決は,「超国家的機構の特別の公権力の行為もまた,ドイツの基本権主体に関わりを有する」から,「連邦憲法裁判所の任務に関わりを有する」として,従来の判例と異なる立場をとった。

そして,判決は,SolangeⅡ決定を引用しながら,連邦憲法裁判所は「2次的EC法の適用可能性に関しては,欧州裁判所に対する「協力関係」において裁判権を行使するが,その協力関係の中では,欧州裁判所があらゆる個別事案においてECの全領域について基本権保護を保障し,それゆえ,連邦憲法裁判所は不可欠な基本権水準の一般的な保障に限定されうる」とした。ただし,この「協力関係」の理解については議論が生じた。

さらに,判決は,条約によって移譲された権限を逸脱して制定されたEU法は,「ドイツの高権領域においては拘束力を有しない」とした。

SolangeⅡ決定で示された基本法24条解釈は,2次的EC法の国法体系における拘束力と優位性は,基本条約の締結についての同意法律による,国内的な法適用命令に基礎を置くというものであった。そのうえで,SolangeⅡ決定は,2次的EC法の国内適用に関して,24条1項による高権移譲についての憲法上の限界を超えていないかを問題とするものであった。ところが,マーストリヒト判決は,「ECが,移譲された権限の範囲内にとどまっているか否かは,憲法上も重要な問題である」とする連邦憲法裁判所1987年4月8日決定(BVerfGE 75, 223)の理解に依拠して,権限を逸脱する2次的

◆第Ⅲ部◆　　国際規律と国家の主権

EC法は，同意法律による法適用命令の対象になっていないから，国内適用の基礎を欠くとするものである。

そして，連邦憲法裁判所は，EUが移譲された高権の限界から逸脱しているか否かを審査するとする。しかし，EUによる権限逸脱行為を国内裁判所が統制することは，欧州裁判所の権限と衝突する。しかも，権限逸脱の統制について，マーストリヒト判決においては，基本権保護と異なり，欧州裁判所との「協力関係」による特別の許容性要件は論じられていないことが指摘される[24]。

(4) バナナ市場規則決定

マーストリヒト判決に対しては，連邦憲法裁判所が，例外的な場合にEUによる基本権侵害および権限逸脱に対処するための権限を確保したとの理解もあり，個別事案における連邦憲法裁判所の権限行使を期待する見解もあった。

連邦憲法裁判所は，2000年6月7日のバナナ市場規則決定（BVerfGE 102, 147）において，SolangeⅡ決定およびマーストリヒト判決に言及しながら，憲法異議も具体的規範統制についての移送決定も，「その理由づけにおいて，欧州裁判所の判例を含むEC法の発展がSolangeⅡ決定によって必要とされた基本権水準を下回っているということを述べていない場合には，許容されない」と判示した。連邦憲法裁判所は，〈SolangeⅡ決定とマーストリヒト判決との間に矛盾はなく，マーストリヒト判決を根拠に連邦憲法裁判所による個別事案審査を期待するのは誤解である〉とした。

EUによる権限逸脱行為の統制の問題は，バナナ市場規則決定では扱われなかった。その直前の連邦憲法裁判所2000年2月17日決定（NJW 2000, 2015）は，欧州裁判所の判決について，マーストリヒト判決の意味における権限逸脱は生じていないとした。これについては，権限逸脱行為の統制を欧州裁判所に委ねることを暗示したものとの理解もあった[25]。

---

[24] *Martin Büdenbender*, Das Verhältnis des Europäischen Gerichtshofs zum Bundesverfassungsgericht（Carl Heymanns, 2005）S.95.

[25] *Ingolf Pernice*, Art.23, in: Dreier（Anm.10）Rn.29. Vgl. *Jurgen Schwarze*, A

◇第8章　部分憲法としてのEUの可能性

２次的EC法の権限逸脱が疑われる場合は，国内裁判所はまず欧州裁判所に先決裁定を求めるべきであり，欧州裁判所が十分な判断をしなかったときには，ドイツ基本法100条1項の具体的規範統制手続を類推適用して，連邦憲法裁判所の判断を求めることができると説かれる。ただし，重大・明白な権限逸脱のみを，23条1項違反として争いうるとされるのである[26]。

(5)　リスボン条約判決

リスボン条約判決は，リスボン条約附属宣言17の「国内法に対するEU法の優位」に関しても，EU法の優位は効力上の優位ではなく適用上の優位であり，それが基本条約についての同意法律による法適用命令に基づくことを再確認している。

本判決は，基本法79条3項で憲法改正の限界とされている1条および20条の原則を，SolangeⅠ決定・SolangeⅡ決定を引用しつつ，23条1項による「憲法アイデンティティの不可侵の核心的内容」とする。そして，①限定された個別権限付与によって移譲された権限を逸脱している場合，②憲法アイデンティティが確保されない場合には，EU法がドイツ国内において適用不可能と判断される可能性を示唆する。その際，連邦憲法裁判所の審査権行使は，国際法調和性の原則に加えて，基本法前文および23条から導かれる欧州法調和性の原則に従うものであって，誠実協力の原則（リスボン条約発効後のEU条約4条3項）に反するものではないとした。

ところで，リスボン条約判決は，憲法アイデンティティ保護の審査に論及する際に，後述の欧州逮捕令状法判決（BVerfGE 113, 273）を引用している。同判決は，EU条約6条3項（リスボン条約による改正前）の「国家のアイデンティティ」を参照指示しつつ，それを国家の憲法構造を表現したものと理解していた。本判決では，基本法の基本権保護から発したSolangeⅠ決定・

　German View on the Charter, in: M. Andenas/A. Usher (eds.), The Treaty of Nice and Beyond (Hart, 2003) pp. 430-431.
(26)　*Pernice* (Anm. 25) Rn. 32; *Hans D. Jarass*, Art. 23, in: H. D. Jarass/B. Pieroth, Grundgesetz für die Bundesrepublik Deutschland, 10. Aufl. (C. H. Beck, 2009) Rn. 35.

SolangeⅡ決定の「憲法秩序のアイデンティティ」保護と，マーストリヒト条約以降の「国家のアイデンティティ」が審査権行使に絡めて結合されているともいえる。

(6) 小 括

連邦憲法裁判所は，「憲法秩序のアイデンティティ」保護という定式で，あらかじめ EC 法優位の限界を留保してきた。また，構成国は条約によって EU を作った「主人」であって，EC/EU への帰属を無効にすることも可能であるとしている。しかし，実際に，EU がドイツ連邦共和国の「憲法秩序のアイデンティティ」を侵害するような事態になったとき，連邦憲法裁判所はどのように判断するのか，という懸念は存在しうる。EC 法について基本法の基本権を基準として違憲審査を行うことを高らかに宣言した SolangeⅠ決定にしても，結論としては，EC 法を違憲としなかった。憲法改正には限界があると考える場合に，構成国の憲法改正の限界は EC/EU に対抗しうるのかは，困難な問題であるかもしれない。

4 指 令

2 次的 EC 法である指令は，各構成国が国内法に置き換えるという古典的な手法で，国内法の調和化を図るものである[27]。そこで，指令を置換する国内法に連邦憲法裁判所による統制が及ぶかが問題となる。

連邦憲法裁判所の 1989 年 5 月 12 日決定（EuGRZ 1989, 339）は，指令については SolangeⅡ決定の枠組を緩和し，個別事案における審査権を要求しうるとしたものではないかと懸念された。この決定において，連邦憲法裁判所は，指令の置換に際して認められた立法裁量の枠内で国内立法を行う場合に生じた基本権侵害の問題は，すべて連邦憲法裁判所の審査のもとに置かれるとしていたのである。

その後，指令を置換する国内立法が当該指令の定めた内容に従わなければならない限りにおいて，指令自体と同様に，置換法律も基本法の基本権を基

---

[27] *Matthias Herdegen*, Europarecht, 13. Aufl. (C.H.Beck, 2011) S.162.

◇第8章　部分憲法としてのEUの可能性

準としては審査されえないという判断が、連邦憲法裁判所の部会（Kammer）において蓄積されていた。とりわけ、連邦憲法裁判所2001年1月9日決定（NJW 2001, 1267）は、SolangeⅡ決定、マーストリヒト判決、バナナ市場規則決定を引用して判断しており、注目された。

連邦憲法裁判所は、抽象的規範統制における2007年3月13日決定（BVerfGE 118, 79）において、SolangeⅡ決定およびバナナ市場規則決定を引用して、法廷（Senat）の判例としては従来は規則に関してのみ示されていたことが、「基本法23条1項に基づいて、指令についても妥当する」とした。そして、指令を置換する国内法律の規定も、EC法がなんらの立法裁量の余地も残していない場合には、基本法の基本権を基準としては審査されないと判示した。

連邦憲法裁判所は、続いて、憲法異議に係る2007年5月14日決定（NVwZ 2007, 942）および2007年5月31日決定（NJW 2007, 3628）においても、指令の置換法律に対する違憲主張を同様に却けた。

しかし、2007年のこれらの決定も、指令が広い立法裁量を認めている場合について、指令を置換する国内立法機関は国内憲法にも拘束されているとしており、1989年決定との相違は大きくないとの見方もある[28]。それでも、指令の定めた内容に従わなければならない限りにおいて、国内立法であっても、2次的EC法自体と同様に扱われるのである。

5　先決裁定手続

個別事案においてのEC法に対する基本権保護が欧州裁判所の権限とされるならば、国内裁判所においてEC法の解釈が問題となった場合に、国内裁判所が欧州裁判所の先決裁定を求める手続を履行することの保障が重要となる。すでに連邦憲法裁判所は、SolangeⅡ決定において、欧州裁判所もドイツ基本法101条1項2文の「法律上の裁判官」に含まれるとしていた。そのようにして、欧州裁判所に付託することを憲法上の義務と構成したのである。

---

(28)　Vgl. *Daniel Heck*, Rechtsschutz gegen durch EG-Richtlinien determiniertes Gesetzesrecht, NVwZ 2008, 524.

◆第Ⅲ部◆　国際規律と国家の主権

　しかし，国内裁判所が適切に先決裁定を求めなかったことについて，連邦憲法裁判所 1987 年 4 月 8 日決定のように憲法異議に理由があるとされた例はわずかであり，連邦憲法裁判所 1990 年 5 月 31 日決定（BVerfGE 82, 159）をはじめ，憲法異議が認められなかった例が多数であるとされていた[29]。

　そうしたなか，前出の 2001 年 1 月 9 日決定は，連邦行政裁判所が 2 次的 EC 法の審査に際して欧州裁判所の判例を考慮に入れておらず，連邦憲法裁判所は管轄権を欠くために基本権に基づいて実体的な審査を行うことができず，欧州裁判所は先決裁定の請求がないために EC 法上の基本権保障に基づいて 2 次的 EC 法を審査する可能性がないという場合には，当事者の基本権保護が空虚なものとなるので，最終審裁判所が先決裁定を求めないことは，基本法 101 条 1 項 2 文に違反するとした。

　これによって，連邦憲法裁判所は，基本法 101 条 1 項 2 文を，SolangeⅡ 判例の枠組を補完するものとして構成していると評される[30]。

6　枠組決定

　リスボン条約以前の EU の 3 列柱構造における第 3 の柱は，超国家的な EC 法とは異なる伝統的な政府間協力の面を有していた。しかし，第 3 の柱における立法形式である枠組決定は，直接効果が否定される点以外は，従来の指令と類似していた。

　ところが，枠組決定を国内法に置き換える欧州逮捕令状法についての連邦憲法裁判所 2005 年 7 月 18 日判決（BVerfGE 113, 273）は，同法が基本法に違反し無効とした。その際，連邦憲法裁判所は，枠組決定に関して，①ドイ

---

[29]　*Klaus Füßer*, Durchsetzung der Vorlagepflicht zum EuGH gemäß Art. 234 Ⅲ EG, DVBl 2001, 1574; *Andreas Voßkuhle*, Anmerkung, JZ 2001, 924ff. なお，連邦憲法裁判所 2010 年 7 月 6 日決定（BVerfGE 126, 286）も，1990 年決定の枠組を確認している。

[30]　*Josef F. Lindner*, Anmerkung, BayVBl 2001, 342ff. Vgl. *Ingolf Pernice*, Constitutional Law Implications for a State Participating in a Process of Regional Integration, in: E. Riedel (ed.), German Reports on Public Law (Nomos, 1998) pp. 63-64.

◇第8章　部分憲法としてのEUの可能性

ツの立法機関は，枠組決定が構成国に認めた国内法への置換に際しての立法裁量を，基本権に留意して行使するよう義務づけられている，②枠組決定は第3の柱のものであるから，憲法適合的な置換について指令とは異なる特別の責任がある，③構成国は，EU条約において，指令に関する欧州裁判所判例の枠組決定への拡張を排除している，と判示した。

　他方，前述の，指令についての2007年3月13日決定は，国内立法裁量に対する憲法裁判権の行使について，本判決に言及している。国内立法機関に裁量がある限り，連邦憲法裁判所による違憲審査が可能である点では，指令と枠組決定とは共通とする趣旨とも解される。そうであるならば，一般に，国際規律の国内実施立法と違憲審査の関係についての問題とみることもできるかもしれない。

◆ Ⅲ ◆　多層的システムと部分憲法

1　「新たな高権主体」と「憲法」概念の使用

　EC/EUを新たな高権主体と捉える理解は，その設立条約を憲法とみることにつながる。すでに，欧州石炭鉄鋼共同体の設立時から，その例が存在する[31]。そうしたことを超えて，統合の進展した高権主体についての憲法を考える可能性に関して，権力の制限や基本権の保護等が憲法の有する本質的な内容であり，憲法の概念をこのような機能を有するものと捉えるならば，その対象を国家に限定する必要はないとする議論が注目される[32]。

---

(31) *Thomas Giegerich*, Von der Montanunion zur Europäischen Verfassung, in: R.Hofmann/A.Zimmermann (Hg.), Eine Verfassung für Europa (Duncker & Humblot, 2005) S.15f.

(32) *Rudolf Streinz / Christoph Ohler / Christoph Herrmann*, Die neue Verfassung für Europa (C.H. Beck, 2005) S.6; *Peter M. Huber*, Europäisches und nationales Verfassungsrecht, VVDStRL 60 (2001), 199; *Eckart Klein*, VVDStRL 60 (2001), 360.

2 「国家結合」のための憲法

しかし，欧州統合の進展に伴い，高権主体としてのEU内部の秩序としての憲法よりも，EU法秩序と国法秩序の相互の関わり合いの深まりを憲法の観点からどう把握するかに議論の重心が移動しているように解される。

(1) 「国家結合」としてのEU

連邦憲法裁判所のマーストリヒト判決は，次のように判示していた。①EU条約は，国家によって組織された欧州の諸国民の間に一層緊密な連合を実現するための「国家結合（Staatenverbund)」(33) を創設するものであって，単一の欧州国民を基礎とする国家を創設するものではない。②国家結合による高権的権力の行使は，主権的であり続ける構成国の授権によって根拠づけられる。③国家結合による高権行使の民主的正当化は，まず構成国の国民によって構成国議会を通じてなされ，補完的に，EUの組織内部で構成国市民によって選挙された欧州議会を通じてなされる。リスボン条約判決も，基本法23条はEUを国家結合として捉えており，EUがそれを超えて連邦国家になることはないとしている。

(2) 部分憲法

このような国家結合を念頭に置いた場合のEUの構造的基盤は，構成国憲法と相互に補完的な「部分憲法」(34) として存在する〈EU憲法〉であるとされうる。〈EU憲法〉は構成国憲法を排除しているわけではなく，両者は上下の階層関係にはないとされる。〈EU憲法〉は，単独で全体を規律するような「完全な憲法」ではないが，連邦国家において支分国＝州の憲法とともに憲法的関係を秩序づけるような連邦の憲法に類似したものとされる。

---

(33) 「国家結合」は，国家連合，連邦国家，そしてStaatenverbundも含む上位概念であるが，以下では国家連合でも連邦国家でもないStaatenverbundの訳語として用いる。

(34) *Armin von Bogdandy*, Europäische Prinzipienlehre, in: A. von Bogdandy (Hg.), Europäisches Verfassungsrecht (Springer, 2003) S.185; *Pernice* (Anm.25) Rn.20; *Huber* (Anm.32), 208f.; *Peter Häberle*, Europäische Verfassungslehre, 4.Aufl. (Nomos, 2006) S.221ff. Vgl. *Matthias Jestaedt*, Europäische Verfassungsverbund, in: R.Krause/W.Veelken/K.Vieweg (Hg.), Recht der Wirtschaft und der Arbeit in Europa (Duncker & Humblot, 2004) S.662ff.

◇第 8 章　部分憲法としてのEUの可能性

　EU は連邦国家を目指すものではないとする論者においても，EU の連邦的構造が認識される。EU を連邦システムとして分析する利点を維持しつつ，EU を連邦制と称することに対する批判を回避するために，連邦国家と EU を同様に包括しうる「多層的システム」の概念が使用される[35]。

　多層的システムにおける〈EU 憲法〉の構成国憲法への依存性は，連邦憲法の州憲法への依存性よりも大きいとされる[36]。EU 法の優位性は，国内裁判所がそれを受け容れる限りにおいて法的に実現されるのであり，国内裁判所が優位性を受け容れるか否かは，ある程度までは選択的であり，かつ一般に国内裁判所自身が示す構成国憲法上の条件に基づいているとされる。この点で，連邦法と州法の関係が連邦憲法についての問題である連邦制から区別される[37]。

(3) 条約憲法

　〈EU 憲法〉たる基本条約が「条約」という形式であることは，それを締結している構成国への EU の法的・政治的依存が継続することを示している[38]。したがって，「国家結合」の憲法を考えるならば，条約の形式であることによって〈EU 憲法〉の存在が否定されるのではなく，憲法的内容を伴う国際法上の条約形式であることに意義があるとされるのである。

(4) 憲法結合

　基本法 24 条 1 項ないし 23 条に基づいてドイツの領域におけるドイツ連邦共和国の高権の排他性が放棄されることによって，補完的憲法としての〈EU 憲法〉成立の前提条件および手続が確定される。〈EU 憲法〉秩序は，

---

(35) *Stefan Kadelbach*, Autonomie und Bindung der Rechtsetzung in gestuften Rechtsordnungen, VVDStRL 66 (2007), 10f.

(36) *Armin von Bogdandy*, Grundprinzipien, in: A. von Bogdandy/J.Bast (Hg.), Europäisches Verfassungsrecht, 2.Aufl. (Springer, 2009) S.51; *Christian Tietje*, Autonomie und Bindung der Rechtsetzung in gestuften Rechtsordnungen, VVDStRL 66 (2007), 50.

(37) *Bruno de Witte*, Direct Effect, Supremacy, and the Nature of the Legal Order, in: P.Craig/G.Búrca (eds.), The Evolution of EU Law (Oxford University Press, 1999) p.209.

(38) *Giegerich* (Anm.31) S.14.

構成国の憲法秩序が繋ぎ合わされて，構成国において市民に直接適用可能な法の総体を構成する部分秩序となる。そして，他の構成国憲法にも存在する統合条項を通じて，「憲法結合（Verfassungsverbund）」[39]への道が開かれる。

この憲法結合においては，基本法23条1項の構造保障条項が〈EU憲法〉の憲法的同質性を要請するのに対応して，EU条約の側では，憲法構造保障的な機能をEU条約2条（リスボン条約による改正前の6条1項）が果たしているとされる。その遵守はEU条約49条によってEU加盟条件であり，構成国である間はEU条約7条がEU運営条約354条（リスボン条約による改正前のEC条約309条）と結びついて構成国に対して拘束的に要請している[40]。

このような憲法結合を，あくまでマーストリヒト判決が示した国家結合のための憲法概念として把握しようとする立場からは，補完的な部分憲法としての〈EU憲法〉が構成国の憲法秩序と相互に関連して繋ぎ合わされて存在する状況が「多層的憲法結合（Mehr-Ebenen-Verfassungsverbund）」[41]と称される。そこでは，構成国が「諸条約の主人」であることに変更はなく，国民国家の構造は基本的に保障される。

(5) 構成国市民による憲法制定？

それを超えて，「多層的立憲主義」[42]に基づき，構成国の市民はEU法の適用対象であるだけではなく，民主制原理のもとでその正当化の主体でもあ

---

(39) *Ingolf Pernice*, Deutschland in der Europäischen Unoin, in: J.Isensee/P.Kirchhof (Hg.), HStR Bd. Ⅷ (C. F. Müller, 1995) S. 225, 245f., 274f.; *Roland Bieber*, Die Europäisierung des Verfassungsrechts, in: K. F. Kreuzer/D. H. Scheuing/U. Sieber (Hg.), Die Europäisierung der mitgliedstaatlichen Rechtsordnungen in der Europäischen Union (Nomos, 1997) S.82ff.; *Dieter H. Scheuing*, Zum Europäisierung des deutschen Verfassungsrechts, ebda., S.106; *Markus Möstl*, Landesverfassungsrecht — zum Schattendasein verurteilt ?, AöR 130 (2005), 352. Vgl. *Stefan Oeter*, Föderalismus und Demokratie, in: Bogdandy/Bast (Anm. 36) S. 119f.; *Christoph Grabenwarter*, Staatliches Unionsverfassungsrecht, ebda., S.173ff.; *Manfred Zuleeg*, Die Vorzüge der Europäischen Verfassung, ebda., S.1075. 批判として，*Paul Kirchhof*, Die rechtliche Struktur der Europäischen Union als Staatenverbund, ebda., S.1017.

(40) Pernice (Anm.25) Rn.17. Vgl. Giegerich (Anm.31) S.23.

(41) Huber (Anm.32), 208.

(42) Pernice (n.30) p.43; *ders*., Multilevel Constitutionalism and the Treaty of Amsterdam, Common Mkt. Law Rev. 36 (1999), 703.

◇第8章　部分憲法としてのEUの可能性

るべきとする見解も主張される。ここでは，憲法結合は，「国家結合」概念の変化形として展開され，基本条約とすべての構成国憲法からなる一つのシステムであるとされる[43]。

この見解によれば，基本条約は，形式的には条約として国際法的な性格を有するが，内容的・機能的には，構成国の国民として各国の憲法上の機関・手続によって仲介された連合市民による社会契約であるとされる。そして，憲法結合をもたらす〈EU憲法〉は，1度だけの，自律的な，「革命的な」行為によって生み出されるのではなく，「重要な基本決定の漸進的な集積の過程」であるとされる[44]。

◆おわりに

ドイツ連邦共和国では，ECの法秩序について，SolangeⅠ決定のように，国家の高権行使の排他性の撤回と国法体系の開放によって，「直接適用性」と優位性を説明できたはずであった。しかし，EC法は，それが自立的に存在するというだけでなく，国内機関がそれを適用・執行することを説明できなければならなかった。そこで，SolangeⅡ決定のように，同意法律による法適用命令に基づくとする説明がなされる[45]。ただし，高権行使の排他性の撤回と，法適用命令による基礎づけとは，いずれもEU法秩序を国法秩序の構成部分ではない別個の法秩序と捉える思考によるものながら，論理的に両立しないとの批判がある[46]。基本法24条1項によって高権が移譲される国際機構の1事例であったECが，それ専用の詳細な条文を基本法の中に多数擁するようになり，国法秩序とEU法秩序の「交叉ないし連結」[47]が生

---

(43) *Ingolf Pernice*, Bestandssicherung der Verfassungen, in: R.Bieber/P.Widmer (Hg.), Der europäische Verfassungsraum (Schulthess Polygraphischer Verlag, 1995) S.262; *ders.*, Elements and Structures of the European Constitution, in: R.Miccù/I.Pernice (eds.), The European Constitution in the Making (Nomos, 2004) pp.32-33.

(44) *Pernice* (Anm.25) Rn.23.

(45) *Pernice*, VVDStRL 53 (1994), 247. Vgl. *Ralf Poscher*, Das Verfassungsrecht vor den Herausforderungen der Globalisierung, VVDStRL 67 (2007), 163ff.

(46) *Jarass* (Anm.26) Rn.32.

◆第Ⅲ部◆　　国際規律と国家の主権

じているとみられる。それらを憲法結合として説明する論者は，EU法秩序と国法秩序を一元的に捉えるべきことを主張している[48]。

　部分憲法という思考が，国法秩序の構成部分ではない自立した法秩序に対する国内空間の開放を基礎とするものであるならば，それらの法秩序の関係づけが問題となるであろう[49]。部分憲法秩序が独自の裁判権を有することを特徴とするとしても，それは憲法裁判所をはじめとする国内裁判所の活動と結びつくことで効果的に機能する。その際，国内適用は同意法律による法適用命令に基づくとされるならば，そこには連邦憲法裁判所による統制が結びつけられる。

　国法体系とEU法体系の関わり合いが深まる中で，法秩序間の衝突に関する個別の論点については，概ね「ヨーロッパ憲法秩序の形成」に親和的に展開してきていた連邦憲法裁判所が近年みせているスタンスは，どのような帰結をもたらすものかが注目される。

---

(47)　中村民雄「多元的憲法秩序としてのEU――欧州憲法条約への視座」大木雅夫＝中村民雄編著『多層的ヨーロッパ統合と法』（聖学院大学出版会・2008年）258頁．
(48)　Huber（Anm.32），212; Pernice（Anm.45），247; ders.,（n.30）pp.59-62.
(49)　Vgl. Bogdandy（Anm.36）S.50ff.; *Robert Uerpmann-Wittzack*, Völkerrechtliche Verfassungselemente, in: Bogdandy/Bast（Anm.36）S.177ff.

◆ 第9章
国際規律の形成と政府の取り組み

I 「危険の国際化」
II 「国際化した危険」への国際的な取り組み
III 「政府の取り組み」とその憲法的統制
IV 国際規律の形成と国会

◆ I ◆ 「危険の国際化」

1 国際的な危険の諸相

　本来的に国際的な危険である国際武力紛争等の，いわば「国際の危険」への対応に関しては，憲法学においてもすでに多くの考察がなされてきた。

　国民の活動の国際化によって増大する，在外の自国民に生じる危険についての国家の対応としての「在外の危険」の問題は，「国民以外の者の国外犯」についての刑法3条の2等に関するものである。国内刑法の適用がなんらかの越境的要素を有する場合に関する刑法の国外犯処罰規定のうち，犯罪の国際化に伴って拡大してきたものとしては，「条約による国外犯」についての刑法4条の2も注目される。後者は，「国際社会の利益保護のために，日本刑法を用いるための特別の規定」[1]とされる。「条約による国外犯」の規定は，国外犯としては「国内刑法の越境的適用」の問題であるが，その前提として，条約によって各国に法整備が求められているのであり，その意味では，条約等の国際的合意に基づいて処罰対象が定められる場合としての「国際法による刑事統制」の問題と考えることもできる。

---

(1) 辰井聡子「国民保護のための国外犯処罰について」法教278号（2003年）24頁。

2 国際化した危険

これに対して,「危険の国際化」[2]は,「国際化した危険」の存在を念頭に置くものと考えられる。いわば国家を跨いで危険が発生・存在する状況であって,各国が個別に法を適用することでは十分に対応できないことから,国際的な取り組みが要請されるものと考えることができる。そして,さらには,「国内には処罰の必要性を基礎づける十分な立法事実が存在せず,ただ,国際的な法規制のネットワーク中に空隙が生じないように日本でも処罰規定を設けることが求められる」[3]ようになるとされる。

なお,「国際法による刑事統制」においては超国家的刑罰権による処罰も考えられ,これら全般にわたって国際法学では「国家管轄権」の問題として論じられることがあり,そうした論点に憲法学としてどのように対応しうるかは重要な問題である。ただし,本章では,国内法を整備して国際法規範の実現を図る間接的な方法に関する問題に限定して考察する。

◆ II ◆ 「国際化した危険」への国際的な取り組み

1 国際的取り組みの構成

一般に第2次大戦後,多くの国が共通に犯罪であると認識する行為を規制するための国際的協力の枠組をおもに多数国間条約で設定するしくみが展開されてきた。

とりわけ1990年代以降,「国際化した危険」への対応に取り組む刑事司法分野では,制度的調和ないし平準化が進められてきた。犯罪のグローバル化への対策としては,「抜け穴」や「逃げ場」をなくすことが重要とされる。そのための多数国間条約に共通する構造として,一般に次の点が挙げられる。

---

[2] この語は,日本公法学会第71回総会第1部会(2006年)において,「危険の国際化と政府の取り組み」との課題で報告を求められたことに基づく。
[3] 井田良「刑事立法の活性化とそのゆくえ」法時75巻2号(2003年)6頁。なお,「危険の国際化」は刑事法分野に限られるものではないが,そこには,「国際化した危険」への国際的な取り組みに関する問題が,顕著に現れていると解される。

①犯罪の構成要件を規定し、締約国がそれを国内法により犯罪化する義務を定める。さらに、それを重く処罰する義務を定めることがある。②犯罪行為地国、容疑者国籍国、犯罪被害国等の関係諸国に裁判権設定義務を課し、処罰が確実になされるよう図る。③容疑者の所在地国に「引渡しか訴追か」の義務を課し、各国の犯罪人引渡制度の調整と併せて、容疑者がどこにいても処罰が確保されるようにする。

「国際化した危険」への対応においては、G8の合意に基づく枠組が注目される。また、サミット首脳会議の他に、関係閣僚会合や専門家会合といった具体的提案を行う下部会議体を活用する傾向も指摘される[4]。たとえば、1989年のサミットで設置が合意され、おもにOECD加盟の先進国を構成メンバーとしてマネー・ロンダリング対策を推進するFATF（Financial Action Task Force：金融活動作業部会）である。多数国間条約の作成についても、一定程度恒常的に存在し継続的に活動している政府間の会議体を基盤として行われる傾向がみられる。とりわけ、1995年のサミットで設置が決定された、G8国際組織犯罪対策上級専門家会合、いわゆるリヨン・グループの存在が注目される。

2　国際的取り組みのための多数国間条約

こうした国際的な取り組みのための多数国間条約の、注目されるものについて概観する。

国連国際組織犯罪防止条約（国際的な組織犯罪の防止に関する国際連合条約）は、その作成の発端は1994年の国際組織犯罪に関する世界閣僚会議であり、条約を起草したのは国連の政府間特別委員会であるが、並行してリヨン・グループで検討・意見調整が行われており、それが国連での条約作成作業の進捗に影響を与えていたとされる。リヨン・グループは、司法・内務官僚を中心とする会合であり、日本からは法務省、警察庁等の複数の省庁が関連を有

---

(4)　富川尚「国連国際組織犯罪条約成立におけるG8サミット（G8 Summit）の役割——G8システムの拡充と連合的リーダーシップ（Coalition Leadership）」同法53巻6号（2002年）530-532頁。

◆第Ⅲ部◆　国際規律と国家の主権

しているとされる。

　サイバー犯罪条約（サイバー犯罪に関する条約）は，1997年に欧州審議会閣僚委員会の決定により設置された，コンピュータ犯罪専門家会合が起草したものである。同条約が欧州審議会で作成されたのは，先進国を中心としてサミットより参加国が多く，多数の条約作成実績を有する事務局があるためであるともいわれる[5]。日本は，欧州審議会のオブザーバー国であり，専門家会合のオブザーバーとしても参加を認められ，条約起草国に名を連ねている。サイバー犯罪条約が欧州審議会の作成によるといっても，日本国政府は，後から受動的に事実上のグローバル・スタンダードに参加したわけではなく，当初から条約作成作業に積極的に参加していたのである。

　現在13を数える，普遍的なテロ防止関連諸条約は，テロとして行われる具体的な行為を個別に犯罪として捉えて対処することを狙うものである。テロ防止関連諸条約は，条約が犯罪として規定する行為について，実行地・国籍を問わずに裁判権を設定し，領域内で容疑者を発見した国が訴追できるとしている。しかし，各国での国内実施法の整備に時間がかかり，そのために条約加盟が遅れ，結果として条約発効にも時間がかかることが指摘される。テロ防止関連諸条約においては，「可能な限り多数の国家がそれらの条約に加盟し，必要な国内法体制を整備することがきわめて重要」[6]であるが，条約への加盟は原則として各国の任意である。

---

(5)　瀧波宏文「「サイバー犯罪に関する条約」について——その意義及び刑事実体法規定」警論55巻5号（2002年）127頁。多数国間条約作成における事務局の重要性について，柳井俊二「条約締結の実際的要請と民主的統制」国際78巻4号（1979年）53-54頁，同「国際法規の形成過程と国内法」山本草二先生還暦記念『国際法と国内法——国際公益の展開』（有斐閣・1991年）94-95頁，同「日本外交における国際法」国際法学会編『日本と国際法の100年　1 国際社会の法と政治』（三省堂・2001年）173頁。
(6)　浅田正彦「安保理決議一五四〇と国際立法——大量破壊兵器テロの新しい脅威をめぐって」国際問題547号（2005年）41頁。

3 多数国間条約体制の展開と限界
(1) 多数国間条約と憲法条項

これらの条約のように、国際化した危険についての国際規律は、多数国間条約によって特定の行為を諸国の共通利益を害する犯罪と定め、締約国が国内法を整備して当該犯罪の規制に当たるという方法が主流であった[7]。しかし、国際社会の共通利益とされるものが各国の国内法上の法益に還元できる範囲を越えて定められたり、条約目的の統一的な実現を確保するため条約義務の履行について各国の裁量の余地が狭められたり、留保が禁止・制限されたりすることとなれば、多数国間条約体制と国内法制とりわけ憲法との緊張関係が増大する。

他方、多数国間条約の中には、「締約国は、自国の国内法の基本原則に従い」といった文言によって憲法の優先を認めるような「憲法条項」[8]が存在する場合がある。国連国際組織犯罪防止条約等にも、こうした規定が少なからずみられる。

ただし、近年、多数国間条約体制においては、締約国会議が条約の実施や法定立等について力を持つ傾向がみられ、締約国が必ずしも憲法上の主張を貫徹させることができない場合も生じうることには、留意が必要であろう。このような現代的な締約国会議は環境分野において発展してきたものとされるが、国連国際組織犯罪防止条約もそれと類似のものを設置している[9]。

(2) 条約の要請と憲法の衝突

多数国間条約と憲法との緊張関係の実際について、国際法学からは、「憲法の定める人権規定が、条約の締結やその国内実施に当たっての阻害要因になる」場合についての指摘がある。ただし、そのために国内的実施措置が困難になったり条約の締結を断念せざるをえなくなることがあっても、そのこ

---

[7] 洪恵子「国際刑事法の発展と国内法」ジュリ1232号(2002年)37頁。
[8] 浅田正彦「条約の国内実施と憲法上の制約——化学兵器禁止条約を素材として」国際100巻5号(2001年)31頁。
[9] 桐山孝信「「国際組織犯罪防止条約」の批准と国内法化の問題」法時78巻10号(2006年)16-17頁、柴田明穂「締約国会議における国際法定立活動」世界法年報25号(2006年)43頁以下。

◆第Ⅲ部◆　国際規律と国家の主権

と自体は，憲法学の観点からは異常なこととはみられない。しかし，国際人権基準の国内的実施に積極的ではないという批判が多い中で，「国内における人権の保障とは直接には関係のない条約の国内実施との関係で，逆に，憲法の定める人権規定が極度に重視される傾向が見られ」るとの批判がある[10]。

　たとえば，多数国間条約体制の実効性確保のために，条約が対象犯罪について包括的に規定した場合，国内実施法において罰則を設けて担保することが求められるならば，憲法上問題が生じる可能性がある。化学兵器禁止条約（化学兵器の開発，生産，貯蔵及び使用の禁止並びに廃棄に関する条約）における「化学兵器」の定義は，化学の発展によって厳密な定義に該当しない化学兵器が製造されることを恐れ，極めて一般的なものとなっている。しかし，条約の定義をそのまま国内の刑罰法規で用いるならば，罪刑法定主義への抵触が懸念される。そこで，日本の国内実施法である化学兵器禁止法は，諸外国が条約とほぼ同様の定義を採用しているのに対して，条約とは異なる狭い概念を用いている。これは，「日本の国内実施法が，憲法上の人権規定に対していかに「細心の配慮」を払った上で立法されたかが分かる」例とされる[11]。

　他方で，国連国際組織犯罪防止条約の国内的実施のための，いわゆる「共謀罪」法案については，日本の刑法の客観主義または行為主義から逸脱するとの批判がなされている[12]。しかも，条約締結のための国内法整備として必要であるということ以上には，法制審刑事法部会においても，国内的な立法事実は示されなかったのである。

　このように，国連国際組織犯罪防止条約とその国内実施法の整備に際して，刑法の基本原則とされるものへの配慮が慎重さを欠いたようにみえるのは

---

[10]　浅田正彦「人権分野における国内法制の国際化——法的形式主義とミニマリズムの克服に向けて」ジュリ1232号（2002年）79，83頁。
[11]　浅田・前掲論文（註10）83頁。
[12]　松宮孝明「実体刑法とその「国際化」——またはグローバリゼーション——に伴う諸問題」法時75巻2号（2003年）27-28頁。

◇第 9 章　国際規律の形成と政府の取り組み

ぜであろうか。

　条約締結のためといいながら,「条約上の義務」が政府の政策選択の隠れ蓑となり, 国内実施法の立法理由の説明責任が果たされていないとの批判もある[13]。他方, 国連国際組織犯罪防止条約の求める内容が, 国際化に伴って変革・実現されるべき刑事法の内容, つまり立法政策の範囲内のものであり, 憲法的保護の対象ではないとみられていた可能性がないであろうか。前述の罪刑法定主義は, 憲法上の原則であると受けとめられ, 条文の規定ぶりの問題として分かりやすい論点であったと考えられる。それに対して, 刑法の客観主義ないし行為主義については, これを憲法 13 条に基づいて説明する可能性等を考える必要があるかもしれない[14]。あわせて, 罪刑法定主義の内容のうち, 常に憲法的に保護される部分と, 国際主義との調整が許される部分との整理等を検討することも考えられる。

　ところで, 国連国際組織犯罪防止条約に先行する, 国連麻薬新条約（麻薬及び向精神薬の不正取引の防止に関する国際連合条約）およびその国内実施法も, 国内法制に大きな変革をもたらすものと評された。しかし, 国連麻薬新条約と国連国際組織犯罪防止条約との間には, 国内法制への要求の相違が存在する可能性がある。

　ここで, 条約が国内法制に与える影響と程度を次のように分類する見解が注目される。すなわち, ①国内法または国内制度の統一を目的とする条約, ②一定水準の国内制度整備を要求する条約, ③国内的実施の方法を締約国に任せる条約, である[15]。

　国連国際組織犯罪防止条約については, これまでの諸条約とは違い, 国際社会の共通の法益を析出し, 対象犯罪を定めて, 各国の国内法による犯罪化を義務づけるというものではないとの指摘がある[16]。つまり, 国連国際組

---

(13)　松宮・前掲論文（註 12）28 頁。なお, 北村喜宣「「グローバル・スタンダード」と国内法の形成・実施」公法 64 号（2002 年）97 頁。
(14)　内野正幸『憲法解釈の論理と体系』（日本評論社・1991 年）307-308 頁参照。
(15)　柳井・前掲「国際法規範の形成過程と国内法」（註 5）101-103 頁。
(16)　奥脇直也「国際法から見た国際刑事協力の現代的展開」法教 278 号（2003 年）7 頁。

織犯罪防止条約においては,「犯罪人引渡等のための「双罰性」の充足」[17]が重視されているというのである。その意味で,「従来の国際刑事協力から一歩踏み出して,各国刑法の運用の統一を直接に図る面をもつことは否めない」[18]と評される。つまり,国連国際組織犯罪防止条約は,①の範疇そのものではないとしても,相当程度そうした各国制度の斉一化を図る性質を有するものであると考えられる。

このように,条約による要求の水準に違いがあり,制度的調和ないし平準化を目指す条約の中でも,国連国際組織犯罪防止条約は高度の要求を含んでいるといえるかもしれない。国内法制の斉一化のような要請を含む多数国間条約の締結に際しては,単に法律のレベルで国内法制との関係を検討するだけではなく,変更を迫られる従来の法制・理論における諸原則が憲法の要請ではないのか,つまり,統一的実施を求められる内容が憲法に抵触しないかを入念に検討する必要がある。統一的実施の内容が単に技術的な基準の問題ではなく,かつ,実施の状況を監督するしくみが設けられている場合には,国内的実施において憲法の要請を確保できないこととなるおそれが存するのである。

(3) **安保理決議による国際立法**

このような多数国間条約体制の強化ないし深化の方向に加えて,「危険の国際化」への対応としては,条約以外の方法での規律も行われている。

たとえば,マネー・ロンダリング対策については,前述のFATFが条約ではなく勧告を基本的な規範としながら,メンバー国間で勧告の履行状況に関して厳格な相互審査を行うしくみを設け,事実上の強い拘束力を有している。テロ対策に関する規律は,テロ防止関連諸条約の他にも,国際民間航空機関(ICAO)およびサミットの宣言や国連の安保理決議等によって示されてきた。

---

(17) 松宮孝明「刑事立法の新動向とその検討」刑法43巻2号(2004年)90頁。同・前掲論文(註12) 28頁。
(18) 奥脇・前掲論文(註16) 8頁。なお,今井勝典「国連国際組織犯罪条約の実質採択について」警論53巻9号(2000年)58頁。

◇第9章　国際規律の形成と政府の取り組み

　さらに，近年の安保理決議の中には，特定の事態についての決議を越えて，国際立法ともいいうるものがあるとされる。「国際立法」の語は多義的であるが，「①個別の国による（個別の）同意なく，②基本的にすべての国を法的に拘束する，③一般的な行為規範を新たに定立すること」であるとすれば，多数国間条約の作成は①を欠き，経済制裁決議は①②を満たすが特定の事態との関係において義務づけられるために③を欠く。安保理決議は，国連加盟国をただちに法的に拘束するものであり，一般的内容の規律を安保理決議によって決定すれば，すべての国連加盟国が締結した条約と同等以上の効力を有することになり，①〜③の要件を満たすこととなる[19]。

　そのような「国際立法」とみられる安保理決議としては，国際テロリストの資金面での規制・抑圧を目的とする2001年9月の安保理決議1373が初めての例とされる。ただし，その内容は当時未発効だったテロ資金供与防止条約（テロリズムに対する資金供与の防止に関する国際条約）を反映したものであり，各国の批准が遅れていた条約を部分的に強制発効させたものといえる[20]。それに対して，2004年4月の安保理決議1540は，大量破壊兵器やその運搬手段の非国家主体（テロリスト等）による取得・使用の危険に対処するため，全会一致で採択されたものであるが，類似の内容を有する未発効条約があったわけではない。それまでの大量破壊兵器関連諸条約には，非国家主体への拡散防止という発想が欠けていたところ，テロと大量破壊兵器の結合という新たな脅威に直面して，法の欠缺を埋める緊急の必要性が生じたのである[21]。

---

[19]　浅田・前掲論文（註6）547号45, 50-51頁。なお，筒井若水「条約にみられる国際機構の概念」国際75巻3号（1976年）2-3頁。

[20]　中谷和弘「テロリズムに対する諸対応と国際法」山口厚=中谷和弘編『融ける境　超える法2　安全保障と国際犯罪』（東京大学出版会・2005年）109頁。テロ資金供与防止条約は，1999年12月に国連総会で採択され，国連総会において勧奨決議もなされていたが，発効には22カ国の批准が必要なところ，安保理決議1373採択時には，わずか4カ国にとどまっていた。「その意味でこの決議は，安保理による史上初の国際立法ではあるにしても，まったく新たな規範創設であったとは言い難い」とされる（浅田正彦「国連安保理の機能拡大とその正当性」村瀬信也編『国連安保理の機能変化』（東信堂・2009年）23頁）。

◆第Ⅲ部◆　　国際規律と国家の主権

　通常の多数国間条約の場合と比較して，安保理決議による国際立法については，安保理15カ国の多数決で定立される，関係国間の十分な利害調整がなされない，参加しない自由がない，といった問題点がある[22]。多数国間条約の作成・締結という従来の方法に代えて，ただちに安保理決議による「国際立法」が多用されることは想定されていないようであるが[23]，それでも，このような多数国間条約に匹敵する国際規律が，国会の承認を経ずに，日本国について拘束力を有することを，憲法上どのように説明するかの検討が必要であろう[24]。

---

[21]　浅田・前掲論文（註20）24頁，市川とみ子「大量破壊兵器の不拡散と国連安保理の役割」村瀬編・前掲書（註20）59頁。「安保理の決定という即効性を有する手段を利用する緊急の必要性がない場合には，通常の条約交渉によって利害関係の調整を図るのが筋」とされ，安保理決議による国際立法という「手法は，これまでの条約法秩序を瓦解させることにもなろう」（浅田・同論文27-28頁）とされ，「安保理の一般的な「立法」機能が国際社会に受容されたと言うには時期尚早」（市川・同論文60-61頁）とされる。なお，青木節子「核不拡散の新しいイニシアティヴ――PSIと安保理決議1540の挑戦」黒澤満先生退職記念『核軍縮不拡散の法と政治』（信山社・2008年）369頁以下。

[22]　浅田・前掲論文（註6）547号54-55頁，同・前掲論文（註20）25-27頁。そのため，安保理決議1540で設置された1540委員会のマンデートを延長した安保理決議1673（2006年4月）および同1810（2008年4月）も含めて，「国際立法に関連する決議はこれまですべて全会一致で採択され」ており，また，「決議1540の場合には，安保理の理事国でない多数の国連加盟国に意見表明の機会が与えられ，それらの意見を反映した決議案の修正さえ行われた」ことに注目すべきとされる（同28, 31-32頁）。なお，松田竹男「集団安全保障における正統性の危機」名法202号（2004年）23-27頁，佐藤哲夫『国際組織法』（有斐閣・2005年）347-348頁，坂本一也「国連安全保障理事会による国際法の「立法」――安保理決議1373及び1540を手懸かりとして」世界法年報25号（2006年）138頁以下，酒井啓亘ほか『国際法』（有斐閣・2011年）157-159頁［濵本正太郎］。

[23]　「安保理の立法権限を仮に認めたとしても，その範囲は履行確保制度と密接に関連し，決議の履行の促進者として情報提供・専門技術者の派遣・財政的支援など安保理が現実に援助できる範囲にとどまることになる」（萬歳寛之「NBCテロ犯罪に関する国際義務の履行確保責任――安保理決議1540を素材として」林司宣先生古稀祝賀『国際法の新展開と課題』（信山社・2009年）27頁）との指摘もある。

[24]　国連憲章25条にいう「決定」を含む安保理決議の国内的効力について，国際法学においては，一般に，①条約としての国連憲章が国内的効力を有することから，憲章25条によって法的拘束力を有する安保理決議にも自動的に国内的効力が認められる，②安保理決議は憲法98条2項の「条約」には当たらないが，国際法の誠実遵

◇第9章　国際規律の形成と政府の取り組み

◆ Ⅲ ◆ 「政府の取り組み」とその憲法的統制

こうした「危険の国際化」に対する「国際的な取り組み」に関わる「政府の取り組み」についての憲法的統制の問題と，従来の憲法学の議論との関係について，瞥見する。

1 「法律に対する条約の優位」と国内実施法の整備

「危険の国際化」に対する国際規律が多数国間条約として作成され，その迅速な締結と国内的実施が求められる傾向が強まりつつあるが，日本では，「法律に対する条約の優位」を前提に，条約締結に際しては，事前に必要な国内法整備を行って，条約義務に反しない状態を作出することが行われてきた。

守という98条2項の精神から「拘束力ある安保理決議は憲法98条2項によって国内的効力を有すると考えるのが妥当」，③安保理決議の国内法制上の地位の問題は憲章25条自体の法的地位とは「一応別途の問題」であり，国内的効力や立法措置の要否は個々の具体的決定について考える，といった見解が示されている（森川幸一「国連安全保障理事会決議への日本の対応」ジュリ1232号（2002年）46頁，小和田恆「国際機構の規範定立行為と国内法制——統治機能の国際的配分に関する一試論」山本草二先生古稀記念『国家管轄権——国際法と国内法』（勁草書房・1998年）688-689頁，酒井ほか・前掲書（註22）406-407頁［濱本］参照）。日本政府は，イラクに対する経済制裁決議の国内的実施において，外国為替び外国貿易管理法（現：外国為替及び外国貿易法）に基づいて資産凍結等を行う際に，安保理決議が同法の「我が国が締結した条約その他の国際約束を誠実に履行するため必要があると認めるとき」のうちの「その他の国際約束」に該当するものと解釈したとされる（古川照美「安全保障理事会決議の機能変化と国内法制」法教161号（1994年）14-15頁。なお，中谷和弘「テロリズムに対する諸対応と国際法」村瀬編・前掲書（註20）90-91頁）。これに従って，④法的拘束力のある安保理決議は「条約その他の国際約束」として「そのままの形で国内法上も適用・実施される」のであって，それは「憲章第25条による「特約」に基づく」と説明されることもある（杉山晋輔「国連安保理決議の法的拘束力と国内的実施に関する一考察」林古稀・前掲書（註23）140-141頁）。安保理決議による国際立法に関しては，憲法98条2項の「確立された国際法規」は，「日本国が締結した」ものではないが日本国について法的拘束力を有する国際法規範を含むと解する余地もあろう。もちろん，その形式的効力は，性質により分類して考察する必要がある。

◆第Ⅲ部◆　国際規律と国家の主権

　国連国際組織犯罪防止条約は2003年5月に第156回国会で，サイバー犯罪条約は2004年4月に第159回国会で，それぞれ締結について承認がなされたにもかかわらず，同時に国会に提出された国内実施法が未成立のため批准書の寄託がなされておらず，両条約とも未締結の状態におかれた[25]。国会の承認を経た多数国間条約について，内閣は批准を差し控えているのである。このように，国内実施法の整備が完了しないうちは内閣は批准を行わないということが，いわば憲法習律的なものとして存在していると考えられるであろうか[26]。その場合，国会は，国内実施法を成立させないことによって条約締結を抑止する「二重の承認権」を有することになるのであろうか。

　かつて女子差別撤廃条約を締結した際には，条約に署名後，国内法の整備を済ませた後の会期において，条約締結の承認を求めている。たしかに，多数国間条約への日本の対応の遅れの原因は，条約批准前に国内法の整備を行うことにあるとされることがある[27]。ただし，従来，条約の国会承認と当該条約の国内実施法の制定は，同一会期に行われることが一般的である。政府は，国会審議の便宜ないし効果的な審議を理由に，同時並行的に条約と国内実施法の審議を求めるとしている[28]。しかし，両者は必ずしも同一の委員会に付託されるわけではない。

　前述のように，国連国際組織犯罪防止条約の国内実施法の整備における共謀罪と刑法の客観主義ないし行為主義との衝突については，憲法学は，専ら従来の刑事法制・刑法理論との整合性の問題としてではなく，それらを含み支える憲法規定と，締結の承認を求められている条約との整合性の問題とし

---

[25]　両条約のための国内法整備を一括した法案が国会に提出されていたが，再び分離され，第177回国会において，「情報処理の高度化等に対処するための刑法等の一部を改正する法律」（平成23年法律74号）が成立した。これによって，政府は，サイバー犯罪条約の批准手続を行う予定とされる。経緯について，吉田雅之「法改正の経緯及び概要」ジュリ1431号（2011年）58頁以下参照。

[26]　そのような趣旨の政府答弁もみられる。たとえば，山田中正外務省条約局外務参事官・84回国会参・外務委員会議録9号17頁，野村一成外務大臣官房審議官・120回国会衆・外務委員会議録12号3頁等。

[27]　髙山佳奈子「国際刑法の展開」山口=中谷編・前掲書（註20）20頁。

[28]　谷内正太郎「国際法規の国内的実施」山本還暦・前掲書（註5）116-117頁。

◇第9章　国際規律の形成と政府の取り組み

て考察する用意をしなければならないであろう。つまり，問題は，条約の国会承認の段階で審議されるべきものである。ただし，国内実施法の規定を整備する段階でなければ，具体的な憲法問題の所在が分かりにくいかもしれない。したがって，少なくとも国内法制に重大な変更をもたらすような条約については，先行して国内法整備を行ったうえで，条約の国会承認手続に入るものとし，条約承認案件と国内実施法案を同一会期に提出することには慎重であるべきかもしれない[29]。

2　法律主義と条約による規律

罪刑法定主義は条約によって犯罪と刑罰を直接定めることを許容するか，という問題がある。国籍法定主義と租税法律主義については，憲法のいう「法律」には条約が含まれるとの指摘がある[30]。その根拠が，国籍や関税等の事柄の性質ないし特殊性によるのであれば，本来，国際的な調整が必須とはいえない罪刑の決定について，憲法が法律主義を定めていることは，「法律に対する条約の優位」との関係では，国会の権限を事項的に保護する方法とも捉えうるであろう。法律主義の見地からは，近時の多数国間条約の作成・締結過程において大幅に行政権に重点が移動しつつあることに鑑みて，条約による犯罪と刑罰の直接的規律にはなお慎重であるべき理由が見出されるかもしれない[31]。

3　条約締結の事後承認の許容性

憲法73条3号の規定について，条約締結の承認を事後とするのは「内閣の自由な裁量」とする見解[32]も存在したが，国会による統制の意義を考

---

(29)　桐山・前掲論文（註9）13-14頁参照。
(30)　岩沢雄司『条約の国内適用可能性――いわゆる"SELF-EXECUTING"な条約に関する一考察』（有斐閣・1985年）84-87頁。
(31)　「条約は，国会の事前または事後の承認を経て内閣が締結するという意味で，国会単独立法原則の例外となりうる」（樋口陽一『憲法Ⅰ』（青林書院・1998年）220-221頁）。なお，本書第3章Ⅱ参照。
(32)　宮沢俊義（芦部信喜補訂）『全訂日本国憲法』（日本評論社・1978年）564頁。

187

ると必ずしも適切ではないであろう[33]。他方，事後承認の許容性を限定的に解する学説も，「時宜によっては」を「緊急の場合に」「例外的に」と換言する程度で，具体性を欠くようにみえる。

実際には，事後承認を求められた例は，ごく限られており，しかも1961年の例が最後と考えられる[34]。これまでの事後承認の例をみると，ほとんどが締結ないし発効について期限がある，あるいは早急に行う必要がある場合で，かつ，国会が閉会中であったか衆議院が解散されてしまった場合かである。くわえて，約半数は，事前承認を得る予定で国会に提出していたところ，審議未了となったり衆議院が解散されてしまったというものであり，当初から事後承認を選択したわけではない。

条約の事後承認が例外的に許されるのは，条約の締結ないし発効に期限が設定されている（あるいは一定期間ごとに更新が必要である）といった場合であって，国会審議中に衆議院が解散された，または，国会閉会中で次の会期を待つ余裕がない，といったときに限られるものと解される[35]。「危険の国際化」に際しての国際的協力への対応について，多数国間条約の批准作業の迅速化が必要であるとしても，事後承認が認められる場合は考えにくいであ

---

[33] 岩沢雄司「憲法と国際法」法教370号（2011年）28頁参照。
[34] 上田章＝浅野一郎『憲法』（ぎょうせい・1993年）171頁。その後，第178回国会までにも，管見の限り，事後承認の例はないようである。確認しえた例は，次の3類型に整理できる（〈 〉内は国会の回次）。(a) サンフランシスコ平和条約発効後1年以内に締結の必要があったが1953年3月14日に衆院解散：①貨物の原産地虚偽表示の防止に関する協定〈16〉，②国際航空運送規則統一条約〈16〉，③戦争犠牲者保護に関するジュネーブ条約〈16〉，(b) 国会閉会中に締結の必要：④国際小麦協定〈12〉，⑤日米友好通商航海条約についての留保に関する交換公文〈18〉，⑥ガット締約国と日本国との通商関係規則宣言〈18〉，⑦在日国連軍に対する刑事裁判権行使に関する議定書〈19〉，⑧ガット加入議定書〈22〉，⑨ガット譲許に関する対米文書〈39〉，⑩ガット譲許に関する対独文書〈39〉，(c) 衆院解散中に締結の必要：⑪ガット締約国と日本国との通商関係規則宣言の延長議定書〈22〉。
[35] 「「修正」権の有無又は不承認の場合の条約の効力いかんの問題は，いわば講学上のもの」（大石眞「憲法と条約締結承認問題」論叢144巻4=5号（1999年）97頁）ともいえるが，内閣が自由に事後承認を選択しうると前提しているかのような論点設定もみられる。なお，法学協会編『註解日本国憲法 下巻』（有斐閣・1954年）1086頁。

ろう。

4 多数国間条約と国会の「条約修正権」

日本が，既成の多数国間条約に受動的に加入する段階から，その作成過程に深く関与し，自国の主張を盛り込みうる地位に達していることを前提に，条約の作成・締結過程の国会による統制を考える必要がある。

国会の「条約修正権」については，多数国間条約の場合，署名によって条約内容が確定した後に行われる国会承認の時点では，修正を論じる余地はない。二国間条約においては相手国との再交渉を求めるという意味での「条約修正権」が国会に認められるとして，日本国憲法が国会に「条約修正権」として条約内容の形成への関与を認めていると解するならば[36]，署名後の修正がきわめて困難な多数国間条約については，憲法72条が「内閣総理大臣は，……外交関係について国会に報告し」と規定していることと併せ考え，条約締結については国会承認が必要であることに鑑みて，当該条約の作成段階から，その概要や国内実施法の整備について「国会に報告」することが求められ，また，署名前に国会が条約案に対して意見を表明することができる機会を設けるよう求められるかもしれない。

◆ Ⅳ ◆ 国際規律の形成と国会

国際化した危険への国際的な対応は，各国に法的規制の網をかけるとともに，法的規制の内容を平準化して諸国間の協力を容易にするという形の国際規律によって行われている。そうした国際規律の拡大・進展に伴って，国際社会の共通の法益とされるものが，必ずしも個別の国家の国内法益に還元できない場合も生じてくる。そこでの協力のあり方は，国際社会を構成する各

---

[36] 樋口陽一ほか『憲法Ⅲ〔第41条〜第75条〕』（青林書院・1998年）251-252頁〔中村睦男〕。なお，岩沢・前掲論文（註33）29頁，川﨑政司「立法の多元化と国会の役割・あり方」浦田一郎＝只野雅人編『議会の役割と憲法原理』（信山社・2008年）238-239頁参照。

◆第Ⅲ部◆　国際規律と国家の主権

国が,「いわばその一員として,実際の活動を行うというイメージ」[37]になるのかもしれない。

　しかし,少なくとも現段階では,とりわけ「危険の国際化」に対処する領域では,各国の法務・内務官僚を中心に「政府間方式」で作成した多数国間条約が国際規律の中心である。そうした条約が十分な国会審議を経ずに締結され,国会がその国内実施法の整備に追われることになれば,「民主主義の赤字」といわれる問題状況と類似したことになりかねない。法律の制定よりも簡易な手続で締結されうる条約が,国会の制定した法律に優位することを前提とすれば,条約承認の案件についての国会での審議が,かりに法律案の審議よりも簡潔になされるようなこととなると,さらに逆転現象が強まることとなるかもしれない(前述の「二重の承認権」に関わる)。また,「危険の国際化」への対処においては,国際約束の形式によらずに関係国を強力に拘束するしくみも用いられている。これは,これまで憲法学が論じてきた,国際約束の中での「国会承認条約」と「行政取極」との切り分けの問題を超えている。

　憲法学においては,条約締結についての国会承認は,「政府と議会との共同責任によって条約を成立せしめるという,積極的な意味のもの」[38]であり,条約締結を中心とする対外的活動は内閣と国会の協同によるべきものと論じられてきた[39]。そうであれば,二国間条約の締結に際して国会が「条

---

(37)　川出敏裕「犯罪の国際化と刑事法」岩波講座『現代の法6 現代社会と刑事法』(岩波書店・1998年) 23頁。なお,奥脇直也「グローバル化・法制度化・国際法——国際法はグローバリゼーションを生き残れるか」H.P.マルチュケ=村上淳一編『グローバル化と法——〈日本におけるドイツ年〉法学研究集会』(信山社・2006年) 137頁以下。

(38)　清宮四郎『憲法Ⅰ』(有斐閣・1957年) 354頁。

(39)　芦部信喜『憲法と議会政』(東京大学出版会・1971年) 208-209頁,高見勝利『芦部憲法学を読む』(有斐閣・2004年) 403-405頁。なお,安念潤司「演習」法教299号 (2005年) 125頁は,「外交の少なくとも一部は,行政というよりも「統治」(ないしは「執政」) と呼ぶべき国家作用に含まれるのであり,これこそ統治の府としての内閣に委ねるのがふさわしい事項だという考え方があり得る」とし,「例えば,日米同盟関係を形成しあるいは破棄する判断,国連に加盟しあるいは脱退する判断,などはこれに含まれ,したがって,これらの事項については,国会が内閣の権限行

◇第 9 章　国際規律の形成と政府の取り組み

約修正権」として有していた条約内容の形成についての権限が多数国間条約において失われる分の補償について，再考する必要があるのではないであろうか[40]。さらに，憲法 73 条 3 号の枠組では捉えられない，拘束的な国際規律の統制についても，憲法 72 条を援用することが考えられる。その意味で，日本国憲法 72 条および 73 条の可能性を追究する余地がなお残されていると考えられる。

使をコントロールすることは憲法上許されない，と解してもよい」とする。ここで「内閣の権限行使」が何を意味するのかが必ずしも分明ではないが，日米同盟関係にしても国連にしても，基本的関係の変更は条約の形式で行われるものであり，そうであれば国会による一定のコントロールが憲法上規定されているところである。なお，松井幸夫「国会の国政監督」樋口陽一編『講座憲法学 5 権力の分立(1)』（日本評論社・1994 年）214 頁。

(40)　深瀬忠一「国会による条約承認の効果と修正権」ジュリ 300 号（1964 年）62 頁参照。

◆ 第10章
国際刑事裁判所と日本国憲法

Ⅰ　ICC 規程と国法体系
Ⅱ　国家の刑罰権
Ⅲ　司法権の独立
Ⅳ　国家管轄権と主権の移譲
Ⅴ　国際規律と人権

日本国は，ICC 規程（国際刑事裁判所に関するローマ規程）という名称の条約を締結し，国際刑事裁判所（ICC）の管轄権を認めた。ICC は，「国際社会全体の関心事である最も重大な犯罪」を犯した「個人」を直接的に裁くしくみであり，日本国の領域内で行われた犯罪についても，理論上は ICC が終審となる可能性がある。そのことが，憲法との衝突をもたらすかにみえる（Ⅰ，Ⅱ，Ⅲ）。ICC は，「超国家性」をもって主権の移譲を求めるものであろうか。ICC が管轄権を有する国際犯罪（対象犯罪）には，日本の刑法においては犯罪として規定されていないものも含まれている。このような ICC の管轄権を認めることは，日本国憲法との関係でどのように位置づけることができるであろうか（Ⅳ，Ⅴ）。

◆ Ⅰ ◆ ICC 規程と国法体系

従来の多数国間条約とその国内実施法による方式[1]とは異なり，ICC 規程は，締約国に対象犯罪についての国内立法義務を課していない。ICC 規程の締約国は，選択条項の受諾や選択議定書の批准を要せず，当然に ICC の管轄権を受諾する（規程 12 条 1 項）。したがって，「すべて ICC に容疑者を

---
[1] 洪恵子「国際刑事法の発展と国内法」ジュリ 1232 号（2002 年）37-38 頁参照。なお，憲法に関わる論点について，本書第 9 章参照。

引き渡すと整理するのであれば，何らの処罰法制の整備も行わず，ICC 規程を締結することも可能である」[2]。

　ところが，ICC 規程は，対象犯罪への対処が国内で十分になされていない場合に補完的に ICC が活動するという，補完性の原則に基づくしくみである。ICC の管轄権は，「国際社会全体の関心事である最も重大な犯罪に限定」（規程 5 条 1 項）されている。ICC に管轄権が認められる場合であっても，①当該事件に管轄権を有する国によってすでに捜査・訴追され，あるいは不訴追の決定がなされているとき，②他の裁判所による裁判を受けているとき，または，③ICC による新たな措置を正当化する十分な重大性を有しないときには，ICC は事件を受理しないことを決定する（規程 17 条 1 項）。このような関係が「国家の司法主権の尊重に基礎をおいている」ことを重くみて，ICC 規程にいう補完性の原則は，「重大な国際犯罪について，主権国家の国内裁判所で裁くべきことを委任している」とみるならば，安保理決議に基づき国内裁判所に対する優越性を有する旧ユーゴ国際刑事裁判所（ICTY）・ルワンダ国際刑事裁判所（ICTR）とは異なり，従来の多数国間条約による刑事統制と径庭がないかにもみえる[3]。

　しかし，前述の①において，当該国に「真に行う意思又は能力がない」と ICC が判断したときには，当該国の意向に関わりなく，ICC による事件の受理が可能となることは注目される。「国内手続への配分は，検察官による恒常的なモニタリングを伴っており」，当該国に意思または能力がないと判断されれば，「検察官による捜査はいつでも再開されることになる」[4]。

---

(2)　石垣友明「ICC 規程締結に向けた日本の課題」ジュリ 1285 号（2005 年）114 頁。
(3)　藤田久一「国際人道秩序の構築と国際刑事裁判所（ICC）の役割」法時 79 巻 4 号（2007 年）8 頁。なお，愛知正博「国際刑事裁判所の管轄権の合法性」中京 33 巻 3=4 号（1999 年）141 頁。
(4)　古谷修一「国際刑事裁判所（ICC）における補完性の原則——事案の配分に関する決定プロセスと実体的基準」栗山尚一先生・山田中正先生古稀記念論集『国際紛争の多様化と法的処理』（信山社・2006 年）99 頁。ICC は「受理可能の決定を通じて実質的には ICTY などに近い活動を行いうる余地がある」（藤田久一『新版国際人道法』〔再増補〕（有信堂高文社・2003 年）309 頁）。古谷・同論文 100-103 頁は，国際裁判と国内裁判の配分に関して ICTY・ICTR と ICC を比較し，「優越性原則と補

◇第10章　国際刑事裁判所と日本国憲法

◆ II ◆　国家の刑罰権

1　自国民不引渡し

　従来の国家間の逃亡犯罪人引渡しの制度においては，引渡拒否事由として，自国民不引渡しの原則，政治犯不引渡しの原則，双罰性の原則等が認められてきた。ICC規程においては，これらの諸原則の適用は認められておらず，「締約国はICCが管轄権を行使すると判断した場合には，ICCからの要請を拒否するという選択肢は原則として与えられない」。しかし，「どんな場合でも，ICCの要請がそのまま自動的に実現されるということを意味しない」とされる[5]。

　そこで，自国民引渡しの制限について憲法に明示の規定がある場合には，ICC規程との調整が必要になることがある[6]。日本国憲法にはそのような規定はないが，「自国民の保護という従来の国家の権限が，国際刑事裁判所の権限によって制限されるという意味で，国の主権が問題となる」[7]といわれることがある。

　日本国の領域内でICC規程の定める集団殺害犯罪，人道に対する犯罪，戦争犯罪，侵略犯罪がICCが受理すべき重大性をもって行われ，かつ，ICCによって日本国がそれらの犯罪の捜査・訴追を「真に行う意思又は能力がない」と判断される状況は想定し難い[8]ことはさておき，国家の「主権に基づく統治作用として自国民を処罰する権限（属人的管轄権）」が「国際裁判所の管轄権より優先するということは，自明の理ではない」ならば，①対象と

　　完性原則は，その制度の大枠において同一であるとさえ言える」とする。
(5)　洪恵子「国際刑事裁判所規程の批准と手続法の課題」法時79巻4号（2007年）39頁。
(6)　ドイツでは，自国民不引渡しを定めたドイツ連邦共和国基本法16条に，ICC等を例外とする確認的な規定が追加された。
(7)　建石真公子「国際刑事裁判所の提起する憲法上の課題――国際刑事裁判所規程条約に関するフランス憲法院違憲判決を素材として」愛知学泉大学コミュニティ政策学部紀要3号（2000年）158頁。
(8)　安藤泰子『国際刑事裁判所の理念』（成文堂・2002年）381頁。

なる「犯罪の性質が個々の国家法益の侵害のレベルではなく，国際社会全体の重大な法益侵害のレベルで観念されるもの」であり，②「国家ではなく個人が，国際法上の責任を追及される」というしくみ[9]のICC規程を締結したということは，憲法98条2項により，そのような条約（ICC規程）に内在する要求を可能な限り顧慮することを必要とすると解される[10]。

2　公的地位の特権

「国家元首等の地位にあることは刑事責任を免除する理由とならない」ということは，「現在の国際刑事裁判において共通して承認されている原則」であるとされる[11]。そのような公的資格の無関係性を定める規程27条と，憲法規定との関係が問題となりうる。フランスでは，憲法院の違憲判決が下され，憲法改正が行われた[12]。ドイツでは，大統領の免責規定（ドイツ基本法60条4項）について，憲法解釈上問題はないとされている[13]。

総理大臣・国務大臣および国会議員について，前述の条件を満たしてICCが事件を受理し，ICCによる引渡請求がなされる場合——これも容易に想定し難いが——，憲法75条および50条との関係が問題となるかもしれない。ただし，日本国憲法の規定は，逮捕ないし訴追を無条件に禁ずるものではない[14]。「憲法改正あるいは規程と憲法の調和的解釈を追求する必要が生じ

---

(9)　岡田泉「国際刑事裁判所の管轄権」国際98巻5号（1999年）89-90頁。なお，小和田恆「国際刑事裁判所設立の意義と問題点」同14-15頁。

(10)　日米・日韓の犯罪人引渡条約には自国民の裁量的引渡しの規定があることが指摘される。森下忠「ローマ規程の批准に向けて」判時1952号（2007年）34頁。憲法32条の「裁判を受ける権利」は，日本法上の犯罪ではない「犯罪」の実行地が日本国の領域内である場合にも，必ず憲法76条の「司法権」を行使する「裁判所」における裁判を受ける権利を保障するとまではいえないようにも解されるが，なお検討が必要かもしれない。

(11)　古谷修一「国際刑事裁判所の歴史と現在の動向」ひろば60巻9号（2007年）6頁。

(12)　建石・前掲論文（註7）164-172頁，辻村みよ子『市民主権の可能性——21世紀の憲法・デモクラシー・ジェンダー』（有信堂高文社・2002年）150-152頁。

(13)　Vgl. *Udo Fink*, Art.60, in: C.Starck (Hg.), Kommmentar zum Grundgesetz, Bd. 2, 5. Aufl. (Franz Vahlen, 2005) Rn. 42.

(14)　ただし，請求を受けた締約国は「逮捕するための措置を直ちにとる」とする規

る」[15]かについては，再検討の余地があろう。

◆ III ◆ 司法権の独立

　日本が個人通報制度を定めるB規約の第1選択議定書や女子差別撤廃条約の選択議定書を批准していないことについて，「なかでも，「司法権の独立」をはじめとして司法制度との関連が問題視されてきた」とされる[16]。これらの個人通報が原則として国内的な救済措置を尽くした後でなければ委員会で検討されないのに対して，ICCにおいては，国内裁判所が適切に機能していない場合に事件の受理が可能となる。ICCが裁判するのは，日本の国内裁判所が裁判しない（できない）場合であって，その意味では——政府が従来問題としていたような——国内の司法制度との重複は生じないともいえる。
　ただし，ICC規程の一事不再理（規程20条）には例外があり，国内裁判所による裁判がICCによる刑事責任の追及を免れさせるための偽装的なものと判断された場合には，国内裁判所によって裁判された事件がICCによって再び裁判されることとなる。それでも，そのような可能性を含むICC規程という条約を締結した以上，「日本国が締結した条約……を誠実に遵守すること」をしなかった結果として条約上で自国に不利益となる扱いを受けるとしても，条約上の義務として受け容れざるをえないのではないであろうか。

　　程59条1項に牴触しないことが求められるかもしれない（建石・前掲論文（註7）172頁）。
(15)　真山全「国際刑事裁判所の対象犯罪と国内的対応」法時79巻4号（2007年）36頁。
(16)　江島晶子「「司法権の独立」と個人通報——裁判官の独立の射程範囲と国際人権保障」法時77巻12号（2005年）26頁。なお，山下威士「「司法権の独立」論に基づく反対論批判」山下泰子=植野妙実子編著『フェミニズム国際法学の構築』（中央大学出版部・2004年）328頁以下。諸外国で司法権の独立が問題になった例はほぼないとされる。江島・同論文27頁，有澤知子「個人通報制度への日本政府の姿勢」山下=植野編著・同書306-307頁。

◆第Ⅲ部◆　国際規律と国家の主権

◆ Ⅳ ◆　国家管轄権と主権の移譲

1　主権移譲の意味
(1)　国家管轄権の制限

　国際法学においては，主権国家が並存する中で「主権国家が自らの国内管轄権を制約することによって国際管轄権を設定する」ことが行われ，「国際法の規律する分野が広がるに従って国内管轄権の範囲がその分だけ狭まる」と説明されることがある[17]。

　前述のように，「ICC の管轄権は，国内管轄権を主権の機能として原則的に尊重しつつも，その機能が実効的でないと思われるときには，ICC 自身で補完を決定し，事件を取り上げることができる」[18]というものである。「ICC が厳密な意味での超国家的権能をもつ国際裁判所ではないことは事実」であるとしても，ICC の国際管轄権の設定によって，「各国の国内管轄権が減少するわけではないとしても制約を受けることは否定できない」とされる[19]。

　「国際法によって規律された国家の権限の集合としての国家主権を，国家管轄権という」[20]とするならば，このように国際管轄権を設定するために国家管轄権を制限することを，「国家主権」の制限と称することも可能であろう。しかし，憲法学の議論としては注意が必要かもしれない。国家管轄権の制限にも，主権の行使が本質的に制約されている場合と，それに至らない統治権限の制約である場合とがありうると解されるのである。

(2)　主権の制限

　日本の憲法学における主権に関する議論[21]は一様ではないが，通説的見

---

(17)　小和田・前掲論文（註9）8-9頁。
(18)　岡田・前掲論文（註9）98頁。
(19)　小和田・前掲論文（註9）10頁。
(20)　小寺彰ほか編『講義国際法』〔第2版〕（有斐閣・2010年）161頁［中川淳司］。
(21)　岡田信弘「主権論再考」ジュリ1334号（2007年）39頁以下参照。日本の憲法学が「現代における国家主権制限の程度や国際社会における国家主権のあり方の問

◇第10章　国際刑事裁判所と日本国憲法

解を前提として次のように考えることは可能であろう。

統治権とも呼ばれる、「立法権・行政権・司法権などの複数の「国家の権利」（宮沢）ないし「統治活動をなす権力」（清宮）を総称する観念」としての「国家権力そのもの」[22]を国家管轄権と考えるならば、特定の事項について国家管轄権が制限されて条約と牴触する法律を制定することが困難になったとしても、その条約を国法体系において違憲として排除できるのであれば、主権の本質的な制約とはいえない。もちろん、「国家権力の最高独立性」や「国政についての最高の決定権」が制約を受けたとも考えられない。「主権は本来「法による拘束」を内在する観念であるという立場から、現代の超国家的な国際組織による国家意思の拘束という法現象も、直ちに国家権力の主権性と矛盾するものではない、と考える」[23]ことができるのである。

(3) 高権の移譲

上述の〈統治権〉＝〈個別的な国家権力としての主権的権利〉＝〈高権〉を国際機構が保持し、国際機構による国内での高権の行使を排除できないこととなった場合にはじめて、高権の移譲が行われたと考えられる。ここで、「移譲」とは、国内機関の権限の一部分が国際機構に「移転」されるという意味ではない。国際機構が有する高権は、そのような各国から切り取られた高権の寄せ集めと考えるべきではない。高権の移譲とは、国際機構の設立をもって、固有の権限を有する新たな高権保持者が創設され、その新たな高権保持者たる国際機構による高権行使に対して国法体系を開放することを意味する。それは、国際機構が条約締約国の協力によって創設されたという事情によっても、変わるところはない[24]。

このような高権移譲の本質的指標は、国際機構が各国の国内で、その国民

題」について「必ずしも議論を深めることはしてこなかった」ことに関して、辻村・前掲書（註12) 56-61頁。
(22) 芦部信喜『憲法学Ⅰ　憲法総論』（有斐閣・1992年) 220頁。
(23) 芦部・前掲書（註22) 230頁。
(24) 齊藤正彰『国法体系における憲法と条約』（信山社・2002年) 187頁。なお、阿部照哉「日本国憲法と国際社会」公法43号（1981年) 12-14頁、同「欧州連合と憲法」宮田豊先生古稀記念『国法学の諸問題』（嵯峨野書院・1996年) 126-127頁。

に対して，直接的な法的関係を有し，その法的行為を貫徹するところにある。国家が，その国内における国際機構の法的行為を一方的に排除することが可能であるならば，そこでは国法体系における国家の高権行使の排他性は原理的に侵害されておらず，高権の移譲は生じていないこととなる[25]。

(4) ICC規程と主権の移譲

ICC規程において，そのような主権（高権）の移譲が考えられるであろうか。

ICCの検察官は，一定の条件の下で，予審裁判部の許可を受けて，関係国の同意を得ない直接捜査を行うことが認められている（規程54条2項・57条3項(d)）。また，ICCの検察官は，締約国当局の立会いを伴うことなく，個人との面会や個人からの証拠の取得を直接実施できる（規程99条4項）[26]。これらは，ドイツ基本法24条にいう主権の移譲に該当すると考えられ[27]，フランス憲法院によって「主権行使の本質的条件」を侵害すると判断された[28]。

2　主権の移譲と日本国憲法

このような主権の移譲を行うには，そのための憲法規定が必要であろう

---

[25]　齊藤・前掲書（註24）188頁。主権の移譲を規定する基本法24条について，ドイツの学説および連邦憲法裁判所の判例は，そのような理解を示してきた。フランスの議論について，岡田・前掲論文（註21）47-49頁，山元一「憲法改正問題としての国際機関への権限移譲——「国家主権」における《実質的思考》と《形式的思考》」ジュリ1289号（2005年）122-128頁，南野森「欧州統合と主権論——フランス憲法学の場合」本郷法政紀要5号（1996年）240頁以下。独仏の議論の異同について，辻村・前掲書（註12）90頁。

[26]　髙山佳奈子「国際刑事裁判所の刑事手続の特質」村瀬信也=洪恵子編『国際刑事裁判所』（東信堂・2008年）211-212頁，村井伸行「国際刑事裁判所に対する国家の協力」同書269，283-284頁参照。なお，田中利幸「刑事法の原理と国際刑事裁判所」国際人権12号（2001年）63頁。

[27]　*Claus D. Classen*, Art. 24, in: C. Starck (Anm. 13) Rn. 62; *Ingolf Pernice*, Art. 24, in: Dreier (Hg.), Grundgesetz-Kommentar, Bd. II 2. Aufl. (Mohr Siebeck, 2006) Rn. 27; *Rudolf Streinz*, Art. 24, in: Sachs (Hg.), Grundgesetz Kommentar, 5.Aufl. (C.H.Beck, 2009) Rn. 30.

[28]　建石・前掲論文（註7）174頁，辻村・前掲書（註12）151頁。

か(29)。換言すれば，明示的規定のない日本国憲法の下では，主権の移譲は許されないのであろうか。日本国憲法には「「国家主権」についての明示的な規定は存在していない」ことを前提に，「憲法改正によって，国際組織への権限移譲が企図された場合」を論ずる見解(30)は，現行憲法の下では主権の移譲は困難との立場を採るものかもしれない。

これに対して，日本国憲法は「国家主権の制限や国際社会ないし国際組織への国家主権の委譲……を目指す方向を示していることは認められる」(31)との指摘に注目し，前文や98条2項から，「日本国憲法は，第二次大戦後に現れた国家主権を制限しそれを国際組織に委譲する旨を定める規定を置いたいくつかの憲法（たとえば，フランス第四共和制憲法，イタリア憲法，ボン基本法など）と軌を一にしている」とする見解がある。この場合でも，憲法前文第3項は「自国の主権を維持し」としており，「国家の対外的な独立性の否定に帰着してしまうような制限までも許容していると考えることは妥当でない」とされる(32)。

専ら憲法前文に基づいて主権移譲の可能性を論じる見解(33)もあるが，基

---

(29) 髙山佳奈子「ICC（国際刑事条約体制）」ジュリ1409号（2010年）61頁註22は，「もともと国外犯を処罰していない場合，あるいは世界主義によらなければ自国刑法を適用しえない場合に，ICCに訴追を委ねることを主権の委譲だとまで呼ぶべきかには疑問もある。少なくともICCに関しては，補完性の原則に従って自国の刑罰権を優先的に行使する限り，問題は起こらないように思われる」とする。しかし，ここでの問題は，「超国家的刑罰権の創設」に伴う国家刑罰権の移譲ということではない。ICCの検察官が日本の領域において国家機関による公権力の行使と同等の行為を独立して実施する（日本国の高権行使の排他性が制限される）ことを認めるならば，高権の移譲がなされたと評価しうるのである。その場合，さらに，「個人の権利義務に直接影響を与える国際機構の執行行為としての措置と，国内法制上，就中憲法体制の下で保障されている個人の私権，特に基本的人権との間に抵触を生ずる状況」（小和田恆「国際機構の規範定立行為と国内法制──統治機能の国際的配分に関する一試論」山本草二先生古稀記念『国家管轄権──国際法と国内法』（勁草書房・1998年）696頁）も問題となりうる。ただし，日本国がICC規程57条3項(d)の適用を受ける事態は想定しがたいとはいうるのであり，たしかにその意味では「問題は起こらないように思われる」。

(30) 山元・前掲論文（註25）129頁。
(31) 佐藤功『憲法（下）』〔新版〕（有斐閣・1984年）1292頁。
(32) 岡田信弘「演習」法教175号（1995年）105頁。

本的に憲法98条2項の問題であると解される。つまり，日本国憲法は，高権を保持する国際機構を創設する（締約国の領域内での高権行使についての要求が内在する）条約を締結した場合には，日本国憲法の基本原則が侵害されない限りにおいて，その条約を国法体系において遵守すること（その限りにおいて日本国の高権行使の排他性が制限されること）を認めているといえるのではないであろうか。

◆ V ◆ 国際規律と人権

　主権の移譲をもたらす可能性のある国際規律を憲法98条2項によって認めることができるとしても，そうした主権移譲が憲法上の基本的人権を侵害することにならないかは，別途顧慮されるべき論点である。高権を行使する可能性のある国際機構についての基本条約を締結する段階（日本国による主権移譲の限界）の問題と，国際機構によって国内で高権行使が行われる段階（国際機構による高権行使の限界）の問題について，日本国憲法の基本的人権とそれを保障する構造の観点から検討する必要があろう。主権の移譲が憲法98条2項に基づいて行われる以上，憲法秩序のアイデンティティを破壊することは許されない[34]。

　従来の多数国間条約の締結に際しては，国内実施法整備の段階で，罪刑法定主義（明確性の原則等）の要請に適った国内立法の努力[35]がなされる余地

---

(33) 中原精一『国際条約と憲法の課題』（評論社・1969年）59頁，同「憲法の国際主義条項とその効用」明治大学法制研究所紀要12号（1970年）12頁，阿部・前掲論文（註24）14頁。

(34) 「近代立憲主義の基本価値を損なう国家主権の制限は許されず，それに至らない制限は認められる」（岡田・前掲論文（註32）105頁），「設立される国際組織の目的・組織・機能について最低限の立憲主義が要求される」（阿部・前掲論文（註24）14頁）ともいえよう。ただし，「平和のための機構」でなければならないという限定（中原・前掲書（註33）59頁）が導かれるかについては，検討の余地があろう。

(35) 罪刑法定主義に関して，憲法との整合性への配慮が極めて慎重に行われている。浅田正彦「条約の国内実施と憲法上の制約──化学兵器禁止条約を素材として」国際100巻5号（2001年）12頁以下，同「人権分野における国内法制の国際化──法的形式主義とミニマリズムの克服に向けて」ジュリ1232号（2002年）83頁。

がある。しかし，ICC は，前述のように，理念的には，個人の刑事責任を国際法レベルで追及するものである。したがって，対象犯罪の構成要件が ICC 規程において客観的に明確であることが重要である[36]。ICC 規程の規定ぶりには批判もあるが[37]，一般に，国際規律に国内法制と同水準を求めることは困難かもしれない。その場合，憲法 98 条 2 項によって罪刑法定主義の要請が緩和されうるかが問題となろう。

ICC 規程の補完性原則について，「国内裁判所は ICC の本来の機能を分担して遂行する義務を負い，その前提として重大な国際関心犯罪について裁判権の設定を可能にするためにこれを国内法で犯罪化する義務を負う」[38]と解するならば，対象犯罪に関して包括的に国内立法を行う「マクシマリスト」方式が望まれようが，日本の「国際刑事裁判所に対する協力等に関する法律」は，対象犯罪に対応する処罰規定は新設せず，共助等の必要最低限度の手続規程の整備にとどめる「ミニマリスト」方式である[39]。そこには，対象犯罪のほとんどは現行法により処罰可能との認識がある[40]。しかし，「日本法との微妙なズレ」[41]がなお問題になりうるとするならば，ICC の補完性原則の趣旨にかんがみて，十分な国内法整備を行い，憲法との牴触の可能性[42]についても明示的に解決しておくことが望ましいと考えられる。国

---

(36) 小和田・前掲論文（註 9）5 頁。
(37) 森下・前掲論文（註 10）34 頁，真山・前掲論文（註 15）34 頁。
(38) 奥脇直也「国際法から見た国際刑事協力の現代的展開」法教 278 号（2003 年）11 頁。
(39) 新倉修「国際刑事裁判所規程の批准と国内法整備の課題」法時 79 巻 4 号（2007 年）28 頁。なお，「憲法的刑法学」の観点から，「マクシマリスト」方式につながる思考として，平川宗信『刑法各論』（有斐閣・1995 年）11-13 頁。
(40) 松島みどり外務大臣政務官および猪俣弘司外務省大臣官房審議官・166 回国会衆・外務委員会議録 5 号 6 頁。野口元郎「ICC は今──国際刑事裁判所の現状と加盟問題に関する一考察」ジュリ 1309 号（2006 年）111 頁註 13，松本麗「国際刑事裁判所に対する協力等に関する法律の概要」ひろば 60 巻 9 号（2007 年）20 頁。
(41) 新倉・前掲論文（註 39）29 頁。
(42) 真山・前掲論文（註 15）34 頁。なお，浅田・前掲「人権分野における国内法制の国際化」（註 35）85 頁。ICTY への協力に関しても国内法制上の不備が指摘されたが，ICTY 規程の「要求に合致する国内立法措置が憲法と牴触する」可能性も指摘されていた。伊藤哲雄「旧ユーゴ国際裁判所の法的な枠組と問題点」立教 40 号

◆第Ⅲ部◆　国際規律と国家の主権

際法による罪刑の直接的規律が罪刑法定主義（法律主義）に牴触すると考えるならば[43]，ICC が直接に ICC 規程を適用する可能性を減じる努力が求められるであろう。

しかし，日本国の領域内で行われた犯罪について，ICC が引渡しを受けて個人を直接的に裁くことは，引き渡される日本国民の基本的人権を顧慮することが求められるとしても，日本国の主権の移譲を要する問題ではない。

他方，従来も，国際機関が国内で行政調査に当たる行為をすることと，関係者の基本的人権の関係が問題とされていた[44]。ICC 検察官による直接捜査が行われる場合について，そのような高権行使に対する基本的人権の保護が問題となろう。政府も，ICC による処罰について憲法の罪刑法定主義が直接には適用されないとしても，「犯罪人の処罰に至る一連の手続の全体が別途憲法三十一条が保障します適正手続の趣旨にかなうものであることは必要である」としている[45]。ただし，国際刑事法の特質ないし ICC の構造を考慮したときには[46]，憲法 37 条にいう「公平な裁判所」の要請も，憲法 98 条 2 項によって限定または修正されることもありえよう。

（1994 年）277-281 頁，小和田・前掲論文（註 29）690-691 頁。
(43)　憲法の法律主義と条約による直接的規律との関係について，本書第 3 章Ⅱ，第 9 章Ⅲ 2 参照。国際刑事法の直接適用を支持する見地からの批判として，Ward N. Ferdinandusse, Direct Application of International Criminal Law in National Court (T.M.C.Asser, 2006) pp.100-101. なお，岡田泉「国際刑事裁判所規程の締結と国内実施」国際人権 19 号（2008 年）16 頁。
(44)　小和田恆＝芝原邦爾〔対談〕ローマ会議を振り返って――国際刑事裁判所設立に関する外交会議」ジュリ 1146 号（1998 年）27-28 頁〔芝原発言〕。なお，芝原邦爾「国際査察と人権問題――化学兵器禁止条約を素材として」国際人権 4 号（1993 年）4 頁，小和田・前掲論文（註 29）694-697 頁，浅田・前掲「条約の国内実施と憲法上の制約」（註 35）12 頁以下。
(45)　宮崎礼壹内閣法制局長官・166 回国会参・予算委会議録 7 号 16 頁。猪俣弘司外務省大臣官房審議官・166 回国会衆・外務委会議録 5 号 6 頁も同旨。
(46)　古谷修一「国際刑事裁判所（ICC）設置の意義と直面する問題」法教 281 号（2004 年）24 頁，寺谷広司「国際人権保障と国際的な刑事統制――国際制度と国内制度の交錯・対立・融合」ジュリ 1299 号（2005 年）37-38 頁参照。

◇第 10 章　国際刑事裁判所と日本国憲法

◆ おわりに

　「ヨーロッパ統合と比較可能な状況にない日本の憲法学においては,「国家主権」の意義について,……必ずしも突っ込んだ議論は展開されてこなかった」ため, 国際機関への権限移譲は,「現在のヨーロッパ統合と比較可能な統合状況が東アジアに誕生するなら」という想定下で語られがちである[47]。しかし, 主権の移譲は, 地域統合を必然的な前提とするものではない。
　ICC が日本国内で高権を行使する状況が実際には考えにくいとしても,「国際機構が, 厳格に主権国家間の権能調整の機能を超えて, 自己自身の意思決定を規範の形で各国に履行させるという状況が生まれて来ている」[48]という問題がある。多数国間条約体制における締約国会議の存在は看過できない。ICC についても, 対象犯罪の構成要件に関する規定や主要な下位規範が締約国会議を通じて作成されている[49]。また, 締約国の協力義務に対する例外事由に関して, 締約国による拒否が義務違反であるか否かの問題は, 締約国会議に付託される（規程 87 条 7 項）。ここでの問題の本質は,「明示的に超国家的権能を与えられている国際機構のみに関わるものではない」[50]。

---

(47)　山元・前掲論文（註 25) 128-129 頁。
(48)　小和田・前掲論文（註 42) 684 頁。
(49)　洪・前掲論文（註 5) 38 頁。これらについては,「主要な条約の補助的な文書として扱われ, 必ずしも独自に国会の承認を要する条約というわけではない」（新倉・前掲論文（註 39) 28 頁）とされることにも留意が必要かもしれない。締約国会議に ICC の超国家的性格を見出す見解として, *Madeline Morris*, The Disturbing Democratic Defect of the International Criminal Court, 12 Finnish YB of Int'l Law 12 (2001), 111-112.
(50)　小和田・前掲論文（註 29) 700 頁註 5。

◆ 第11章
集団的自衛権と日本国憲法

I 集団的自衛権の意味
II 日本国憲法と集団的自衛権
III 自衛権行使の憲法上の限界

憲法9条は,「国権の発動たる戦争」等の放棄を規定する。他方,国連憲章51条は,「個別的又は集団的自衛の固有の権利」は害されないとし,サンフランシスコ平和条約5条(c)も,「連合国としては,日本国が主権国として国際連合憲章第五十一条に掲げる個別的又は集団的自衛の固有の権利を有すること……を承認する」と規定している。「したがって,日本国としても,こうした集団的自衛権を認め,これを有するという前提に立たざるを得ないことになろう」[1]との見解が示されるが,「集団的自衛権をもち得るか否かは加盟各国側の事情,とくに,その加盟国の憲法がいかなる態度をとっているかによって定まる」[2]ともいわれる。国際関係について,国際規律と憲法による規律の間に許容範囲の相違があり,後者のほうが制限的とみられる場合の問題である。

◆ I ◆ 集団的自衛権の意味

集団的自衛権は,他国への武力攻撃に武力で対処することに関して,国連憲章51条において(個別的自衛権と並んで「固有の権利」として)初めて明文で規定されたものであるが,国際司法裁判所はニカラグア事件判決で慣習国際法上の権利であると述べた。(イ)憲章以前の慣習法上の自衛権,(ロ)憲章51

---

(1) 大石眞『憲法講義I』〔第2版〕(有斐閣・2009年) 70頁。
(2) 芦部信喜監修／野中俊彦ほか編『注釈憲法(1)』(有斐閣・2000年) 374頁〔高見勝利〕。

条に規定された自衛権、(ハ)新たに成立した慣習法上の自衛権の関係については議論がある[3]。また、集団的自衛権を、国連による集団安全保障と対立するものと位置づける見解と、集団安全保障を補完するものと捉える見解とがある[4]。

集団的自衛権の法的性質は、(a)個別的自衛権の共同行使、(b)密接な関係にある国への攻撃によって侵害される自国の法益の防衛、(c)他国の防衛、などと説明される[5]。従来の日本の政府見解は(a)と親和的にみえる面もあるが、(a)では集団的自衛権に固有の意義が認められず、他方で個別的自衛権の拡張につながる。

自衛権は違法性阻却事由ともされるが、いずれにしても、一定の武力行使が国際法上は許されるとして、そうした武力行使が国内法上可能かが問題となる。

◆ II ◆ 日本国憲法と集団的自衛権

1　日本国憲法の解釈

①憲法9条の下では警察力を超える実力は保持できないとする説では、集団的自衛権の行使が憲法上許されるか、換言すれば、集団的自衛権は日本国憲法の下で認められるかは、論理的には一個の論点とならない（②説の立場を前提として実践的な見地からの検討・批判はなされうる）。②9条の下でも自衛のための実力の保持・行使は認められるとする説[6]においては、その憲

---

(3) 浅田正彦「国際法における先制的自衛権の位相」安藤仁介先生古稀記念『二一世紀国際法の課題』（有信堂高文社・2006年）298頁以下参照。

(4) 森肇志「国際法における集団的自衛権の位置」ジュリ1343号（2007年）17頁以下。

(5) 浅田正彦編著『国際法』（東信堂・2011年）387-388頁［浅田］、小寺彰ほか編『講義国際法』〔第2版〕（有斐閣・2010年）497頁［森肇志］、杉原高嶺『国際法学講義』（有斐閣・2008年）615-616頁、杉原高嶺ほか『現代国際法講義』〔第4版〕（有斐閣・2007年）459-460頁［高田映］、山本草二『国際法』〔新版〕（有斐閣・1994年）736頁、村瀬信也ほか『現代国際法の指標』〔補訂〕（有斐閣・1996年）287頁［田中忠］。

◇第11章 集団的自衛権と日本国憲法

法上の限界が問題となるが，集団的自衛権の行使は違憲とする見解が多い[7]。③9条の下でも集団的自衛権の行使は当然には違憲とはいえないとする説[8]，さらに，④9条には集団的自衛権を禁止する規定はなく，その行使の是非は政策レベルの問題とする説[9]も存するが，④説では憲法による規律を論じる意義は失われる（なお，④説は国連憲章の下での9条の独自の意味を減殺する可能性がある）。かりに④説が9条は政策を統制する「原理」と解するならば，「いったん設定された基準については，憲法の文言には格別の根拠がないとしても，なおそれを守るべき理由がある」[10]。他方，③説においては，集団的自衛権の行使については憲法改正によって明文化すべきとも主張される[11]。

2 政府解釈と集団的自衛権

政府は②説を採り，憲法9条も外国からの武力攻撃を排除するための武力行使までは禁じていないが，武力の保持・行使を一切禁じているようにみえる9条の下で例外的に認められる以上，日本に対する武力攻撃を排除するた

---

(6) 覚道豊治『憲法』〔改訂版〕（ミネルヴァ書房・1977年）313-315頁，佐藤幸治『日本国憲法論』（成文堂・2011年）94，101頁，戸波江二『憲法』〔新版〕（ぎょうせい・1998年）100頁，長谷部恭男『憲法』〔第5版〕（新世社・2011年）62-68頁。なお，渋谷秀樹『憲法』（有斐閣・2007年）77頁。
(7) ただし，佐藤・前掲書（註6）96頁のような指摘がなされつつあることには注意を要する。
(8) 大石・前掲書（註1）66，70-71頁，安念潤司「日本国憲法における「武力の行使」の位置づけ」ジュリ1343号（2007年）36頁。
(9) 村瀬信也「安全保障に関する国際法と日本法（上）――集団的自衛権及び国際平和活動の文脈で」ジュリ1349号（2008年）96頁。自衛戦力は合憲であり，政府が「見解の変更を公式に発表するだけで」集団的自衛権の行使が可能になるとする見解（長尾一紘『日本国憲法』〔第4版〕（世界思想社・2011年）307，313頁）も，ここに分類されよう。
(10) 長谷部恭男『憲法の理性』（東京大学出版会・2006年）22頁。
(11) 大石眞「日本国憲法と集団的自衛権」ジュリ1343号（2007年）46頁。なお，大沼保昭「護憲的改憲論」ジュリ1260号（2004年）158頁。2005年の憲法調査会報告書について，浦田一郎「報告書における集団的自衛権問題」法時77巻10号（2005年）56頁参照。

めに必要最小限度の範囲でなければならないとする。日本が国際法上集団的自衛権を有していることは主権国家である以上当然であるが，集団的自衛権の行使は，必要最小限度の範囲を超え，憲法上許されない。「行使できない権利」は背理と批判されることがあるが，国際法上の義務を国内法上で履行しない場合とは異なり，法的には問題ない[12]。

集団的自衛権は行使できないとする政府解釈を「改めるつもりは全くない」[13]のは，集団的自衛権行使の承認が9条の下で個別的自衛権のための実力の保持・行使を認める政府解釈を「根本から……ひっくり返して」[14]しまうからである[15]。

③説からは，集団的自衛権は憲法上は未決定事項であり[16]，政府解釈は「個別的自衛権に関する考え方を集団的自衛権の中に持ち込んでいるにすぎない」[17]と批判される。また，初期の政府解釈によれば「国際紛争を解決する手段」に当たらない武力行使は認められるのであり，集団的自衛権の行使も可能になるとされる[18]。

---

[12] 八木一洋「憲法9条に関する政府の解釈について」ジュリ1260号（2004年）71頁。なお，浦田一郎「戦後憲法政治における9条の意義」ジュリ1260号（2004年）52-54頁。サンフランシスコ平和条約や日米安保条約等でも集団的自衛権は権利として確認されているが，日米安保条約では日本に米国本土防衛義務がない。

[13] 角田禮次郎内閣法制局長官・98回国会衆・予算委員会議録12号27頁。

[14] 津野修前内閣法制局長官・156回国会衆・憲法調査会統治機構小委会議録3号14頁。

[15] 高見勝利「憲法9条の「公定解釈」をめぐる「法」と「政治」」ジュリ1260号（2004年）134頁参照。なお，浦田一郎「政府の憲法解釈とその変更――国会・内閣・内閣法制局」浦田一郎=只野雅人編『議会の役割と憲法原理』（信山社・2008年）141-142頁。

[16] 大石・前掲論文（註11）42頁。

[17] 大石・前掲書（註1）70-71頁。

[18] 安念・前掲論文（註8）36頁。政府は集団的自衛権の行使が「国際紛争を解決する手段」に当たるとしたことがある。阪口規純「集団的自衛権に関する政府解釈の形成と展開――サンフランシスコ講和から湾岸戦争まで（上）」外交時報1330号（1996年）82，88頁，大石・前掲論文（註11）45頁。

3 「制限的な集団的自衛権」論

安保改定期の政府見解は、集団的自衛権について、広義には、自国の共同防衛、基地の貸与、経済的援助その他の協力の提供等を含むが、他国の本土防衛への出動が集団的自衛権の中心的問題であり[19]、日本は本来的行使を憲法9条によって制限された集団的自衛権を保有している[20]としていた。③説においては、「制限的な集団的自衛権」論を手がかりに集団的自衛権の行使を憲法上限定的に承認することも考えられる。ただし、政府は、広義の集団的自衛権から、憲法で制限された集団的自衛権の中心的問題を除いた部分を、個別的自衛権または実力の行使ではないものとして説明することで②説を維持してきたのであり、以後は「制限的な集団的自衛権」に論及していない[21]。

Ⅲ 自衛権行使の憲法上の限界

国際法上、自衛権は武力行使を前提とする。①説では、武力の保持を認めないから、国際法上の自衛権は行使できない。②説では、シーレーン防衛問題（中曽根内閣）や「安全保障の法的基盤の再構築に関する懇談会」（安倍内閣）での論点、実質的に集団的自衛権の行使につながると批判される新ガイドライン以降の法整備[22]等について、個別的自衛権の拡張や、他国による武力行使との一体化の否定といった論法によって、憲法上の限界が踰越されないかが問題である。③説でも、集団的自衛権行使の要件等として問題となりうる。

---

(19) 岸信介首相・34回国会参・本会議会議録6号7頁等。
(20) 赤城宗徳防衛庁長官・34回国会衆・内閣委会議録41号2頁。
(21) 阪口・前掲論文（註18）84頁。
(22) 芦部監修／野中ほか編・前掲書（註2）476-477頁〔高見〕、吉田善明『日本国憲法論』〔第3版〕（三省堂・2003年）497頁、高橋和之『立憲主義と日本国憲法』〔第2版〕（有斐閣・2010年）57-60頁、辻村みよ子『憲法』〔第3版〕（日本評論社・2008年）113頁参照。

◆第Ⅲ部◆　国際規律と国家の主権

1　保有兵器の制限

　政府は，憲法9条の下では「性能上純粋に国土を守ることのみに用いられる兵器の保持」だけが許されるとしてきた[23]。②説の見地からは，他国を防衛するための武力の行使は1項に違反し，専ら他国を防衛するための装備の保持は2項に反するといえるかもしれない[24]。そのように解すると，必要最小限度の範囲であれば集団的自衛権の行使も可能になるとの懸念[25]も緩和しうるであろう。

　弾道ミサイルの迎撃は，当該ミサイルの攻撃目標が不明な点を重視すれば集団的自衛権の問題となるが，日本への武力攻撃の蓋然性があるとすれば個別的自衛権の行使と説明しうる[26]。弾道ミサイルまたはそれに類似の飛翔体が飛来する場合，武力攻撃であると判断できないときには，自衛隊法82条の2によって対処することになるが，これは憲法が禁ずる武力行使には当たらないと解しうる[27]。しかし，他国が攻撃目標の可能性がある場合に同条で対処することが集団的自衛権の行使を糊塗しないかが問題となる[28]。他国へ向かう弾道ミサイルが日本の高々度上空を飛翔する場合（成層圏を通過することが領空侵犯といえるかは国際法上疑問とされるが），自国防衛用の迎撃システムでは撃墜が困難なときに，日本へ向かう蓋然性のないミサイルを専ら迎撃する装備の導入は2項に反すると解しうる。

2　日米安保条約に基づく共同対処

　政府は，「日本国の施政の下にある領域における，いずれか一方に対する

---

(23)　高辻正己内閣法制局長官・65回国会衆・内閣委員会議録20号26頁。
(24)　なお，浦田・前掲論文（註11）54-55頁。
(25)　安田寛ほか『自衛権再考』（知識社・1987年）32頁［安田］。
(26)　中谷和弘「集団的自衛権と国際法」村瀬信也編『自衛権の現代的展開』（東信堂・2007年）51頁。
(27)　御巫智洋「自衛権と弾道ミサイル防衛の法的根拠」村瀬編・前掲書（註26）102頁。
(28)　畠基晃『憲法9条　研究と議論の最前線』（青林書院・2006年）275頁，小針司「改正自衛隊法82条の2に関する一考察——弾道ミサイル防衛法制の法的問題」防衛法研究29号（2007年）130頁。

武力攻撃」（日米安保条約5条）への共同対処は，米国にとっては集団的自衛権であっても，日本にとっては個別的自衛権の行使と説明する。在日米軍基地や領海内の米艦船への武力攻撃には，政府は領域侵犯として個別的自衛権を発動できるとするが，国際法上は領域侵犯ではあっても日本に対する武力攻撃とはいえない場合があるとされる。その場合，②説としては，違憲と解するか，憲法上はなお個別的自衛権と称しうると解するかの判断を迫られることとなる。

3　武力行使との一体化

政府は，個別的自衛権を発動できない状況では，自衛隊自体は武力行使をしないとしても「米軍と一体をなすような行動をして補給業務をすること」は憲法上許されないとする[29]。そのため，周辺事態法，テロ特措法，イラク特措法等での自衛隊の活動は，非戦闘地域に限定されていた。他方，武力攻撃事態法の下では，武力行使が許されない武力攻撃予測事態においても，米軍行動関連措置法（平成16年法律113号）によって米軍に対する弾薬の提供が可能である。政府は，武力攻撃予測事態と周辺事態が併存しうることは認めつつ，米軍行動関連措置法による米軍支援の対象は日米安保条約により武力攻撃を排除する準備のための行動であり，当該米軍は武力行使を行っていないから「一体化」の問題は生じないとする[30]。しかし，それは国内法制の合憲性の説明にとどまり，実際には言葉だけのものに過ぎなくなる蓋然性が高いと懸念される[31]。

4　マイナー自衛権と武器の使用

武力攻撃に至らない武力行使に対して，国際司法裁判所は，「均衡性ある対抗措置」を認める[32]。他方，政府は，国境地帯での小競り合いや自国の

---

[29]　林修三内閣法制局長官・31回国会参・予算委会議録14号13頁。
[30]　倉持孝司「米軍支援法――日米ACSA改正協定，米軍行動円滑化法の成立」法時76巻10号（2004年）68頁参照。
[31]　野中俊彦ほか『憲法Ⅰ』〔第4版〕（有斐閣・2006年）183頁［高見勝利］参照。

船舶・航空機に対する攻撃等への対処を，慣習国際法上の自衛権に依拠して「マイナー自衛権」と説明する[33]。政府は，「武力の行使」という憲法上の概念ではなく，「比較的容易に新規立法等でその対象範囲が拡大」しうる「武器の使用」という概念によって現実の要請に応えてきたが，同時にマイナー自衛権を広く認める思考があり，それは集団的自衛権にも当てはまるとみられる[34]。

武力攻撃予測事態において，日本に対し武力攻撃等を企図する組織等が，米軍への支援活動中の自衛隊に対し，情報収集や妨害工作を行うことも予想される[35]。武力攻撃予測事態では，自衛隊は，武力行使はできないが武器使用は許される。それが憲法上の「武力の行使」には該当しないとしても，国際法上は他国からの攻撃を免れるとはいえない[36]。公海上で日本の艦船に対して組織的・計画的な武力行使がなされるに至れば，自衛隊は個別的自衛権の行使として米軍と共同対処を行いうる。これは，「個別的自衛権の形式で実質的に集団的自衛権に接近する機会を飛躍的に増大」させるものとされる[37]。

---

(32) 浅田編著・前掲書（註5）385-386頁［浅田］，小寺ほか編・前掲書（註5）493頁［森］。
(33) 浅田正彦「憲法上の自衛権と国際法上の自衛権」村瀬編・前掲書（註26）260頁。
(34) 浅田正彦「日本と自衛権」国際法学会編『日本と国際法の100年 10 安全保障』（三省堂・2001年）51-52頁。
(35) 増田好平内閣官房内閣審議官・159回国会参・イラク特委会議録17号31頁。
(36) 真山全「海上中立と後方地域支援」ジュリ1279号（2004年）30頁。
(37) 浦田一郎「政府の集団的自衛権論」杉原泰雄先生古稀記念『二一世紀の立憲主義——現代憲法の歴史と課題』（勁草書房・2000年）261頁。周辺事態との関係性を指摘する山内敏弘『立憲平和主義と有事法の展開』（信山社・2008年）153頁に対し，塚田哲之「自衛隊出動・展開のメカニズム」法時74巻8号（2002年）100頁以下。

判例等索引

◆ 最高裁判所

最大判昭23・3・12刑集2巻3号191頁〔死刑の合憲性〕……………………………… 135
最大判昭23・5・26刑集2巻6号529頁〔プラカード事件〕…………………………… 54
最大判昭25・2・1刑集4巻2号73頁〔食糧管理法違反事件〕……………………… 53
最大判昭27・7・30民集6巻7号699頁〔平和条約発効後の国籍喪失と刑の執行〕…… 27
最大判昭28・4・8刑集7巻4号775頁〔政令201号事件〕……………………………… 53
最大判昭28・7・22刑集7巻7号1562頁〔政令325号事件〕……………………………… 53
最大判昭43・11・27刑集22巻12号1402頁〔河川附近地制限令違反事件〕………… 110
最大判昭43・11・27民集22巻12号2808頁〔在外資産喪失訴訟〕……………………… 26
最判昭50・3・13判時771号37頁〔補償規定を欠く財産権制限法規の合憲性〕…… 110
最判昭51・1・26訟月22巻2号578頁〔尹秀吉事件〕…………………………………… 29
最判昭53・3・30民集32巻2号435頁〔原爆医療法訴訟〕……………………………… 27
最判昭53・10・4民集32巻7号1223頁〔マクリーン事件〕……………………………… 17, 18
最判昭56・10・22刑集35巻7号696頁〔高松簡易保険局事件〕………………………… 97
最判平元・3・2訟月35巻9号1754頁〔塩見訴訟〕……………………………………… 17
最判平7・2・28民集49巻2号639頁〔定住外国人選挙権訴訟〕……………………… 18
最大決平7・7・5民集49巻7号1789頁〔非嫡出子法定相続分差別違憲訴訟〕…… 95
最判平7・12・15刑集49巻10号842頁〔指紋押捺拒否事件〕…………………………… 18
最判平11・2・17刑集53巻2号64頁〔尾道警察官発砲事件〕………………………… 138
最判平13・4・5訟月49巻5号1500頁〔在日韓国人元軍属障害年金訴訟〕………… 27
最判平13・11・16判時1770号86頁〔韓国人元軍人恩給請求訴訟〕…………………… 27
最判平13・11・22訟月49巻8号2173頁〔韓国人BC級戦犯訴訟〕…………………… 27
最判平14・6・27判例集未登載（LEX/DB28080288）〔指紋押捺拒否訴訟〕……… 97
最判平14・7・18判時1799号96頁〔在日韓国人元軍人シベリア抑留訴訟〕………… 27
最判平14・11・22訟月50巻4号1325頁〔国籍確認請求訴訟〕……………… 8, 11, 16, 95
最判平15・3・28判時1820号62頁〔非嫡出子法定相続分差別違憲訴訟〕…………… 95
最判平15・9・5訟月51巻12号3252頁〔被勾留者と弁護人との間の信書の検閲〕… 96
最判平16・11・29判時1879号58頁〔アジア太平洋戦争韓国人犠牲者補償請求事件〕… 25
最大判平17・1・26民集59巻1号128頁〔東京都管理職選考受験訴訟〕………… 18, 92
最大判平17・9・14民集59巻7号2087頁〔在外日本人選挙権訴訟〕………………… 22
最大判平20・6・4民集62巻6号1367頁〔国籍法違憲訴訟〕…………… 11, 16, 93, 111
最判平21・9・30家月61巻12号55頁〔非嫡出子法定相続分差別違憲訴訟〕………… 95

◆ 高等裁判所

東京控判昭10・2・20新聞3834号5頁……………………………………………………… 53
東京高判昭32・6・10高刑集10巻4号404頁……………………………………………… 53
東京高判昭46・3・30行集22巻3号361頁〔柳文卿事件〕……………………………… 33
東京高判昭47・4・19訟月18巻6号930頁〔尹秀吉事件〕……………………………… 30
東京高判昭57・6・23行集33巻6号1367頁〔国籍確認請求訴訟〕……………………… 5
東京高決平2・4・20高刑集43巻1号27頁〔張振海事件〕…………………………… 32
東京高判平5・2・3東高刑時報44巻1-12号11頁〔刑事裁判の通訳費用〕…… 70, 111
大阪高判平6・10・28判時1513号71頁〔京都指紋押捺拒否訴訟〕…………………… 70

高松高判平 9・11・25 判時 1653 号 117 頁〔受刑者接見妨害国賠訴訟〕……………………………… 70
東京高判平 15・7・22 判時 1843 号 32 頁〔アジア太平洋戦争韓国人犠牲者補償請求事件〕………… 25
東京高決平 17・3・10 判タ 1179 号 137 頁〔横浜事件第 3 次再審請求訴訟〕……………………………… 56
東京高判平 18・2・28 家月 58 巻 6 号 47 頁〔国籍法違憲訴訟〕…………………………………………… 8
東京高判平 19・2・27 判例集未登載（LEX/DB28141365）〔国籍法違憲訴訟〕………………………… 8

◆ 地方裁判所
東京地判昭 44・1・25 行集 20 巻 1 号 28 頁〔尹秀吉事件〕……………………………………………… 30
東京地判昭 56・3・30 行集 32 巻 3 号 469 頁〔国籍確認請求訴訟〕…………………………………… 6, 7
横浜地決昭 63・3・28 判例集未登載〔横浜事件第 1 次再審請求訴訟〕………………………………… 52
東京地判平 7・7・27 訟月 42 巻 10 号 2368 頁〔上敷香虐殺事件訴訟〕………………………………… 55
徳島地判平 8・3・15 判時 1597 号 115 頁〔受刑者接見妨害国賠訴訟〕………………………………… 70
札幌地判平 9・3・27 判時 1598 号 33 頁〔二風谷ダム訴訟〕…………………………………………… 108
東京地判平 13・3・26 判例集未登載〔アジア太平洋戦争韓国人犠牲者補償請求事件〕………………… 25
横浜地決平 15・4・15 判時 1820 号 45 頁〔横浜事件第 3 次再審請求訴訟〕…………………………… 51
名古屋地判平 15・9・25 判タ 1148 号 139 頁〔難民不認定処分取消請求訴訟〕………………………… 34
東京地判平 17・4・13 判時 1890 号 27 頁〔国籍法違憲訴訟〕…………………………………………… 8
東京地判平 18・3・29 判時 1932 号 51 頁〔国籍法違憲訴訟〕………………………………………… 8, 87

◆ ドイツ連邦憲法裁判所
1974 年 5 月 29 日決定（BVerfGE 37, 271）〔Solange I 決定〕…………………… 155, 156, 161, 165, 173
1975 年 2 月 25 日判決（BVerfGE39, 1）〔第 1 次堕胎判決〕……………………………………………… 132
1979 年 7 月 25 日決定（BVerfGE 52, 187）〔Vielleicht 決定〕…………………………………………… 161
1981 年 6 月 23 日決定（BVerfGE 58, 1）〔Eurocontrol-I 決定〕……………………………………… 116, 117
1981 年 11 月 10 日決定（BVerfGE 59, 63）〔Eurocontrol-II 決定〕………………………………… 116, 117
1984 年 12 月 18 日判決（BVerfGE 68, 1）………………………………………………………………… 118, 156
1986 年 10 月 22 日決定（BVerfGE 73, 339）〔Solange II 決定〕…………………… 155, 156, 162, 163-168, 173
1987 年 3 月 26 日決定（BVerfGE 74, 358）……………………………………………………… 77, 115, 118
1987 年 4 月 8 日決定（BVerfGE 75, 223）………………………………………………………… 155, 163, 168
1987 年 5 月 12 日決定（BVerfGE 76, 1）……………………………………………………………………… 116
1989 年 5 月 12 日決定（EuGRZ 1989, 339）………………………………………………………… 166, 167
1990 年 5 月 29 日決定（BVerfGE 82, 106）………………………………………………………………… 116
1990 年 5 月 31 日決定（BVerfGE 82, 159）………………………………………………………………… 168
1993 年 10 月 12 日判決（BVerfGE 89, 155）〔マーストリヒト判決〕………… 159, 163, 164, 167, 170, 172
1999 年 12 月 15 日判決（BVerfGE 101, 361）〔モナコ王女事件〕……………………………………… 117
2000 年 2 月 17 日決定（NJW 2000, 2015）……………………………………………………………… 164
2000 年 6 月 7 日決定（BVerfGE 102, 147）〔バナナ市場規則決定〕……………………………… 164, 167
2001 年 1 月 9 日決定（NJW 2001, 1267）…………………………………………………………… 167, 168
2004 年 10 月 14 日決定（BVerfGE 111, 307）〔Görgülü 決定〕……………………… 114, 116, 118, 121
2005 年 7 月 18 日判決（BVerfGE 113, 273）〔欧州逮捕令状法判決〕…………………………… 165, 168
2007 年 3 月 13 日決定（BVerfGE 118, 79）………………………………………………………… 167, 169
2007 年 5 月 14 日決定（NVwZ 2007, 942）…………………………………………………………… 167
2007 年 5 月 31 日決定（NJW 2007, 3628）…………………………………………………………… 167
2009 年 6 月 30 日判決（BVerfGE 123, 267）〔リスボン条約判決〕……………………… 154, 159, 165, 170
2010 年 7 月 6 日決定（BVerfGE 126, 286）………………………………………………………… 168
2011 年 5 月 4 日決定（NJW 2011, 1931）…………………………………………………………… 118

判例等索引

● B規約委員会
一般的意見 6（1982年） ……………………………………………………… *138*
一般的意見 14（1984年） …………………………………………………… *136*
一般的意見 17（1989年） …………………………………………………… *95*
一般的意見 24（1994年） …………………………………………………… *90*
一般的意見 25（1996年） …………………………………………………… *92*
一般的意見 33（2008年） ……………………………………………… *89, 90*

事項索引

◆あ行◆

ILO 諸条約 …………………………… 65
安保理決議 ………………… 182-185, 194
一元論 ………………… 39-42, 45, 46, 54
受け入れ構造 ………… 100, 103, 107, 111, 123
欧州審議会 …………………………… 178
欧州人権裁判所判例 ……… 104, 115-118, 121
欧州人権条約適合的解釈 …………… 78, 117
欧州法調和性の原則 ………………… 165

◆か行◆

化学兵器禁止条約 …………………… 180
確立された国際法規 ……………… 32, 185
合致の推定 …………………………… 60
間接的な憲法的地位 ……………… 72, 80
間接適用 ……………… 80, 101, 108, 109, 112
基本権憲法 ……………………… 121, 122
基本権保護義務(論) …… 104, 105, 148, 149
客観法としての国際人権条約 ……… 101
行政取極 ………………… 58, 61, 114, 190
勤労条件法定主義 …………………… 65
形式的効力 …………… 44, 54, 58, 103, 185
建設的対話 …………………………… 91, 113
憲法アイデンティティ ……………… 165
憲法結合 ……………………… 171-174
憲法条項 ……………………………… 179
憲法秩序のアイデンティティ
　………………… 156, 157, 162, 163, 166, 202
憲法的決定 …………… 6, 73, 74, 78-80, 91
憲法のアイデンティティ ………… 161, 162
憲法の解釈基準 …………… 77, 79, 82, 89
憲法の拡大解釈 ……………………… 81, 82
憲法の条約適合的解釈 ………… 80, 81, 96
憲法優位説
　………… 58, 59, 66, 67, 69, 71, 79, 85, 86, 99, 134
公式令 ………………………………… 54
後法優越の原則 ……………… 60, 77, 115
拷問等禁止条約 ……………………… 34
効力上の優位 …………………… 156, 165
国際協調主義 …………… 59-61, 77, 103, 134
国際主義 ……………………………… 60, 181

国際人権訴訟 ……………… 39, 70, 92, 99
国際標準 …………………… 96, 112, 113
国際法調和性の原則 …… 73, 78, 115, 117, 165
国際法優位の一元論 …… 40, 45, 51, 54, 56
国際立法 ……………………… 182-185
国籍法定主義 ………………… 4, 10, 64, 187
国籍法抵触条約 ……………………… 19
国内実施法 …………… 63, 108, 178, 180, 181,
　　　　　　　　　　186, 187, 189, 190, 193, 202
国内的効力 ……… 39-41, 47, 53, 55, 57, 81, 92,
　　　　　　　　　94, 100, 102, 104, 110, 114,
　　　　　　　　126, 127, 131, 149, 153, 184, 185
国内適用 …………… 57, 73, 100, 131, 163, 164, 174
国内適用可能性 ……………… 64, 110, 114
国法秩序の国際法調和性 …………… 78
国法秩序の段階構造 …… 45, 48, 49, 79, 114
国連憲章 …………………… 184, 207, 209
国連国際組織犯罪防止条約 … 177, 179-182, 186
国連麻薬新条約 ……………………… 181
個人通報制度 …… 87, 97, 111, 113, 126-129, 197
個人通報/申立制度 …… 88, 111, 125, 127, 128
国会承認(条約の) …… 59, 186, 187, 189, 190
国会承認条約 ………………………… 58, 190
国家管轄権 …………………… 176, 198, 199
国家結合 ……………………… 170-173
国家のアイデンティティ ………… 165, 166

◆さ行◆

罪刑法定主義 …… 63, 65, 180, 181, 187, 202-204
最高裁判所の責務 ……………… 83, 84
最高裁判所への上訴
　………………… 73, 82-84, 97, 107, 122, 135
サイバー犯罪条約 ……………… 178, 186
サンフランシスコ平和条約
　………………………… 10, 20, 188, 207, 210
G8 ……………………………………… 177
事実上の「事実上の拘束力」 ………… 88
私人間効力論 ……………………… 104, 109
児童の権利委員会 ……………… 94, 95
児童の権利条約 ………………… 9, 93-96
指紋押捺拒否訴訟 ……………………… 70
主観的権利 ………………………… 101, 102

218

事項索引

上告受理申立て……………………… 84, 85
承認法による受容……………………… 114
条約修正権……………… 49, 67, 189, 190
条約承認案件…………………… 46, 49, 187
条約承認手続……………………… 49, 59
条約適合性審査……… 61-63, 70, 74-76, 94
条約（国際法規範／B規約）の瑕疵ある適用
　または無視…………… 84, 116, 122, 135
条約法条約…………………………… 89
条約優位説………………… 58, 59, 66, 67
女子差別撤廃条約……………… 97, 186, 197
人権享有主体性………… 13, 14, 17, 18, 24, 148
政府間方式…………………………… 190
世界人権宣言………………… 77, 126, 133
世界的な法曹共同体の経験の所産……… 112
積極的な義務………………………… 104
self-executing…………… 63, 64, 66, 70, 72
戦後補償訴訟………………………… 17, 26
総括所見………………… 87, 91, 94, 95
租税法律主義…………………… 63, 64, 187

◆ た 行 ◆

第1選択議定書（B規約）… 87, 88, 127, 197
第2選択議定書（B規約）……………… 134
対人高権…………………………… 24, 119
多数国間条約
　…… 65, 176, 177, 179, 182-191, 193, 194, 202
多数国間条約体制………… 179, 180, 182, 205
多層的憲法結合……………………… 172
多層的システム……………………… 122, 171
多層的人権保障メカニズム…… 120, 122, 128
多層的立憲主義……………………… 122, 172
調整理論……………………………… 45
直接適用………… 9, 34, 63, 72, 81, 107-111, 204
直接適用可能……………… 64, 72, 108, 172
直接適用性………………………… 153, 173
締約国会議………………………… 179, 205
適用上の優位……………… 153, 156, 165
テロ資金供与防止条約………………… 183

テロ防止関連諸条約……………… 178, 182
同意法律…… 114, 117, 154, 163-165, 173, 174
等位理論……………………………… 40, 45
逃亡犯罪人引渡条約…………………… 32
トランスナショナル人権法源論………… 112

◆ な 行 ◆

難民条約……………………………… 32, 34
二元論………… 39-45, 47, 54, 102, 114, 153
二国間条約………………………… 189, 190
二重の承認権……………………… 186, 190
日米安保条約……………… 85, 210, 213

◆ は 行 ◆

8月革命説………………………… 51, 54-56
B規約委員会… 87-92, 94-96, 135, 136, 138, 139
部分憲法…………………… 121, 122, 170, 172, 174
フランス第4共和制憲法および第5共和制憲法……………………………… 49, 74
変型………………… 47, 49, 53, 102, 114
法治国原理……………………… 115, 117, 118
法適用命令…………… 154-156, 163-165, 173, 174
亡命権………………………………… 31, 32
法律主義………………… 64, 65, 187, 204
法律に対する条約の優位………… 10, 58-62, 65, 69-71, 74, 76, 77, 82, 185, 187
法律の条約適合的解釈………………… 77, 79

◆ ま 行 ◆

マクリーン判決……………………… 17, 18
ミニマリスト方式……………………… 203
明確性の原則………………………… 65, 202

◆ や 行 ◆

優位要求……………………………… 155

◆ ら 行 ◆

領域高権………………… 12, 22, 24, 29, 31, 119
リヨン・グループ……………………… 177

219

〈著者紹介〉

齊藤　正彰（さいとう・まさあき）

　1970年　北海道札幌市生まれ
　1993年　北海道大学法学部卒業
　1998年　北海道大学大学院法学研究科博士後期課程修了，博士（法学）
　　　　　北海道大学法学部助手
　2001年　北星学園大学経済学部助教授
　2008年　北星学園大学経済学部教授（現在に至る）

〈主要著書〉

『国法体系における憲法と条約』（信山社・2002年）
『教材憲法判例』〔第4版増補版〕（北海道大学出版会・2008年）（共編著）
『憲法のエチュード』〔第2版〕（八千代出版・2009年）（共著）
『Law Practice 憲法』（商事法務・2009年）（共著）
『はじめての憲法学』〔第2版〕（三省堂・2010年）（共著）
『ヨーロッパ「憲法」の形成と各国憲法の変化』（信山社・2012年）（共著）

憲法と国際規律

2012（平成24）年3月30日　第1版第1刷発行
1247-1：P240￥6800　065-050-010-005

著　者	齊　藤　正　彰
発行者	今井　貴　稲葉文子
発行所	株式会社 信山社

〒113-0033　東京都文京区本郷6-2-9-102
Tel 03-3818-1019　Fax 03-3818-0344
info@shinzansha.co.jp
笠間才木支店　〒309-1611　茨城県笠間市笠間515-3
笠間来栖支店　〒309-1625　茨城県笠間市来栖2345-1
Tel 0296-71-0215　Fax 0296-72-5410
出版契約 2012-1247-1-01010　Printed in Japan

Ⓒ 齊藤正彰,2012　印刷・製本／亜細亜印刷・渋谷文泉閣
ISBN978-4-7972-1247-1 C3332　分類323.500-a008 憲法・国際法

JCOPY　〈（社）出版者著作権管理機構　委託出版物〉
本書の無断複写は著作権法上での例外を除き禁じられています。複写される場合は、そのつど事前に、（社）出版者著作権管理機構（電話 03-3513-6969，FAX03-3513-6979、e-mail:info@jcopy.or.jp）の許諾を得てください。

◆国法体系における憲法と条約

齊藤正彰 著

条約の優位要求と憲法の対応や、国際人権条約の実効性確保と憲法の対応、国際人権訴訟と憲法の対応などの研究を通して、条約それぞれの性質に応じて憲法の対応を考え、憲法と条約論の新たな展開を論じる。EC法とドイツ基本法の関係を手がかりとして、国境を越えた憲法秩序のあり方を探究した好評書。

(2002年4月刊行)

(2012年春 最新刊)
◆ヨーロッパ「憲法」の形成と各国憲法の変化

中村民雄=山元 一 編

中村民雄・小畑郁・菅原真・江原勝行・小森田秋夫・林知更・齊藤正彰・山元一 執筆

―― 信山社 ――